全国高职高专规划教材·物流系列

国际物流理论与实务

（第二版）

主　编　江春雨　王春萍
副主编　赵　甜　李　欣　任美霞

内 容 简 介

本书的主要内容有国际物流理论基础知识、国际物流系统与业务流程岗位、国际货运代理、国际货物运输、国际货物仓储与配送、国际货物报检与通关、国际货物运输保险、国际物流战略与服务管理、国际物流客户与供应商管理。全书力求新颖、实用、易懂，在简明阐述国际物流基础理论知识的基础上，以国际物流业务的环节和操作技能为主线，突出国际物流各核心业务的流程研究和介绍及相关岗位的职责与技能的培养与规范。为此，本书融入了大量的实例和实训资料，并配备了教学课件，以备实践性教学与技能培养的需要。

图书在版编目(CIP)数据

国际物流理论与实务/江春雨，王春萍主编. —2版. —北京：北京大学出版社，2013.5
（全国高职高专规划教材·物流系列）
ISBN 978-7-301-22455-7

Ⅰ.①国… Ⅱ.①江…②王… Ⅲ.①国际贸易—物流—高等职业教育—教材 Ⅳ.①F252

中国版本图书馆CIP数据核字(2013)第084182号

书　　　　名	：国际物流理论与实务（第二版）
著作责任者	：江春雨　王春萍　主编
责 任 编 辑	：周　伟
标 准 书 号	：ISBN 978-7-301-22455-7/F·3617
出 版 发 行	：北京大学出版社
地　　　　址	：北京市海淀区成府路205号　100871
网　　　　址	：http://www.pup.cn　新浪官方微博：@北京大学出版社
电 子 信 箱	：zyjy@pup.cn
电　　　　话	：邮购部 62752015　发行部 62750672　编辑部 62754934　出版部 62754962
印 　刷　 者	：北京大学印刷厂
经 　销　 者	：新华书店
	787毫米×1092毫米　16开本　18.25印张　444千字
	2008年9月第1版
	2013年5月第2版　2013年5月第1次印刷
定　　　　价	：35.00元

未经许可，不得以任何方式复制或抄袭本书之部分或全部内容。
版权所有，侵权必究
举报电话：010-62752024　电子信箱：fd@pup.pku.edu.cn

前　言

随着国际分工和现代信息技术的迅猛发展，经济全球化趋势日益加强，国际经济合作、跨国经营日呈常态，相互依赖、共同发展是当今世界经济发展的主要特征。这一特征推动了国际物流业的蓬勃发展。经济全球化和国际化战略的有效实施必然要以国际物流为依托，国际物流是企业参与国际竞争的基础和保障。

20世纪90年代以来，特别是加入WTO后，我国的对外贸易始终保持高速增长，出口规模持续扩大，全球化已成为我国众多企业提升竞争力的战略目标。在这样的背景下，我国的国际物流业一直处于快速发展之中，由此产生了巨大的国际物流人才需求和供需缺口，特别是熟悉国际贸易规则、精通国际物流运作实务的专门人才。为了满足国际物流实用型人才培养的需要，我们编写了《国际物流理论与实务》（第二版）这本教材。本书结合我国国际物流发展实际，广泛吸纳当今国际物流的新知识和新技能，力求新颖、实用、易懂，在简明阐述国际物流基础理论知识的基础上，以国际物流业务的环节和操作技能为主线，突出国际物流各核心业务的流程研究和介绍及相关岗位的职责与技能的培养与规范。本书引用和编入了大量的实例和实训资料，以备实践性教学与职能培养的需要。

本书可作为高职高专院校物流管理、国际贸易、电子商务、企业管理、市场营销等专业的教材和参考书，也可作为国际物流企业、物流职业资格培训教材，也适合作为国际物流从业人员及其他人员自学物流的参考书。

《国际物流理论与实务》（第一版）于2008年出版，这次再版我们广泛征求了各方的意见和要求，根据吐故纳新的原则和追求卓越、不断创新的精神，对第一版进行了修改、调整、增新和完善。同第一版比较，主要有下列几方面的变化。

1. 吸纳了国际商会（ICC）修订通过的《INCOTERMS2010》的新内容。

2. 为满足实用型人才培养，突出实操、实训与岗位技能培训，本书内容体系改为项目任务型。为此，对内容结构进行了优化与调整，增设了新项目。

3. 进一步加强和优化了实操与实训的内容。本书在加强实操与实训内容的同时，用来自实际的一套实例单证为主线贯穿各项目，同时辅之其他实例，这样加强了各项目的关联，更有利于培训和学习。

本书主编为江春雨、王春萍，副主编为赵甜、李欣、任美霞，各部分编写人员是：项目一由江春雨、常乐编写；项目二由赵甜、郑爱敏编写；项目三由苗文娟编写；项目四由贾幼倩编写；项目五由王春萍、常佩佩编写；项目六由王鹏、陈岱莲编写；项目七由任美霞、李欣编写；项目八由江冶文编写；项目九由岳广芹编写；附录三国际物流实务英语常用词和词组由江冶文整理编写。江春雨负责全书内容与结构的策划和统稿工作。

本书在编写过程中得到了有关企业、院校和专家学者的大力支持与帮助，同时还参考和引用了大量的书籍、文献、论文和科研成果等，在此向有关的专家学者与企业表示深深的谢意。

由于时间仓促和编者的水平有限，书中的疏漏与错误在所难免，恳请专家和广大读者批评指教。

江春雨
2013年1月

本教材配有教学课件，如有老师需要，请加QQ群（279806670）或发电子邮件至zyjy@pup.cn索取，也可致电北京大学出版社：010-62765126。

目　录

项目一　国际物流理论基础知识 ……………………………………………………… (1)
　　任务一　国际物流的含义 ……………………………………………………… (1)
　　任务二　国际物流与国际贸易 ………………………………………………… (4)
　　任务三　国际物流服务商与业务 ……………………………………………… (14)
　　任务四　国际物流的发展 ……………………………………………………… (16)

项目二　国际物流系统与业务流程岗位 ……………………………………………… (24)
　　任务一　国际物流系统 ………………………………………………………… (24)
　　任务二　国际物流系统网络 …………………………………………………… (28)
　　任务三　国际物流业务流程与岗位 …………………………………………… (37)

项目三　国际货运代理 ………………………………………………………………… (44)
　　任务一　国际货运代理基础知识 ……………………………………………… (44)
　　任务二　国际货运代理企业 …………………………………………………… (49)
　　任务三　国际货运代理的责任 ………………………………………………… (53)
　　任务四　国际货运代理业务运作流程 ………………………………………… (58)
　　任务五　审证业务实训——合同信用证审核 ………………………………… (62)

项目四　国际货物运输 ………………………………………………………………… (75)
　　任务一　国际货物运输基础知识 ……………………………………………… (75)
　　任务二　集装箱与国际多式联运 ……………………………………………… (85)
　　任务三　国际货物运输业务流程与岗位 ……………………………………… (94)
　　任务四　国际货物运输的单证业务 …………………………………………… (102)

项目五　国际货物仓储与配送 ………………………………………………………… (125)
　　任务一　国际货物仓储与配送基础知识 ……………………………………… (125)
　　任务二　国际货物仓储业务流程与岗位 ……………………………………… (136)
　　任务三　国际货物配送业务流程与岗位 ……………………………………… (143)
　　任务四　国际货物仓储单证业务——仓单 …………………………………… (145)

项目六　国际货物报检与通关 ………………………………………………………… (154)
　　任务一　国际货物报检与通关基础知识 ……………………………………… (154)
　　任务二　国际货物报检业务流程与岗位 ……………………………………… (161)
　　任务三　国际货物通关业务流程与岗位 ……………………………………… (169)
　　任务四　国际货物报检与通关的单证业务 …………………………………… (177)

项目七　国际货物运输保险 ……………………………………………………………（203）
任务一　国际货物运输保险的基础知识 ……………………………………………（203）
任务二　国际货物运输保险业务流程与岗位 ………………………………………（210）
任务三　国际货物运输保险的单证业务 ……………………………………………（217）

项目八　国际物流战略与服务管理 …………………………………………………（226）
任务一　国际物流战略管理 …………………………………………………………（226）
任务二　国际物流服务管理 …………………………………………………………（230）

项目九　国际物流客户与供应商管理 ………………………………………………（238）
任务一　国际物流客户服务管理 ……………………………………………………（238）
任务二　国际物流客户关系管理 ……………………………………………………（243）
任务三　国际物流供应商管理 ………………………………………………………（245）
任务四　国际物流服务合同管理 ……………………………………………………（247）

附录 ………………………………………………………………………………………（253）
一　联合国国际货物多式联运公约 …………………………………………………（253）
二　中华人民共和国国际货物运输代理业管理规定实施细则 ……………………（265）
三　国际物流实务英语常用词和词组 ………………………………………………（272）

参考文献 …………………………………………………………………………………（286）

项目一 国际物流理论基础知识

内容与重点

◎ 国际物流与国内物流的区别。
◎ 国际物流与国际贸易的关系。
◎ 贸易术语的国际惯例。
◎ 《2010 国际贸易术语解释通则》中 FOB 术语、CFR 术语与 CIF 术语。
◎ 国际物流服务商及其业务内容。
◎ 国际物流的发展趋势。

任务一 国际物流的含义

一、国际物流的概念

国际物流(International logistics),是指不同国家(或地区)之间的物流。对"国际物流"的理解有广义和狭义之分。

广义的国际物流,是指各种形式的物资在国与国之间的流入和流出,包括进出口商品、转运物资、过境物资、捐赠物资、援助物资、军用物资、加工装配所需物料、部件以及退货等在国与国之间的流动。而狭义的国际物流是指与另一国进出口贸易相关的物流活动,包括货物集运、分拨配送、货物包装、货物运输、申领许可文件、仓储、装卸、流通加工、报关、保险和单据交换等。本书所涉及和研究的国际物流主要是指与国际贸易相关的国际商品流动。

国际物流是国际贸易的一个必然组成部分,各国之间的相互贸易最终要通过国际物流来实现。也就是说,国际物流作为现代物流业的重要组成部分,是伴随货物在两个或两个以上国家(或地区)的物理性移动而发生的国际贸易活动。从国际贸易的一般业务角度来看,国际物流表现为实现国际货物贸易或交易最终目的的过程,即卖方交付单证、货物和收取货款,而买方接受单证、货物和支付货款的贸易对流条件。从本质上讲,国际物流是按照国际分工协作的原则,依照国际法律、国际公约和惯例,利用国际化的物流网络、物流技术和设施,实现货物在国家之间的流动和交换,以促进区域经济发展和世界资源的优化配置。

近年来,各国学者非常关注并积极研究国际物流问题,世界第九届国际物流会议(2009年4月)的主题就是"跨越界限的物流",物流的观念与方法随物流国际化的发展而不断扩新。从企业经营看,跨国企业发展得很快,不仅已国际化的跨国企业,而且一般具备一定实力的企业也在推行国际战略。企业在全球范围内寻找贸易机会,寻找最理想的市场,寻找最好的生产基地,这就使企业的经济活动领域必然由一个地区、一个国家扩展到国际。这样一来，企业的国际物流也就提到议事日程上来，企业必须为支持这种国际贸易战略更新自己的物流观念，扩展物流设施，按照国际物流要求对原来的物流系统进行再造和再规划。

二、国际物流的特征

（一）物流环境差异大

国际物流的一个非常重要的特点是各国物流环境的差异，尤其是物流软环境的差异。不同国家物流适用的法律存在差异，这就使国际物流的复杂性远高于一国的国内物流，甚至会阻断国际物流；不同国家不同的经济和科技发展水平会造成国际物流处于不同科技条件的支撑下，甚至有些地区根本无法应用某些技术，从而迫使国际物流系统水平下降；不同国家的不同标准也造成国际间"接轨"的困难，因而使国际物流系统难以建立；不同国家的风俗人文也使国际物流受到很大的局限。

由于物流环境的差异迫使国际物流系统需要在几个不同的法律、人文、习俗、语言、科技和设施环境下运行，这无疑会大大增加物流的难度和系统的复杂性。

（二）物流系统范围广

物流本身的功能要素、系统与外界的沟通就已经很复杂了，国际物流再在这个复杂系统上增加不同国家的要素，使其涉及的内外因素更多，所需的时间更长。它带来的直接后果是难度和复杂性增加，风险增大。当然，也正是因为如此，国际物流一旦融入现代化系统技术之后，其效果会比以前更显著。例如，在开通某个"大陆桥"之后，国际物流的速度会成倍提高、效益会显著增加就说明了这一点。

（三）国际物流必须有国际化信息系统的支持

国际化信息系统是国际物流（尤其是国际联运）非常重要的支持手段。国际化信息系统建立的难度，一是管理困难，二是投资巨大，三是国情差异。当前，国际化信息系统一个较好的建立办法是和各国海关的公共信息系统联机，以便及时掌握有关各港口、机场和联运线路、站场的实际状况，为供应或销售物流决策提供支持。国际物流是最早发展电子数据交换（Electronic Data Interchange，EDI）的领域，以EDI为基础的国际物流对物流的国际化产生了重大影响。

（四）国际物流的标准化要求较高

要使国际物流畅通起来，统一标准是非常重要的。目前，美国和欧洲基本实现了物流工具和物流设施的统一标准，如包装、托盘、集装箱的统一标准以及条码技术等。这样一来大大降低了物流费用和转运的难度。

在物流信息传递技术方面，欧洲各国不仅实现了企业内部的标准化，而且实现了企业之间以及欧洲统一市场的标准化，这就使欧洲各国之间的系统比其与亚洲和非洲等地区的系统更简单、更有效。

（五）国际物流政策性强

国际物流涉及国际关系问题，是一项政策性很强的涉外活动。国际物流是国际服务贸易的一部分，在国际物流业务中，需要经常同国外发生直接或间接的广泛的业务联系，这种联系不仅是经济上的，也常常会涉及国际的政治问题，是政策性很强的涉外活动。因此，国际物流活动既是经济活动,也是重要的外事活动,这就要求我们不仅要用经济观点去办理各项业务,而且要有政策观念,按照国家对外政策的要求从事国际物流业务。

(六)国际物流以远洋运输为主,多种运输方式结合

国际物流运输方式众多且各有特点,在各种运输方式中,海洋货物运输方式占据最重要的地位。海洋运输具有运输量大、通过能力强、适货能力强、运费低廉等优点,目前全球国际贸易总量约70%以上借助海洋运输来完成。多种运输方式相结合是指国际物流运输需要多种运输方式相互配合,国际货物运输发展的方向是以集装箱为基础的国际多式联运。

三、国际物流与国内物流的区别

(一)完成周期的长短不同

国际物流作业之所以需要较长的完成周期,是因为受通信传输延迟、融通资金需要、特殊包装要求、远洋运输周期长以及海关清关手续等因素综合作用的影响。这些活动的复杂性导致国际物流的完成周期比典型的国内物流作业更长、更缺乏一致性,也更缺少灵活性。尤其是一致性的降低增加了物流计划的难度,完成周期长也会导致更高的存货要求。在等待国际装运交付产品的到达和清关期间,物流企业需要不断地对存货和存货空间的需求进行评估。

(二)作业复杂程度不同

1. 语言方面

国际物流作业要求企业的产品和有关单证使用多国语言。尽管英语是通用的商业语言,但有些国家要求提供用当地语言翻译的物流单证和海关文件,这就增加了国际物流作业的时间和工作内容,因为在装运交付前物流企业必须将复杂的物流单证翻译完毕。当然,随着科学技术的发展,这类通信传输和物流单证上的困难可以通过标准EDI方式的交易得到克服。

2. 产品数目方面

产品本身也有可能存在着内在特点的差异,如性能特征、能源供应特点以及安全上的需要等。在国与国之间的这种细微区别也许会大大增加所需的库存单位数以及随之而来的存货水平。

3. 单证数量方面

国内物流作业一般只用一份发票和一份提单就能完成,而国际物流作业往往需要大量的有关订货项目、运输方式、资金融通以及政府控制等方面的单证和文件。

4. 运输复杂性

在国内运输市场,物流作业只需要与单一的或者数量有限的承运人签订合同,这是一件相对比较简单的事。但是在国际运输市场,需要从事的是全球化的物流作业,运输与其他的服务(如银行、报关、商检)密切结合,托运人要与承运人签订综合的运输合同。

(三)系统内一体化程度要求高

由于每一个国家的物流作业都可以被看做是一个独立而又自治的合法整体,所以造成国际物流协作有一定的困难。因此,第三方物流在作业上的差异要求物流企业加强整个系统一体化的作业协调,包括发货、送货和订货的能力,以及要求使用EDI方式在世界上任何地方从事存货管理的能力。这要求物流企业应该具备一体化的全球物流信息系统。

(四) 发展行业联盟至关重要

物流企业与承运人和专业化服务供应商的联盟对于国际物流作业来说比对国内物流作业更加重要。如果没有联盟，对于一个从事国际物流作业的企业来说就必须与全世界的零售商、批发商、制造商、供应商以及服务供应商保持合同关系，而维持这种合同关系需要花费大量的时间。国际联盟能够提供市场通道和专业人员，并且减少物流企业在全球物流作业中的潜在风险。

(五) 国际物流的风险性高

国际物流的复杂性必然带来国际物流的高风险性。国际物流的风险性主要包括政治风险、经济风险和自然风险。

政治风险主要指由于所经过的国家的政治动荡（如罢工、战争等）原因造成的商品可能受到的损害或灭失。

经济风险可以分为汇率风险和利率风险，主要指因从事国际物流必然要发生的资金流动以及周期长等因素而产生的汇兑和利润风险与损失。

自然风险则是指在物流过程中可能因自然因素（如暴雨、海啸、地震等）而引起的商品延迟、商品破损或商品灭失等风险。

任务二　国际物流与国际贸易

一、国际物流与国际贸易的关系

国际贸易，是指世界各国之间的商品或劳务的交换活动。国际贸易是在不同国家之间分工（即国际分工）的基础上发展起来的，它反映了世界各国之间的相互依赖关系，这种关系包括经济、资源和政治。

与国内贸易相比，国际贸易复杂得多。从每一个具体贸易业务来讲，为了明确交易双方各自承担的义务和责任，当事人在洽商与订立合同时必须在很多方面进行明确从而达成协议，需要解决的问题包括：

(1) 卖方在什么地方、以什么方式交货，买方的货款如何支付；

(2) 货物发生损失或灭失的风险何时由卖方转移给买方；

(3) 由谁负责货物的运输、保险以及通关过境的手续；

(4) 由谁负担上述事项所需的各项费用；

(5) 买卖双方需要交换哪些有关单据。

以上这些问题的解决离不开国际物流，是国际物流服务的重要内容。所以，国际物流从业人员必须掌握国际贸易方面的基础知识，如进出口贸易的基本业务环节、外贸合同、信用证、贸易术语、国际惯例与公约等。

国际物流是为国际贸易和跨国经营服务的，即选择最佳的方式和路径，以最低的费用和最小的风险，保质、保量、适时地将货物从某国的供方运到另一国的需方。作为国际价值链的基本环节，国际物流不仅是国际商务活动得以实现的保证，而且为国际贸易带来新的价值增值，成为全球化背景下的"第三利润源"。

国际物流作为服务业，其本身既属于国际服务贸易的范围，同时又是国际货物贸易的重要组成部分，二者是相互依存、相互促进和相互制约的关系。

（一）国际物流是国际贸易的必要条件

国际商品和劳务流动是由商流和物流组成的，前者由国际交易机构按照国际惯例进行，后者由物流企业按照各个国家的生产和市场结构完成。只有物流工作做好了，才能将国外客户需要的商品适时、适地、按质、按量、低成本地送到，从而提高本国商品在国际上的竞争能力，扩大贸易。

（二）国际贸易促进物流国际化

跨国经营与国际贸易的发展促进了业务和信息在世界范围内的大量流动与广泛交换，物流国际化成为国际贸易和世界经济发展的必然趋势。

（三）国际贸易的发展促进了国际物流技术的进步

物流技术，是指在物流活动中所采用的自然科学与社会科学方面的理论、方法以及设施、设备、装置与工艺的总称。国际贸易的发展给企业以及社会的物流预测管理等技术方面提出了更高的要求，也是促使物流技术发展的主要动因之一。随着国际贸易的发展，世界各国、各大企业在世界市场上展开了激烈的竞争。虽然质量在消费者的眼中越来越重要，消费者关注的不仅仅是价格，但价格仍然是企业取胜的一个重要因素。国际贸易的发展要求从各个方面降低成本：原材料价格；订单成本；运输价格；库存成本等。这就对国际物流的各个环节提出了新的挑战和要求。在国际贸易的推动下，国际物流从理论上到技术上都有了重大的创新和发展。

（四）国际贸易的发展不断对国际物流提出新的要求

全球经济的发展，人类需求层次的提高，一方面使得国际贸易取得了长足的发展，主要表现在贸易量的快速增长和可贸易商品种类的极大丰富；另一方面也使国际贸易的结构发生了巨大的变化，传统的初级产品和原料等贸易品种正逐步让位于高附加值、精密加工的产品。国际贸易的变化发展对国际物流的质量、效率和安全等提出了更高的要求。

二、贸易术语的国际惯例

贸易术语（Trade Terms），是指在长期国际贸易实践中产生的，用来表示商品价格构成，说明货物在交接过程中有关风险、责任和费用划分问题的专门用语。贸易术语的产生与发展促进了国际贸易的发展，这是因为贸易术语在实际业务中的广泛应用，对于简化交易手续、缩短洽谈时间和节约费用都具有十分重要的作用。

但是，在相当长的时期内，在国际上没有形成对各种贸易术语的统一解释，由于理解和习惯的不同，在实际中经常会出现误解和争议。为了解决这一问题，国际商会和国际法协会等国际组织以及美国一些著名的（企业）商业团体经过长期努力，分别制定了解释国际贸易术语的规则，这些规则被普遍接受与广泛应用，因而形成一般的国际贸易惯例。

有关国际贸易术语的国际惯例主要有以下三种。

（一）《1932年华沙-牛津规则》

《华沙-牛津规则》（*Warsaw-Oxford Rules* 1932）是国际法协会专门为解释CIF买卖合

同而制定的。国际法协会于 1928 年在波兰的首都华沙开会,制定了关于 CIF 买卖合同的统一规则,称之为《1928 年华沙规则》,共包括 22 条。其后,在 1930 年的纽约会议、1931 年的巴黎会议和 1932 年的牛津会议上,将此规定修订为 21 条,且更名为《1932 年华沙-牛津规则》并沿用至今。这一规则对于 CIF 的性质、买卖双方所承担的风险、责任和费用的划分以及货物所有权转移的方式等问题都作了比较详细的解释。这一规则目前运用的相对较少。

(二)《1941 年美国对外贸易定义修订本》

《美国对外贸易定义修订本》是由美国几个商业团体制定的。它最早于 1919 年在纽约制定,原称为《美国出口报价及其缩写条例》,后来于 1941 年在美国第 27 届全国对外贸易会议上对该条例作了修订,命名为《1941 年美国对外贸易定义修订本》(Revised American Foreign Trade Definitions 1941)。

《1941 年美国对外贸易定义修订本》中所解释的贸易术语共有六种,它们分别为:

(1) Ex(Point of Origin),产地交货;

(2) FOB(Free on Board),在运输工具上交货,分为六种,其中第五种为装运港船上交货——FOB Vessel(named port of shipment);

(3) FAS(Free Along Side),在运输工具旁边交货;

(4) C&F(Cost and Freight),成本加运费;

(5) CIF(Cost, Insurance and Freight),成本加保险费、运费;

(6) Ex Dock(named port of importation),目的港码头交货。

《1941 年美国对外贸易定义修订本》主要在美洲国家采用。由于它对贸易术语的解释,特别是对第二种贸易术语和第三种贸易术语的解释与国际商会制定的《国际贸易术语解释通则》有明显的差异,所以,企业在同美洲国家进行贸易时应特别注意。

(三)《2000 国际贸易术语解释通则》

《国际贸易术语解释通则》原文为 International Rules for the Interpretation of Trade Terms,缩写形式为 INCOTERMS,它是国际商会为了统一对各种贸易术语的解释而制定的。最早的通则产生于 1936 年,后来为适应国际贸易业务发展的需要,国际商会先后对其进行过多次修改和补充。《2000 国际贸易术语解释通则》(INCOTERMS 2000,以下简称《2000 通则》)是在《1990 国际贸易术语解释通则》(以下简称《1990 通则》)的基础上修订产生的,并于 2000 年 1 月 1 日起生效(参见表 1-1)。

国际商会在对《2000 通则》的介绍中对各种常用的专业词语(如发货人、交货、通常的等)都作了明确的解释。

《2000 通则》有 13 种贸易术语,分为 E、F、C、D 四个组。E 组贸易术语只有 EXW 一种术语,是在商品产地交货,买方负责产地交货后的风险与费用,这是买方承担风险最大的一种贸易术语。F 组贸易术语包括 FCA、FAS 和 FOB,按照 F 组贸易术语成交,卖方需将货物交给买方指定的承运人,从交货地至目的地的费用由买方承担。C 组贸易术语包括 CFR、CIF、CPT 和 CIP,采用这些贸易术语时,卖方要订立运输合同、支付运费,但不承担从装运地起运后所发生的货物损坏或灭失的风险以及额外费用。D 组贸易术语包括 DAF、DES、DEQ、DDU 和 DDP,按照这些贸易术语达成交易,卖方必须承担货物运往指定进口国交货地点的一切风险、责任和费用,其中,在 DDP 贸易术语条件下,卖方承担的风险、责任和费用是最大的。

表 1-1 《2000 通则》以及 13 种贸易术语买卖双方承担的责任、风险和费用对照

组别	术语英文名称	术语中文名称	交货地点	风险转移	出口清关责任	进口清关责任	运费	运输方式	合同性质
E组（发货）	EXW（Ex Works）	工厂交货（……指定地点）	商品产地	买方处置货物后	买方	买方	买方	任何方式	交货
F组（运费未付）	FCA（Free Carrier）	货交承运人（……指定地点）	出口国内地、港口	承运人处置货物后	卖方	买方	买方	任何方式	装货
	FAS（Free Alongside Ship）	船边交货（……指定装运港）	装运地港口	货交船边后	卖方	买方	买方	水上运输	
	FOB（Free on Board）	船上交货（……指定装运港）	装运地港口	货物越过船舷	卖方	买方	买方	水上运输	
C组（运费已付）	CFR（Cost and Freight）	成本加运费（……指定目的港）	装运地港口	货物越过船舷	卖方	买方	卖方	水上运输	
	CIF（Cost Insurance Freight）	成本、保险费加运费（……指定目的港）	装运地港口	货物越过船舷	卖方	买方	卖方	水上运输	
	CPT（Carriage Paid To）	运费付至（……指定目的地）	出口国内地、港口	承运人处置货物后	卖方	买方	卖方	任何方式	
	CIP（Carriage Insurance Paid To）	运费、保险费付至（……指定目的地）	出口国内地、港口	承运人处置货物后	卖方	买方	卖方	任何方式	
D组（到达）	DAF（Delivered At Frontier）	边境交货（……指定目的地点）	两国边境指定地点	买方处置货物后	卖方	买方	卖方	任何方式	装货
	DES（Delivered Ex Ship）	目的港船上交货（……指定目的港）	目的地港口	买方在船上收货后	卖方	买方	卖方	水上运输	
	DEQ（Delivered Ex Quay）	目的港码头交货（……指定目的港）	目的地港口	买方在码头收货后	卖方	买方	卖方	水上运输	
	DDU（Delivered Duty Unpaid）	未完税交货（……指定目的地）	进口国内	买方在指定地点收货后	卖方	买方	卖方	任何方式	
	DDP（Delivered Duty Paid）	完税后交货（……指定目的地）	进口国内	买方在指定地点收货后	卖方	卖方	卖方	任何方式	

(四)《2010 国际贸易术语解释通则》

《2010 国际贸易术语解释通则》(INCOTERMS 2010,以下简称《2010 通则》)于 2010 年 10 月修订完成,并于 2011 年 1 月 1 日起生效。这次修订的主要目的之一是扩大《2000 通则》的适用范围。国际商会注意到近年来贸易发展的一个重要趋势,即许多国家的企业将原本只适用于国际贸易的贸易术语在国内贸易中也大量运用。国际商会决定接受这一现实,在修订时对贸易术语的解释作了相应的调整。另外,新《2010 通则》还根据各国代表的意见,对原《2000 通则》中的贸易术语的种类进行了整合,对贸易术语的内容进一步完善,使之更方便使用。

虽然《2010 通则》于 2011 年 1 月 1 日起正式生效,但并非《2000 通则》就自动作废,当事人在订立贸易合同时仍然可以选用《2000 通则》甚至《1990 通则》。因为国际贸易惯例本身不是法律,对国际贸易当事人不产生必然的强制性约束力。为此,国际商会在推出《2010 通则》时提醒贸易界人士,由于《2010 通则》已多次变更,如果当事人愿意采纳《2010 通则》,应在贸易合同中特别注明"本合同受《2010 通则》的管辖"。例如,在合同的相关条款中规定"FOB QINGDAO,CHINA INCOTERMS 2010"。

《2010 通则》对《2000 通则》的修改主要有以下五个方面(参见表 1-2)。

1. 对部分贸易术语进行了删改

《2010 通则》删去了 DAF 术语、DES 术语和 DDU 术语,代之以新增加的 DAP(目的地或目的港的集散站交货和目的地交货)术语。另外,《2010 通则》还删去了 DEQ 术语,代之以 DAT(目的地或目的港的集散站交货)术语。这样一来,《2010 通则》中包含的贸易术语由原来的 13 种减少为 11 种。也就是说,DAT 术语和 DAP 术语是取代了 DAF 术语、DES 术语、DEQ 术语和 DDU 术语而实现的。DAT 术语和 DAP 术语都是"实质性交货"术语,在将货物运至目的地的过程中涉及的所有费用和风险均由卖方承担。此术语适用于任何运输方式,因此也适用于各种 DAF 术语、DES 术语、DEQ 术语以及 DDU 术语以前被使用过的情形。

2. 改变了原来的术语分类标准

《2010 通则》不再按 E、F、C、D 分组,而是根据它们适用的运输方式分为两类,即适用于各种运输方式的术语和仅适用于水上运输方式的术语。按照新的分类,适用于各种运输方式的包括 EXW 术语、FCA 术语、CPT 术语、CIP 术语、DAT 术语、DAP 术语和 DDP 术语七种;适用于水上运输方式的包括 FAS 术语、FOB 术语、CFR 术语和 CIF 术语四种。

3. 放弃了以船舷为界的说法

对 FOB 术语、CFR 术语和 CIF 术语几个被称为"蓝色术语"的风险转移界限由原来的"越过船舷"改为"在船上"。之所以要调整,是因为船舶都是不规则的立体结构,船舷很可能是一个不规则的立体交叉结构,"船舷"的概念显得比较虚幻,货物损坏是在船舷内还是在船舷外,具体操作起来不好确定。《2010 通则》把交货/收取货物与风险转移统一为"在船上"后,使得买卖双方的风险、责任和费用分担更为明确,但相对来说卖方的分担是增加的。在风险承担上,从越过船舷到装上船这段的风险原由买方承担,现由卖方承担。应该指出,风险转移在装上船后完成是指整批货物。如果一票合同项下的部分货物已装上船,但如果船舶倾覆,那么这时货物毁损的风险仍由卖方承担。同时,卖方承担的责任和费用也相应增加。

4. 强化了买卖双方对安全相关信息的提供义务

"9·11"事件后,货物和船舶等安全问题成为国际贸易中商人们所关心和相关组织所关注的重要问题,许多国家要求加强货物安全检查。《2010通则》顺应这一形势,提出买卖双方都要为对方提供与安全清关所需要的信息,双方在信息交流上的合作提升到先前未有的程度。这主要体现在增加的安检通关(Security Clearance)和协助提供信息及相关费用上,后者要求买卖双方必须向对方"及时"告知"任何"安全相关信息。

5. 术语使用指南与术语的使用解释

《2010通则》中的术语在其条款前面都有一个使用指南。该指南解释了每种术语的基本原理:何种情况应使用此术语;风险转移点是什么;费用在买卖中是如何分配的。这些指南并不是术语正式规则的一部分,它们只是用来帮助和引导使用者准确有效地为特定交易选择合适的术语。

由于一些短语的使用贯穿整个文件,《2010通则》打算在其正文中对以下被列出来的词语不再作解释,而以下注解为准。

(1) 承运人:就《2010通则》而言,承运人是指签署运输合同的一方。

(2) 出口清关:遵照各种规定办理出口手续,并支付各种税费。

(3) 交货:这个概念在贸易法律和惯例中有着多重含义,但在《2010通则》中用其表示货物缺损的风险从卖方转移到买方的点。

(4) 电子数据:由一种或两种以上的和相应纸质文件功效等同的电子信息组成的一系列信息。

(5) "包装"和"存放":这些短语被用于不同的目的:

① 遵照合同中所有的要求的货物包装;

② 使货物适合运输的包装;

③ 已包装好的商品转载进货柜或者其他运输工具。

此外,《2010通则》还确认了相关术语适用于国内货物买卖的问题,明确了集装箱码头装卸作业费的分摊问题,澄清了链式销售中卖方的义务,还涉及与《伦敦保险协会货物险条款》的最新修订相关的问题。

目前,《2000通则》或《2010通则》已被世界各国广泛采用,甚至连美国商会等团体也向美国商人推荐使用这一惯例,以取代《美国对外贸易定义修订本》。在我国进出口贸易中,多使用此术语惯例与国外签署合同,它对国际物流或国际货运有着重要影响。

(1) 贸易术语是外贸合同的重要条款,决定合同性质以及交货条件,国际物流经营者与货主的运输合同以及操作必须严格履行。

(2) 贸易术语规定了物流过程中的主要运输方式。在《2010通则》贸易术语中,有4个贸易术语(FAS、FOB、CFR、CIF)只适用于海运运输或者内河运输。这就意味着如果贸易合同采用了这四个术语中的一个,那么其他的运输方式就基本上与该票货物无缘。

(3) 贸易术语规定了物流的路线。各贸易术语无一例外都有后缀"named place..."或"port of...",这一后缀限制了物流路线的选择。

(4) 贸易术语提供了划分物流费用支付的界限。

表 1-2 《2010 通则》以及 11 种贸易术语买卖双方承担的责任、风险和费用对照

组别	术语英文名称	术语中文名称	交货地点	风险转移	出口清关责任	进口清关责任	运费	合同性质
任何运输方式	EXW (Ex Works)	工厂交货	商品产地	买方处置货物后	买方	买方	买方	交货
	FCA (Free Carrier)	货交承运人	出口国指定地点	承运人处置货物后	卖方	买方	买方	装货
	CPT (Carriage Paid To)	运费付至目的地	出口国指定地点	承运人处置货物后	卖方	买方	卖方	装货
	CIP (Carriage and Insurance Paid To)	运费/保险费付至目的地	出口国指定地点	承运人处置货物后	卖方	买方	卖方	装货
	DAT (Delivered At Terminal)	目的地或目的港的集散站交货	出口国指定地点	买方处置货物后	卖方	买方	卖方	到货
	DAP (Delivered At Place)	目的地交货	出口国指定地点	买方处置货物后	卖方	买方	卖方	到货
	DDP (Delivered Duty Paid)	完税后交货	出口国指定地点	买方处置货物后	卖方	卖方	卖方	到货
水上运输方式	FAS (Free Alongside Ship)	装运港船边交货	装运地港口	货交船边承运人后	卖方	买方	买方	装货
	FOB (Free On Board)	装运港船上交货	装运地港口	装运港船上	卖方	买方	买方	装货
	CFR (Cost and Freight)	成本加运费	装运地港口	装运港船上	卖方	买方	卖方	装货
	CIF (Cost Insurance Freight)	成本、保险费加运费	装运地港口	装运港船上	卖方	买方	卖方	装货

三、《2010 通则》中三种常用术语及应用

（一）FOB

FOB 的英文表示是 Free on Board(insert named port of shipment)，中文意思是"船上交货(插入指定装运港)"，其后应注明"Incoterms 2010"。

在 FOB 项下，卖方要在合同中约定的日期或期限内，将货物运到合同规定的装运港口，并交到买方指派的船只的船上，即完成其交货义务。另外，卖方要提交商业发票以及合同要求的其他单证。

在 FOB 项下，买卖双方的具体义务安排如下。

1. 风险转移问题

卖方在装运港将货物交到买方所派船只的船上时，货物损坏或灭失的风险由卖方转移给买方。

2. 通关手续问题

(1) 卖方自负风险和费用，取得出口许可证或其他官方批准证件，并且办理货物出口所

需的一切海关手续。

(2) 买方自负风险和费用,取得进口许可证或其他官方批准证件,并且办理货物进口和从第三国过境运输所需的一切海关手续。

3. 运输合同和保险合同

(1) 卖方对买方无订立运输合同的义务,但如果买方有要求或按照商业习惯,在买方承担风险和费用的情况下,卖方也可以按照通常条件订立运输合同。

(2) 卖方对买方无订立保险合同的义务。但应买方的要求,并在买方承担风险和费用的情况下,卖方必须向买方提供其办理保险所需的信息。

4. 主要费用的划分

(1) 卖方承担交货前所涉及的各项费用,包括办理货物出口所应交纳的关税和其他费用。

(2) 买方承担交货后所涉及的各项费用,包括从装运港到目的港的运费,以及办理进口手续时所应交纳的关税和其他费用。

5. 使用 FOB 术语时应注意的问题

(1) 关于风险划分问题。

在《2000 通则》及以前的通则中都规定,FOB 是以装运港船舷作为划分风险的界限。但考虑在现代的装运作业中,货物由起重机吊装上船的比例逐渐减少以及"链式销售",如卖方出售的是业已装上船或在途运输的货物的情况不断增加,《2010 通则》中关于 FOB 条件下风险划分的界限问题,不再规定以"船舷为界",而是规定以货物装到船上风险才由卖方转移给买方。这是需要当事人予以注意的。

在实际业务中,为明确一些特殊货物贸易装船费用的问题,常用 FOB 的变形解决,其变形有以下四种。

① FOB Liner Terms(FOB 班轮条件),指买方不负担装船的有关费用。

② FOB Under Tackle(FOB 吊钩下交货),指卖方将货物交到买方指定船只的吊钩所及之处,以后的装货费用概由买方负担。

③ FOB Stowed(FOB 理舱费在内),指卖方负责将货物装入船舱,并承担包括理舱费(货物入舱后进行安置和整理的费用)在内的装船费用。

④ FOB Trimmed(FOB 平舱费在内),指卖方负责将货物装入船舱,并承担包括平舱费(指对装入船舱的散装货物进行平整所需的费用)在内的装船费用。

(2) 关于船货衔接问题。

由于 FOB 条件下由买方负责安排运输工具,即租船订舱,所以这就存在一个船货衔接问题。如果买方未能按时派船,包括未经卖方同意提前将船派到和延迟派到装运港,卖方都有权拒绝交货,而且由此产生的各种损失(如空舱费、滞期费和卖方增加的仓储费等)均由买方负担。如果买方指派的船只按时到达装运港,而卖方却未能备妥货物,那么,由此产生的费用则由卖方承担。有时双方按 FOB 价格成交,但买方又委托卖方办理租船订舱,卖方也可酌情接受,但属于代办性质,其风险和费用仍由买方承担。

(二) CFR

CFR 的英文表示是 Cost and Freight(insert named port of destination),中文意思是"成本加费用(插入指定目的港)",其后应注明"Incoterms 2010"。

在CFR项下，卖方要在合同中约定的日期或期限内，将货物运到合同规定的装运港口，并交到自己安排的船只的船上，或者以取得货物已装船证明的方式完成其交货义务。另外，卖方要提交商业发票以及合同要求的其他单证。

在CFR项下，买卖双方的具体义务安排如下。

1. 风险转移问题

卖方在装运港完成其交货义务时，货物损坏或灭失的风险由卖方转移给买方。

2. 通关手续问题

(1) 卖方自负风险和费用，取得出口许可证或其他官方批准证件，并且办理货物出口所需的一切海关手续。

(2) 买方自负风险和费用，取得进口许可证或其他官方批准证件，并且办理货物进口和第三国过境运输所需的一切海关手续。

3. 运输合同和保险合同

(1) 卖方必须按照通常条件订立或取得运输合同，将货物运到合同约定的目的港。

(2) 卖方对买方无订立保险合同的义务。但应买方的要求，并在买方承担风险和费用的情况下，卖方必须向买方提供其办理保险所需的信息。

4. 主要费用的划分

(1) 卖方承担交货前所涉及的各项费用，包括需办理出口手续时应交纳的关税和其他费用。卖方还要支付从装运港到目的港的运费和相关费用。

(2) 买方承担交货后所涉及的各项费用，包括办理进口手续时应交纳的关税和其他费用。

5. 使用CFR术语时应注意的问题

(1) 卖方的装运义务。

采用CFR术语成交时，卖方要承担将货物由装运港运往目的港的义务。为了保证按时完成在装运港交货的义务，卖方应根据货源的实际情况合理地规定装运期。当装运期一经确定，卖方就应及时租船订舱和备货，并按规定的期限发运货物。

(2) 风险的界限和费用的负担问题。

采用CFR术语成交时，存在风险划分与费用划分两个分界点。在CFR条件下，卖方必须在指定的装运港履行交货义务并负担货物从装运港至约定的目的港的运费，而货物风险的转移早在"货物交到装运港船上"时即由卖方转移给买方。由此可见，买卖双方风险划分和费用划分的地点是相分离的，即风险划分地点是在出口国家的装运港，而费用划分地点却在进口国家的目的港。

大宗商品按CFR术语成交，为明确卸货费分担、防止产生争议，在签订合同时，可用CFR的变形明确该问题，其变形有以下三种：

① CFR Liner Terms(班轮条件)，指买方不负担卸货费；

② CFR Landed(卸至岸上)，指由卖方负担卸货费，包括驳船费和码头费；

③ CFR Ex ship'Hold(舱底交货)，指货物运到目的港后，由买方自行启舱，并负担货物从舱底卸到码头的费用。

(3) 装船通知的重要作用。

按照CFR条件达成的交易，卖方需要特别注意的问题是货物装船后必须及时向买方发出装船通知,以便买方办理投保手续。因为一般的国际贸易惯例以及有些国家的法律,如英国《1893 年货物买卖法》(1979 年修订)中规定:"如果卖方未向买方发出装船通知,致使买方未能办理货物保险,那么,货物在海运途中的风险被视为卖方负担。"这就是说,如果货物在运输途中遭受损失或灭失,由于卖方未发出通知而使买方漏保,那么卖方就不能以风险在船上转移为由免除责任。由此可见,尽管在 FOB 条件和 CIF 条件下,卖方装船后也应向买方发出通知,但 CFR 条件下的装船通知具有更为重要的意义。

（三）CIF

CIF 的英文表示是 Cost Insurance and Freight (insert named port of destination),中文意思是"成本加保险费、运费（插入指定目的港）",其后应注明"Incoterms 2010"。

在 CIF 项下,卖方要在合同中约定的日期或期限内,将货物运到合同规定的装运港口,并交到自己安排的船只上,或者以取得货物已装船证明的方式完成其交货义务。另外,卖方还要为买方办理海运货物保险。此外,卖方要提交商业发票以及合同要求的其他单证。

在 CIF 项下,买卖双方的具体义务安排如下。

1. 风险转移问题

卖方在装运港完成其交货义务时,货物损坏或灭失的风险由卖方转移给买方。

2. 通关手续问题

(1) 卖方自负风险和费用,取得出口许可证或其他官方批准证件,并且办理货物出口所需的一切海关手续。

(2) 买方自负风险和费用,取得进口许可证或其他官方批准证件,并且办理货物进口和从第三国过境运输所需的一切海关手续。

3. 运输合同和保险合同

(1) 卖方必须按照通常条件订立或取得运输合同,将货物运到合同约定的目的港。

(2) 卖方对买方有义务签订保险合同。保险合同应与信誉良好的保险公司订立,使买方或其他对货物有可保利益者有权直接向保险人索赔。

4. 主要费用的划分

(1) 卖方承担交货前所涉及的各项费用,包括需要办理出口手续时所应交纳的关税和其他费用。卖方还要支付从装运港到目的港的运费和相关费用,并且承担办理水上运输保险的费用。

(2) 买方承担交货后所涉及的各项费用,包括办理进口手续时所应交纳的关税和其他费用。

5. 使用 CIF 术语应注意的问题

(1) 保险与保险险别的问题。

采用 CIF 术语成交时,应由卖方负责办理保险,但是必须明确保险的性质是由卖方代替买方办理保险,另外保险费又是货价的组成部分。所以,一般在签订买卖合同时,在合同的保险条款中应明确规定保险险别、保险金额等内容,这样卖方就应该按照合同的规定办理保险。但如果合同中未能就保险险别等问题作出具体规定,那就要根据有关惯例来处理,涉及 CIF 术语的国际贸易惯例有国际商会的《2010 通则》、《1941 年美国对外贸易定义修订本》和《华沙-牛津规则》。按照《2010 通则》对 CIF 术语的解释,卖方只需投保最低的险别;但在买方要求时,并由买方承担费用的情况下,可加保战争险、罢工险、暴乱险和民变险。

(2) 租船订舱问题。

采用 CIF 术语成交时,卖方的基本义务之一是按通常的条件及惯驶的航线负责租船订舱,并支付运费。卖方有义务租用具有适航性的海轮,而不应是帆船。另外,除非买卖双方另有约定,对于买方提出的有关限制载运船舶的国籍、船型、船龄、船级以及指定装载某班轮公会的船只等要求,卖方均有权拒绝接受。但对于买方提出的要求,在卖方能办到又不会增加额外开支的情况下,也可以接受。

(3) 象征性交货问题。

从交货方式来看,CIF 术语是一种典型的象征性交货。所谓象征性交货,是针对实际交货而言。象征性交货,是指卖方只要按期在约定地点完成装运,并向买方提交合同规定的包括物权凭证在内的有关单证就算完成了交货义务,而无须保证到货。即使货物在运输途中损坏或灭失,买方也必须履行付款义务。反之,如果卖方提交的单据不符合要求,即使货物完好无损地运达目的地,买方仍有权拒绝付款。实际交货则是指卖方要在规定的时间和地点,将符合合同规定的货物提交给买方或其指定的人,而不能以交单代替交货。

但是,必须指出,采用 CIF 术语成交时,卖方履行其交单义务,只是得到买方付款的前提条件,除此之外,还必须履行交货义务。如果卖方提交的货物不符合要求,买方即使已经付款,仍然可以根据合同的规定向卖方提出索赔。

任务三 国际物流服务商与业务

一、国际物流的分类

根据不同的标准,国际物流可以有不同的分类,以下为常见的四种分类。

根据货物在国与国之间的流向分类,国际物流可分为进口物流和出口物流。当国际物流服务于一国的商品进口时,即可称为进口物流;反之,当国际物流服务于一国的商品出口时,即为出口物流。由于各国在进出口政策,尤其是海关管理制度上的差异,进口物流与出口物流既存在交叉的业务环节,又存在不同的业务环节。

根据货物流动的关税区域分类,国际物流可分为不同国家之间的物流和不同经济区域之间的物流等。区域经济的发展是当今国际经济发展的一大特征,如欧洲经济共同体国家之间由于属于同一关税区,其成员国之间的物流运作与欧洲经济共同体成员国与其他国家或经济区域之间的物流运作在方式上和环节上存在较大的差异。

根据跨国的货物特征分类,国际物流可分为国际军火物流、国际商品物流、国际邮品物流、国际捐助或救助物资物流、国际展品物流和废弃物物流等。

根据物流系统的性质分类,国际物流可分为宏观国际物流和微观国际物流。

此外,国际物流还可以根据功能与方式的不同、物流服务提供商的不同等进行分类。

二、国际物流服务商

国际物流服务商也称国际物流企业或国际物流服务供应商,是指从事国际物流活动的经济组织。它是独立于生产领域之外,专门从事与国际物品流通有关的各种经济活动的企业,是市场经济中依法自主经营、自负盈亏、自我发展、自我约束,具有法人资格的经营单位。

基于不同的角度,国际物流服务商的分类方法有多种。比如,根据起源分类,国际物流服务商可分为起源于运输企业、起源于仓储企业、起源于货运代理公司、起源于货主企业、起源于财务或信息服务公司等五类。根据物流业务范围和功能分类,国际物流服务商可分为综合性物流企业和特定功能性物流企业。特定功能性物流企业也叫单一物流企业,即它仅仅承担和完成某一项或某几项物流功能;而综合性物流企业能够完成和承担多项甚至所有的物流功能。

(一) 综合型物流企业

综合型物流企业的业务范围往往是全国规模或世界规模,它能应对货主企业的全球化经营对物流的需求,如中国远洋运输集团、中国对外贸易运输(集团)总公司(以下简称中外运公司)等。这类物流企业具有功能整合度高、物流服务广、综合实力强大、能为客户提供全方位综合物流服务的特点。

(二) 机能整合型物流企业

机能整合型物流企业是以货物对象、功能或市场为核心,导入系统化的物流,通过推进货物分拣、追踪提供输送服务,如中国邮政速递物流股份有限公司(EMS)、中铁快运股份有限公司(CRE)、中国民航快递有限责任公司(CAE)及众多码头堆场、机场公司等。这类企业能自身承担从集货到配送等物流活动,可以调度实现机能整合。由于企业服务的是特定的货物、功能或市场,所以其服务的范围受到限制。

(三) 代理型物流企业

代理型物流企业的机能整合度低,但服务范围广,通常自身不拥有运送手段,而是以综合运用铁路、航空、船舶和汽车等各种手段运输,靠经营网络的优势,开展货物混载代理业务。它们具有把不同的物流服务项目组合以满足客户需求的能力。目前,运输代理企业正在向第三方物流企业发展,即迈向提供物流交易双方的部分或全部物流功能的外部提供者。

(四) 缝隙型物流企业

缝隙型物流企业表现为机能整合度低,物流服务范围较窄,它主要向局部市场的特定顾客服务。这类企业通常开展一些见缝插针的物流服务,如一些小的仓储公司和汽车公司等。

三、国际物流服务商的业务内容

一般而言,国际物流服务商可以提供包括采购原料、商品生产或加工地点、原料或产成品的储存保管、装卸、包装、租船、订舱、配载、制单、报价、集港、疏港、运输、结汇、跟踪货物位置,直至货物到达指定目的地的最终用户手中的一系列服务。但就具体物流企业而言,其业务内容与企业的资产实力、资金实力、资源整合能力、信息技术能力以及企业定位、市场、客户需求有关。

根据服务的功能与手段以及与客户的合作程度,物流服务可分为以下四种类型。

(一) 基本功能的物流服务

基本功能的物流服务主要提供运输、仓储等单一或少数物流功能的组合服务项目。这一服务层次以一次性服务为特点,一般是与客户在建立短期物流管理合同的基础上,不要求提供很多的协调服务。

（二）实物运作的物流服务

实物运作的物流服务与客户建立在长期物流管理合同的基础上，客户只要求提供实物运输、配送、分销、流通加工、采购、收款、咨询、信息以及其他增值作业等服务。其主要业务特点是基于从供应方到需求方物品流动的全程或主要流程的运作与管理。

（三）管理活动的物流服务

管理活动的物流服务建立在长期物流管理合同的基础上，除了物流业务还包括运输管理、库存控制、货物跟踪、需求预测、网络管理、供应链IT支持、物流行政管理，以及将某些仓库和车队交给物流企业进行管理。这种模式需要一定的信息系统集成、业务流程重组和经营组织变革，是物流服务中需要管理咨询、系统集成、虚拟经营等技术支持的一种典型形式。

（四）基于集成方案的物流服务

基于集成方案的物流服务是客户与物流企业建立在长期物流管理合同的基础上，形成一体化供应链物流方案，根据集成方案将所有的物流运作以及管理业务全部外包给物流企业。这是物流企业整合内外部资源，提供商流、物流、信息流和资金流一体化运作的集成供应链管理形式。

任务四　国际物流的发展

一、国际物流的发展历程

"物流"的概念早在20世纪初就在美国产生，但国际物流概念的产生和发展却是近十几年的事。第二次世界大战以前，国际已有不少的经济交往，但是无论从数量还是从质量要求来讲都没有将伴随国际交往的运输放在主要地位。第二次世界大战以后，尤其在20世纪70年代的石油危机以后，国际贸易在数量上已达到了非常巨大的数字，交易水平和质量要求也越来越高。在这种新情况下，原有的运输观念已不能适应新的要求，系统物流就是在这个时期进入到国际领域。

国际物流的发展大体经历了以下三个时期。

（一）萌芽时期（20世纪50年代至80年代初）

第二次世界大战以后，国际经济交往越来越广泛，国际分工和国际贸易迅猛发展。随着国际贸易的增长，20世纪60年代开始形成了国际的大规模物流，在物流技术上出现了许多大型的物流工具。20世纪70年代国际集装箱以及国际集装箱船舶与码头得到了快速发展，这大大满足了难度最大的中、小件杂货的物流要求。因此，国际各主要航线的定期班轮投入了集装箱船舶，使得国际运输业的发展趋势逐渐演变为杂货运输集装化、大宗货物的运输工具大型化、海陆空多式联运化以及站至站、场至场、门到门运输服务多样化。但物流国际化的趋势仍未得到人们的重视，国际物流的概念还未正式提出。随着国际物流业务的扩展，国际地理位置的选择仍是大型跨国公司获取竞争优势的重要手段，而这种地理位置的选择几乎全部基于资源和市场的考虑，即正确选择了业务扩展的地理区域，就意味着获得了能带来竞争优势的资源和市场。

(二) 起步时期(20世纪80年代初至90年代初)

在这个阶段,随着经济技术的发展和国际经济往来的日益扩大,物流国际化趋势开始成为世界性的共同问题。各国企业越来越强调改善国际性物流管理来降低产品成本,并且要改善服务、扩大销售,从而在激烈的国际竞争中获得优势。

这一时期,伴随现代市场需求的变化,物流服务着力于解决"小批量、高频度、多品种"的物流,出现了不少新技术和新方法。这就使现代物流不仅覆盖了大量商品、集装杂货,而且也覆盖了多品种的商品,基本覆盖了所有的物流对象,解决了所有物流对象的现代物流问题。在国际物流量不断扩大的情况下,物流的机械化和自动化水平不断提高,物流设施和物流技术得到了极大的发展。以伴随国际集装箱多式联运出现的物流信息系统和电子数据交换(Electronic Data Interchange,EDI)系统的运用为标志,可以说90年代的国际物流已进入了物流信息时代,大型跨国公司已经充分意识到先进的信息技术与发达的运输手段正在加速摧毁商业运作中距离所带来的优势。在业务扩展中,地理位置仍不失其重要性,但却蕴涵着与以前不同的竞争优势获得途径。

国际物流的概念首先在美国被正式提出,随后日本和欧洲一些发达国家也都开始积极发展国际物流业务,但物流国际化的趋势明显局限在美国、日本和欧洲一些发达国家,对于国际物流的理论探讨和实践操作也主要集中在这三个国家和地区。

(三) 深化发展时期(20世纪90年代至今)

进入20世纪90年代,经济全球化、一体化加速了物流国际化的发展,国际物流的概念和重要性已为各国政府和外贸部门所普遍接受。贸易伙伴遍布全球,必然要求物流国际化,即物流设施国际化、物流技术国际化、物流服务国际化、货物运输国际化、包装国际化和流通加工国际化等。世界各国广泛开展国际物流理论和实践方面的大胆探索,人们已经形成共识——物流无国界,只有广泛开展国际物流合作,才能促进世界经济繁荣。

在这一时期,互联网、条码技术以及全球卫星定位系统在物流领域得到了普遍应用,而且越来越受到人们的重视。这些高科技在国际物流中的应用极大地提高了物流的信息化和物流服务水平,各大物流企业纷纷投巨资于物流信息系统的建设。可以说,21世纪是物流信息化高度发展的时代。

二、国际物流的发展趋势

20世纪90年代以来,随着经济全球化步伐的加快,科学技术尤其是信息技术和通信技术的发展,跨国公司的迅猛发展所导致的全球化生产、全球化采购以及全球消费趋势的加强,使得当今国际物流的发展呈现出一系列新特点、新趋势。

(一) 跨国公司成为国际物流的主要需求者和推动力

当今跨国公司的生产和经营在全球生产和经营中占有举足轻重的地位,跨国公司的生产经营特性及其物流的复杂性从国际物流的需求上直接反映出来。目前,国际贸易总量中的75%以上的国际货运量都是由跨国公司引起的。

(1) 跨国公司的不同购销渠道和货源影响着国际运输货流的走向、航线的配置以及设施的规模和规格。

(2) 跨国公司与国际物流(运输)的关系比以往更为密切,大型跨国公司已经是全球承运人的主要揽货目标。随着跨国公司生产布局的全球化发展,将以前所形成的完善的第三方物流网络也带入全球市场中,实现了生产企业与专业第三方物流企业的同步全球化。

(3) 跨国公司对国际物流的直接需求导致其进入和经营国际运输业。为了保证国际物流的稳定性和可得性,大型跨国公司开始涉足国际物流(国际航运)业,主要表现为跨国资本在世界各大港口投资力度的增大以及对主要国际运输航线的控制等。

(二) 物流企业经营日益网络化、集约化和联盟化

伴随世界经济全球化和跨国经营的发展,物流产业规模、服务标准和竞争格局已发生重大变革,21世纪是物流全球化的时代。要满足全球化或区域化的物流服务,物流企业的规模和服务范围必须扩大,这种扩大的主要措施有以下三个方面。

1. 物流企业的跨区域投资扩张

物流企业以自身资源为基础,通过跨国、跨地区公司、分公司、办事处等的设立,从而实现规模和网络的扩大。

2. 物流企业的兼并与合作

世界范围内各行业企业间的联合与并购将会继续推动国际物流业加速向全球化方向发展,而物流全球化的发展走势又必然推动和促进各国物流企业的联合和并购活动。随着国际贸易的发展,美国和欧洲的一些大型物流企业跨越国境,展开连横合纵式的并购,大力拓展国际物流市场,以争取更大的市场份额。

3. 物流企业间的战略联盟

由于商业运作的复杂性,某一单一的物流服务提供方往往难以实现低成本、高质量的服务,也无法给客户带来较高的满意度。通过结盟解决资金短缺和应付市场波动压力,并进而增加服务品种和扩大企业的地理覆盖面,为客户提供"一站式"服务,从联合营销和销售活动中受益成为许多具有一定实力的物流企业的发展战略。对物流企业而言,战略合作伙伴既可以选择其他的物流企业、货代公司、国际分销公司等,也可以选择信息系统公司、制造商、设备租赁商等。通过结盟,使企业得以在未进行大规模资本投资的情况下扩大业务范围,从而提升市场份额和竞争能力。

(三) 国际物流服务不断优化与深化

随着消费多样化、生产柔性化、流通高效化时代的到来,社会和客户对物流服务的要求越来越高,物流成本不再是客户选择物流服务的唯一标准,人们更多的是注重物流服务的质量。物流服务的优化和深化是物流今后发展的重要趋势。现代国际物流优化和深化表现在众多方面,如反应快速化、功能集成化、服务定制化(系列化与个性化)、作业规范化和物流目标系统化等。

面对21世纪更加激烈的市场竞争和迅速变化的市场需求,为客户提供日益完善的增值服务,满足客户日益复杂的个性化需求将成为现代物流企业生存和发展的关键。物流企业的服务范围将不仅限于一项或一系列分散的物流功能,而是更加注重客户物流体系的整体运作效率与效益。供应链的管理与不断优化将成为物流企业的核心服务内容。物流企业与客户的关系将越来越多地体现为一种风险共担的战略同盟关系,而不仅仅是现阶段的一般意义上的买卖关系或服务关系。与上述物流发展理念相左的物流企业将逐渐被淘汰出局。

随着个性化柔性服务体系的建立,国际物流的服务标准和目标日益系统化。现代化国际物流统筹规划了一个企业整体的各种物流活动,处理好了物流活动与商流活动以及企业目标之间、不同物流活动相互之间的关系,在实现每个物流环节最优化的同时,追求整体物流活动的最优化。

(四)国际物流手段现代化

现代国际物流使用先进的技术、设备与管理为客户提供服务、生产、流通、销售,物流的规模越大、范围越广,其技术、设备和管理就越需要现代化。计算机技术、通信技术、机电一体化技术和语音识别技术等得到普遍应用。世界上最先进的物流系统运用了 GPS(Global Positioning System,全球卫星定位系统)、卫星通信、射频识别装置(Radio Frequency,RF)、机器人等,实现了自动化、机械化、无纸化、智能化和信息化。由于计算机信息技术的应用,现代国际物流过程的可见性明显增加,物流过程中库存积压、延期交货、送货不及时、库存与运输不可控等风险大大降低,从而可以加强供应商、物流商、批发商和零售商在组织物流过程中的协调、配合以及对物流过程的控制。

(五)国际物流活动的绿色化

现代物流在创造价值的同时也会给社会环境带来不利的影响,如运输工具的噪声、污染排放、对交通的阻塞以及生产中和生活中的废弃物的不当处理等所造成的对环境的影响。为此,21世纪对物流提出了新的要求,即绿色物流。绿色物流包括两个方面:一方面是对物流系统污染进行控制,即在物流系统和物流活动的规划与决策中尽量采用对环境污染小的方案,如采用排污量小的货车车型、近距离配送、夜间运货(减小交通阻塞、节省燃料和减小排放)等;另一方面就是建立工业和生活废料处理的物流系统。有的国家作出规定,电视机、电冰箱等大件废旧家用电器由生产企业负责回收和再生利用。从环境的角度来考虑对现有的物流体系进行改进,需要形成一个环境共生型的物流管理系统,形成一种能促进经济和消费生活同时健康发展的物流系统,即物流系统向环保型和循环型转变。

三、我国国际物流发展中的问题

加入 WTO 后,我国国际贸易和跨国经营发展迅速,发展中面临着新的机遇与挑战。为了使我国在世界贸易中占据有利地位,提高我国经济在世界上的竞争力与优势,营造良好的贸易环境,加快国际物流发展、完善国际物流系统是基础的保证。但是,我国的国际物流起步晚,发展中还存在许多的问题,主要体现在以下六个方面:

(1)企业商业运作模式落后,现代物流观念、意识薄弱;

(2)国际物流人才缺乏,国际物流教育刚刚起步;

(3)基础设施落后,与物流机械化、装备现代化的要求还有差距,例如,集装箱专用码头、深水泊位及装卸能力、中转站等还不能完全满足国际物流业的需要;

(4)物流标准化工作水平低,一体化程度差;

(5)国际物流信息化发展不平衡;

(6)本土国际货物运输代理业(以下简称国际货运代理业)发展落后。

同步训练

一、关键名词

国际物流　国际贸易　贸易术语　象征性交货　实际交货　国际物流服务商

二、复习思考题

1. 简述国际物流的特征,其与国内物流有哪些区别?
2. 国际物流有哪些分类?
3. 国际物流与国际贸易的关系如何?
4. 详述在《2010通则》中FOB、CFR、CIF三种术语下买卖双方的义务及其在应用中应注意的问题。
5. 国际物流的发展趋势是什么?
6. 联系实际谈谈我国国际物流业的发展。

三、案例与分析

【案例1-1】香港与物流

一、回归后香港经济、物流业的发展

香港回归后,并没有出现西方学者曾预言的"香港之死",香港经济渡过了难关,仍能在内外部环境发生急剧变化的情况下保持繁荣与发展,继续维持国际金融中心与转运中心的地位,仍是全世界最自由与最具竞争力的经济体。

亚洲金融风暴后,香港经济曾一度低迷,许多行业的业绩大不如以前,但具有信息化、网络化、智慧化和标准化的香港现代物流业却在逆境中保持了稳定发展,创出了新的局面。

中国加入WTO后,香港面临着新的挑战和机遇。《内地与香港关于建立更紧密经贸关系的安排》(CEPA)允许香港公司以独资形式在内地提供相关的货运分拨和物流服务,包括公路普通货物的运输、仓储、装卸、加工、包装、配送及相关信息处理服务和有关咨询业务,国内货运代理业务,利用计算机网络管理和运作物流业务。

香港要建成亚洲的物流中心,15年内投入750亿美元,提升香港的活力。香港贸易港的启动也必将提高香港在国际物流市场上的竞争地位,香港的地位与实力在发展内地物流方面也大有作为。

香港现代物流业的发展紧紧抓住了高质量的服务、高水平的管理、高科技的应用。高质量的服务不是要客户迁就物流企业的条件,而是物流的各个环节要努力做到适应客户的要求。高水平的管理不仅在每个环节上,而是在物流一体化上。高科技的应用则体现在物流工具与手段的现代化、大型化和信息化上。

电子商务与物流业的结合相得益彰,一系列现代化科技都派上用场。全新的理念和新科技的应用使香港的物流业越来越走向现代化,也在香港的经济发展中扮演着越来越重要的角色。

二、"东方之珠"有赖于物流业的发展

香港之所以被誉为"东方之珠",其中一个重要原因是它扮演着世界航运中心的角色。1980年,香港集装箱吞吐量是147万个标准集装箱,超过日本的神户,成为世界第三大集装箱港。1986年,港口吞吐量达229万个标准集装箱,跃居世界第二。1987年,吞吐量增加到345万个标准集装箱,超过荷兰的鹿特丹港,一跃成为世界最大的集装箱港,并连续多年称冠。到2012年,香港港口集装箱吞吐量已达2 309.7万个标准集装箱,不愧为全球最繁忙的货柜港。

香港拥有得天独厚的天然良港维多利亚港,其平均深度超过10米的港内航道使大型远洋货轮可随时进入码头和装卸区,为世界各地的船舶提供了方便而安全的停泊地。与此相匹配的是,香港还拥有优良的港口设施和高效率的作业流程,香港的货物装卸作业素以效率高见称,货柜船在港内的周转时间平均约为10小时。港口设备可同时容纳上百艘船舶靠泊和进行装卸作业。香港不仅拥有集装箱码头,而且还拥有石油、煤炭、水泥等专用码头。更重要的是,香港还拥有数千家航运企业和上万人的航运从业人员以及优良的航运管理人才。这些都是香港成为世界航运中心的保证。

1. 国际贸易促使香港的物流迅猛发展

香港从开始从事国际贸易时起就是一个物流中心。长期以来,大量中小型贸易公司从事转口贸易活动,贸易代理、运输、保险等与贸易相关的服务业成为香港最重要的产业之一。

20世纪80年代,随着香港和珠江三角洲广大地区"前店后厂"关系的形成和迅速发展,香港制造业的范围和规模大为扩张,在珠江三角洲庞大腹地的支持下,香港成为生产、后勤和管理中心,成为原材料、零部件采购和产成品输出的枢纽,也是成衣、玩具、钟表等行业最重要的全球采购中心(近年来又成为电脑及其配套部件的转运中心),从而给物流业带来了巨大的发展空间。

20世纪90年代,特别是20世纪90年代后半期,随着经济全球化分工的深化,以互联网为核心的电子商务的发展以及美国新经济的出现,传统物流业逐步向现代物流业转化。这个转化过程,既包括20世纪80年代西方企业在学习日本企业的"及时生产"和"零库存"而兴起的"供应链管理",又包括基于互联网的电子商务从信息产业领域扩展到制造业等传统产业领域。

现代物流业发展的大背景是"冷战"结束后美国急速推动经济全球化,美国公司将成本高、产品生命周期不断缩短的制造业逐渐外包到其他的国家进行生产,而美国的企业则将精力集中到R&D、产品开发、市场营销等方面。通过全球配置资源,美国企业的效率在20世纪90年代末期得以大大提高,美国企业的整体盈利达到石油危机以后的最高水平。

20世纪90年代后期,在将大部分制造业外包到全球各地生产之后,产品和原材料、零部件的库存以及及时供应已经成为美国企业最大的风险来源,于是它们又在供应链管理的基础上,将产品和原材料、零部件的及时供应外包给独立的物流公司,以进一步减少风险和降低成本。

2. 物流业的兴衰关系香港经济长远发展的潜力

由于香港地处珠江三角洲和国际市场(特别是北美市场)的接点,在美国客户要求广泛转向新型物流服务的压力下,香港传统的以贸易代理为代表的中介角色便需要迅速转化为以供应链管理为代表的现代物流角色,将生产厂家(有很多是由香港企业在珠江三角洲投资的)、国际买家以及未来越来越多的内地买家连接成为一体。

发展到现在,物流业已经成为香港的支柱产业之一。可以说,物流业的兴衰在相当程度上关系香港经济长远发展的潜力,关系香港经济在全球经济分工中的定位,关系香港成为未来国际大都会的基础。

香港作为中国对外开放的一个重要门户和亚太地区的国际金融、贸易、航运、旅游、信息中心,其经济发展与内地经济有着越来越密切的依存关系。

据统计,目前香港港口处理的集装箱约有七成与内地有关。同时,每年进出香港的内地船舶超过4 000艘(次),而且内地沿海大部分港口都开办了至香港的集装箱航线。香港航运界人士确信,在未来的十年内,中国经济的高速增长必将使香港港口的货运量进一步增大。

三、香港成为世界物流中心的优势

亚洲金融风暴后,香港经济基本上一直处于低迷状态。尽管香港经济面临着严峻的挑战,但依靠香港强大的信息能力、网络能力、硬件设备、人才优势、政府的强力支持以及得天独厚的区位优势等,物流业依然在逆境中平稳发展,创出了新的局面:

(1) 拥有世界级的基建设施和懂"两文"(中、英文)"三语"(粤语、普通话和英语)的IT专才;
(2) 地理优势和税率低;
(3) 政府的强有力支持是自由港发展的前提;
(4) 拥有完善的海、陆、空运输设施和配套设备以及全世界最繁忙的集装箱码头;
(5) 区位优势是香港成为内地最大贸易伙伴的必然条件;
(6) 完善的软件体系;
(7) 对物流人才的重视;
(8) 通信网运作成本相当低。

> **思考回答**
>
> 1. 我们应当怎样看待物流业在香港经济发展中的地位?
> 2. 发展现代国际物流业需要哪些环境和条件?我们应当怎样理解国际物流业与社会经济、国际经济的关系?

【案例1-2】UPS的特色物流服务

1907年,美国人吉米·凯西创立了UPS,即联合包裹公司。创业初期,公司仅有一辆货车和几辆摩托车,主要为西雅图百货公司运送货物。现在,UPS的34万名工作人员分布在全球2 400多个分送中心,他们每天驾驶着16万辆运送车、610架飞机,昼夜不停地为200多个国家和地区的客户提供门到门的收件、送件服务。UPS每日上门取件的固定客户已逾130万家,每个工作日处理包裹130万件,每年运送30亿各种包裹和文件,成为年营业额270亿美元的巨型公司。目前,UPS的固定资产达126亿美元,在全球快递业中可谓独占鳌头。UPS的经营之所以取得巨大成功,是与其富有特色的物流服务密切相关的。它的物流服务特色,主要可以概括为以下五个方面。

一、货物传递快捷

UPS规定:国际快件3个工作日内送达目的地;国内快件保证在翌日上午8点以前送达。而在美国国内接到客户的电话后,UPS可以在1小时内上门取件,并当场用微型计算机办好托运手续。为了测试UPS的快递究竟快不快,UPS的总裁曾于星期三在北京向美国给自己寄了一个包裹,星期五当他回到亚特兰大公司总部上班时,包裹已经出现在他的办公桌上。

20世纪90年代，UPS又在180个国家开设了24小时服务的"下一航班送达"业务。UPS坚持"快速、可靠"的服务准则，获得了"物有所值的最佳服务"的声誉。

二、报关代理和信息服务

UPS从20世纪80年代末期起投资数亿美元建立起全球网络和技术基础设施，为客户的提供报关服务。UPS建立的"报关代理自动化系统"使其承运的国际包裹的所有资料都进入这个系统，这样，清关手续在货物到达海关之前就已经办完。UPS的计算机化清关为企业节省了时间，提高了效益。UPS有6个清关代理中心，每天办理2万个包裹的清关手续。

三、货物即时追踪服务

UPS的即时追踪系统是目前世界上快递业中最大、最先进的信息追踪系统。所有交付的货物只能获得一个追踪号码，货物走到哪里，这个系统就跟到哪里。这个追踪系统已经进入全球互联网络，每天有1.4万人次通过网络查询他们的包裹行踪。非互联网络用户可以用电话咨询"客户服务中心"，路易斯维尔的服务中心昼夜服务，200多名职员每天用11种语言回答世界各地的客户大约2万次的电话查询。

四、先进的包裹管理服务

UPS建立的亚特兰大"信息数据中心"可将UPS系统的包裹的档案资料从世界各地汇总到这里。包裹送达时，物流员工借助一个类似笔记本计算机的"传递信息读取装置"摄取客户的签字，再通过邮车上的转换器将签名直接输送到"信息数据中心"，投递实现了无纸化操作。送达后，有关资料将在数据中心保存18个月。这项工作使包裹的管理工作更加科学化，也提高了UPS服务的可靠性。

五、包装检验与设计服务

UPS设在芝加哥的"服务中心"数据库中，抗振的、抗挤压的、防泄漏的各种包装案例应有尽有。服务中心还曾经设计水晶隔热层的包装方式，为糖果、巧克力的运输提供恒温保护；用坚韧的编织袋包装，为16万件转换器提供了经得起双程磨损的材料。这类服务为企业节省了材料费和运输费，被誉为"超值服务"。

> **思考回答**
> 1. USP在快递运送方面制定了怎样的时间标准？
> 2. USP为客户提供了哪些增值服务？

项目二　国际物流系统与业务流程岗位

内容与重点

◎ 国际物流系统的构成。
◎ 国际物流系统网络。
◎ 口岸和港口的功能。
◎ 国际物流中心与国际物流园区。
◎ 自由经济区的类型。
◎ 国际物流业务流程与岗位。

任务一　国际物流系统

一、国际物流系统的构成

当今国际经济发展和竞争对国际物流提出了更高的要求,即成本费用更低,顾客服务水平更高。这一目标的实现必须将国际物流各组成要素有机地结合在一起,形成完善的国际物流系统。国际物流系统,是指由国际物流要素构成的,具有特定物流功能的有机整体。

国际物流系统是一个多行业集成的一个有机系统,如日本等发达国家将海运业、铁路运输、卡车运输、仓储业和速递业都列入物流业。现代国际物流业越来越强调服务功能的完善化和系统化,除了传统的物流服务外,外延向上扩展至市场调查与预测、采购及订单处理,向下延伸至配送、物流咨询、方案的选择与规划、库存控制、货款回收与结算、教育培训等增值服务。目前,国际物流系统主要由商品的包装、储存、运输、检验、流通加工和其前后的整理、再包装以及国际配送等子系统组成。其中,储存和运输子系统是国际物流的基础和核心。国际物流系统通过商品的储存和运输实现自身的时间效益和空间效益,满足国际贸易和跨国经营的要求。

（一）运输子系统

国际货物运输是国际物流系统的核心。国际货物运输主要涉及运输方式的选择、运输单据的处理以及投保等方面。国际运输方式很多,如海陆空多式联运等,以海运为主。国际货物运输具有路线长、环节多、涉及面广、手续繁杂、风险大、成本高、时间性强等特点。

目前,我国国际物流运输存在的主要问题有以下四个方面。

（1）海运力量不足、航线不齐、港口较少等因素影响了进出口货物及时流进流出,特别是出口货物的运输更加不足。现有的船型结构也不尽合理,中等船舶奇缺。由于船舶较大,运输间隔时间又长,这与要求批量小、需求供货快的现状是很不适应的。

(2) 铁路运力紧张,内陆直接出口困难。我国同朝鲜、蒙古、独联体国家、越南等虽然有铁路连接,但运力仍然不足。

(3) 航空运力也不足,加上运价昂贵,难以适应外贸发展的需要。目前主要靠客货两用机,真正的货运飞机数量少。

(4) 多式联运发展滞后,各方式不能有效结合。

(二) 仓储子系统

商品储存和保管使商品在其流通中处于一段相对停滞状态,这种停滞是国际物流完全必要的,是国际物流的基础条件。它主要是在各国的保税区、保税仓库、海关监管仓库和堆场进行的,涉及保税制度、保税仓库、堆场建设等方面。从物流角度看,物流企业应尽量减少储存时间和数量,加速货物和资金的周转,保证客户的需要,从而实现国际物流的高效率运转。

保税制度是对特定的进口货物在进境后,尚未确定内销或复出的最终去向前,暂缓缴纳进口税,并由海关监管的一种制度。这是各国政府为了促进对外加工贸易和转口贸易而采取的一项关税措施。保税仓库是经海关批准专门用于存放保税货物的仓库。它必须具备专门储存、堆放货物的安全设施,健全的仓库管理制度和详细的仓库账册,配备专门的经海关培训认可的专职管理人员。保税仓库的出现为国际物流的海关仓储提供了既经济又便利的条件。

(三) 商品检验子系统

商品检验是国际物流系统中重要的子系统,商品检验证也是议付货款的重要单据之一。通过商品检验,确定交货品质、数量和包装条件是否符合合同规定,如果发现问题,也可分清责任,向有关方面进行索赔。在国际货物买卖合同中一般都订有商品检验条款,其主要内容包括检验时间与地点、检验机构、检验证明、检验标准与检验方法等。

(四) 流通加工子系统

流通加工是随着科技进步(特别是物流业)的发展而发展起来的,它是国际物流中具有特殊意义的物流形式,其作用是使商品更好地满足消费者的需求,主要在出口工厂、保税区和保税仓库进行。包装加工是流通加工子系统的重要内容。国际市场和消费者是通过商品来认识企业的,而商品的商标和包装就是企业的面孔,它反映了一个国家的综合科技文化水平。

(五) 信息子系统

没有功能完善的信息系统,国际贸易和跨国经营将寸步难行。国际物流信息的主要内容包括进出口单证的操作信息、支付方式信息、客户资料信息和市场行情信息等,特点是信息量大、时间性强、交换频繁。信息的作用是使国际物流向更低成本、更高服务、更大量化、更精细化方向发展,许多重要的物流技术都是靠信息技术才得以实现的,国际物流活动的每个环节都要以信息作为支撑。国际贸易中 EDI 的发展是一个重要趋势,强调 EDI 在国际物流系统中的应用,建设国际贸易和跨国经营的信息高速公路,适应国际多式联运和精细物流的要求,这是国际物流信息子系统发展的方向。

(六)装卸、搬运与配送子系统

相对于国际货物运输来讲,国际物流装卸、搬运与配送作业是商品短距离的搬移,是仓库、运输、交货等环节的纽带和桥梁,实现的也是物流的空间效益。做好国际物流中商品的装船(机)、卸船、进库、出库以及库内的清点、查库、转运转装等对加速国际物流十分重要,是降低物流成本的重要环节。

二、国际物流系统的运行模式

从投入-产出的角度来讲,任何系统都是一个投入-产出的过程,国际物流系统亦然,但其投入转化为产出可从不同的角度进行分析。从国际贸易的一般业务程序来讲,国际物流系统(出口)的运行模式如图 2-1 所示。

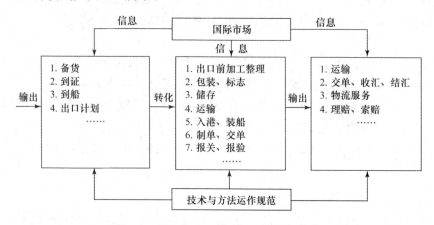

图 2-1 国际物流系统(出口)的运行模式

(1)国际物流输入部分的内容包括:备货,落实货源;到证,接到买方开来的信用证;到船,买方派来船舶;编制出口货物运输计划;其他的物流信息等。

(2)输出部分的内容包括:商品实体从卖方经由运输过程送达买方手中;交齐各项出口单证;结算、收汇;提供各种物流服务;经济活动分析以及理赔、索赔。

(3)国际物流系统的转化部分包括:商品出口前的加工整理;包装、标志(唛头、标签);储存;运输(国内、国际段);货物集港、装船;制单、交单;报关、报验;现代管理方法、手段和现代物流设施的介入等。

除了上述三项主要环节外,还有许多外界不可控因素的干扰使系统运行偏离原计划的内容。这些不可控因素可能受国际的、国内的、政治的、经济的、技术的和政策法令的、风俗习惯等的制约,对国际物流系统的影响很大。

三、国际物流系统的结构和目标

(一)国际物流系统的结构

国际物流系统的结构,是指国际物流要素有机结合的方式,或是指国际物流系统的要素间或子系统间相互作用的方式。国际物流系统是一个既有静态也有动态、既有时间也有空间的多重结构的复杂系统,因此,国际物流系统的结构形式表现在质、量、时、空等多方面。

从功能角度和微观国际物流管理实际来看,国际物流系统的结构分为以下三个部分。

1. 国际物流作业系统

国际物流作业系统,是指在运输、仓储、流通加工等作业过程中,引入各种技术手段,以求便捷和效率,使各功能之间能恰当地连接起来的系统。它主要研究的是各功能作业设施设备的配套与布局,仓库、码头等节点的选址,运输主干线网络的规划等。

2. 国际物流信息系统

国际物流信息系统,是指对现场功能作业系统中的各项活动下达命令、实施控制和协调等信息活动,这个系统主要是现代信息技术和通信技术的应用。

3. 国际物流保障系统

国际物流保障系统包括宏观和微观两个方面:宏观包括国际、国内有关法律、法规以及相关行业的规范和标准;微观主要指企业的基础管理工作,如战略、计划、资金、物资、合同、质量和人事管理等。

以上三个方面的有机结合构成了微观国际物流系统的结构。

(二)国际物流系统的目标

国际物流系统作为人造的投入-产出系统,其目的性很强。物流系统的目标简单地讲就是人们对其希望的产出或输出,其最终目标是满足用户需求,即服务优良、以低成本创造价值。

国际物流系统的目标具体表现为"6S"。

1. 服务性

服务性包括基本服务和增值服务,货物运输和配送要求做到无缺货、无货物损伤和丢失等现象,且费用便宜。

2. 快捷性

快捷性要求把货物按照用户指定的地点和时间迅速送到。为此物流企业可以把物流设施建在供给地区的附近,或者利用有效的运输工具和合理的配送计划等手段。

3. 有效地利用面积和空间

虽然我国的土地费用比较低,但也在不断上涨。有效地利用面积和空间,特别是对城市市区面积的有效利用必须加以充分考虑,物流企业应逐步发展立体化设施和有关物流机械,以求得空间的有效利用。

4. 规模适当化

规模适当化要求物流企业应该考虑物流设施集中与分散是否适当,机械化与自动化程度如何合理利用,以及情报系统的集中化所要求的电子计算机等设备的利用问题。

5. 库存控制

库存过多则需要更多的保管场所,而且会产生库存资金积压,从而造成浪费。因此,物流企业必须按照生产与流通的需求变化对库存进行有效控制。

6. 安全性

物流企业应当充分考虑物流对环境与人的影响,在履行法律法规与标准规定的义务的基础上,特别要关注那些长期的、潜在的、责任层面的影响问题。

国际物流系统的目标并不是一成不变的,而应随环境的变化进行调整,不同系统目标更应有所差别和侧重。目前,人们对环境及健康越来越重视,绿色物流日益成为国际物流系统的重要方向。

任务二　国际物流系统网络

一、国际物流系统网络的内涵

从宏观来讲,国际物流系统在国际物流信息系统的支撑下,借助于运输、储运等物流功能和物流设施的共同参与,在众多进出口商、国际货运代理和承运人的通力协作下,共同构成一个遍布国内外、四通八达、纵横交错的世界物流网络(如图2-2所示)。

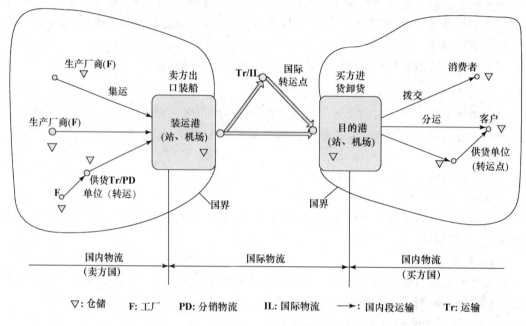

图2-2　国际物流系统网络示意图

国际物流系统网络是由收发货的"节点"和它们之间的"连线"所构成的物流实体网络,以及与之相伴随的物流信息传输网络的集合。所谓收发货节点,是指在进出口过程中所涉及的国内外的各层储货仓库、站场,如制造厂商仓库、中间商仓库、货运代理人仓库、口岸仓库、各类物流中心、保税区仓库等。节点间商品的收发、储运是依靠运输连线和物流信息的沟通、协调来完成的。连线,是指连接上述国内外众多收发货节点的运输连线,如众多的海运航线、铁路运输线、航空航线以及海、陆、空联合运输线路。这些网络连线代表货物的移动,即运输的路线与过程。每一对节点间往往有许多不同的连线,每一条连线代表着不同的路线、不同的方案、不同产品的各种运输服务,各节点表示货物流动的暂时停滞场所。

国际物流信息系统主要是由各类信息系统组成,如管理决策信息子系统、财务信息子系统、国际运输信息子系统、报关检验信息子系统、仓储库存信息子系统和采购信息子系统等。从本质上讲,国际物流信息系统是把各种国际物流活动和一体化过程连接在一起的通道,主要是指以计算机为工具,对国际物流信息进行收集、存储、检索、加工和传递的人机交互系统。国际物流信息系统也可以理解成由"节点"和它们之间的"连线"所构成。连线,是指国内外各种信息传输媒介(如电话、电传、电报、EDI等),其信息网络的节点则是各种物流信息的汇集和处理之点,多与实体节点相依赖或处于实体节点之中,如员工处理国际订货单据、编制大量的出口单证、准备提单或用电脑对最新库存量进行记录。

经济全球化的加强使得国际物流企业参与竞争的生命力体现于网络优势,国际物流系统网络在国际贸易中发挥着重要作用。

(一)国际物流系统网络是国际贸易和跨国经营的基础

合理布局国际物流系统网络为扩大国际贸易、广泛地与世界各国联系提供了有效的、切实可行的途径和保证。也可以说,离开了国际物流系统网络的合理规划和设置,国际贸易活动与跨国经营将寸步难行。

(二)国际物流系统网络对国际贸易的发展有重大影响

在合理布局国际物流系统网络的前提下,国际贸易商品由卖方向买方实体流动的方向、规模和数量就确定下来了,即国际贸易的贸易量、贸易过程(流程)的重大战略,进出口的卖出和买进的流程、流向、物流费用,国际贸易经营效益等就都一一定下来了。

(三)国际物流系统网络是国际物流系统合理化的基础

国际物流系统网络的中心问题是确定进出口货源点(或货源基地)和消费者的位置、各层级仓库以及中间商批发点(零售点)的位置、规模和数量,它是国际物流系统网络合理化的基础。

二、国际物流节点

(一)国际物流节点的功能与分类

国际物流节点,是指那些从事与国际物流相关活动的物流节点,如制造厂商仓库、中间商仓库、口岸仓库、国内外中转点仓库以及流通加工配送中心和保税区仓库、物流中心、物流园区等。国际贸易商品或货物通过这些仓库和中心的收入和发出,并在中间存放保管来实现国际物流系统的时间效益,克服生产时间和消费时间的分离,促进国际贸易系统顺利运行。

国际物流节点是一个广泛的概念,作为物流场所,甚至一个城市或一个大的区域都可以看成是国际物流节点。根据其主要功能,国际物流节点可分以下四类。

1. 转运型节点

转运型节点,是以连接不同运输方式为主要职能的节点,如货站、编组站、车站、货场、机场、港口和码头等。

2. 储存型节点

储存型节点,是指以存放货物为主要职能的节点,如储备仓库、营业仓库、中转仓库、口岸仓库、港口仓库和货栈等。

3. 流通加工型节点

流通加工型节点,是指以组织货物在系统中运动为主要职能,并根据需要对货物施加包装、分割、计量、组装、刷标志、商品检验等作业的节点,如流通仓库、流通中心和配送中心就属于这类节点。

4. 综合性节点

综合性节点,是指多功能的国际物流节点,往往表现为一个大区域,如国际物流中心、出口加工区、国际物流园区和自由经济区等。综合性节点是为适应国际物流大量化和复杂化的趋势而产生的,它使国际物流更为精密准确,在一个节点中要求实现多种转化而使物流系统简化,是国际物流系统节点的重点和发展的方向之一。

国际物流节点的功能是综合性的,可以说包含了所有物流的基本功能。国际物流节点的功能可概括为以下四项。

1. 作业功能

一般来讲,国际物流节点可承担各项物流作业功能,如储存、包装、流通加工、装卸、搬运、配送、信息处理等。但由于定位和目标不一,其基本作业功能可多可少或有所侧重。

2. 衔接功能

国际物流节点一般采取以下手段来衔接物流:

(1) 通过转换运输方式,衔接不同的运输手段;

(2) 通过加工,衔接干线物流和配送物流;

(3) 通过存储,衔接不同时间的供应物流与需求物流;

(4) 通过集装箱、托盘等集装处理,衔接整个"门到门"运输,使之成为一体。

3. 信息功能

国际物流节点是国际物流信息的集散地,在国际物流系统中每一个节点都是物流信息的一个点。

4. 管理功能

国际物流节点多是集管理、指挥、调度、信息、衔接和货物处理等功能于一体的物流综合设施,整个国际物流系统的运转有序化、正常化和效率高低取决于各物流节点的管理水平。

(二) 口岸

1. 口岸的含义与功能

口岸是由国家指定对外经贸、政治、外交、科技、文化、旅游和移民等往来,并供往来人员、货物和交通工具出入国(边)境的港口、机场、车站和通道。简单地讲,口岸是国家指定对外往来的门户。口岸是一种特殊的国际物流节点,其地位和作用主要表现在以下三个方面。

(1) 口岸象征着一个国家的主权。

每个国家为了方便与邻国或地区以及异邦的经济、文化交往,会有选择地在沿海、沿边、内河、内地城市的港口、车站、机场等地设置口岸,作为出入境的通道,并对这些对外开放的口岸进行管理。口岸权是国家主权的重要体现。口岸权包括口岸开放权、口岸关闭权和口岸管理权。其中,口岸管理权包括口岸行政权、关税自主权、进出境交通运输工具的检查权和监护权、入出境货物和人员的检查权和检验权等。

(2) 口岸是对外开放的门户。

对外开放表现为政府间或民间在政治、经济、军事、文化、资源保护、制止国际犯罪和世界和平等领域的广泛合作和交流,而这种国际交流与合作是通过口岸得以实现的。加强口岸管理也是保护国家安全、维护国家利益、保障国内稳定的需要。

(3) 口岸是国际货物运输的枢纽。

口岸作为国际货物运输的枢纽,必须与交通运输发展规划相配套,否则交通设施的作用就得不到充分的发挥;同时,口岸作为对外经济交往的门户,又必须与对外经贸的发展规划相适应。所以,国家各级口岸建设必须合理布局与规划,只有这样才能实现交通运输设施配置的合理化,促进对外交往和对外经济的发展。

2. 口岸的分类

口岸分类的方法主要有以下两种。

(1) 根据批准开放的权限,口岸可分为一类口岸和二类口岸。

一类口岸,是指由国务院批准开放的口岸,包括中央管理的口岸和由省、自治区、直辖市管理的部分口岸。

二类口岸,是指由省级人民政府批准开放并管理的口岸。

(2) 根据出入国境的运输方式,口岸可分为港口口岸、陆地口岸和航空口岸。

港口口岸,是指国家在江、河、湖、海沿岸开设的供人员和货物出入国境和船舶往来停靠的通道,包括海港港口口岸和内河港口口岸。

陆地口岸,是指国家在陆地上开设的供人员和货物出入国境和陆上交通运输工具停站的通道。陆地口岸包括国(边)境以及国家批准内地可以直接办理对外进出口经济贸易业务往来和人员出入境的铁路口岸和公路口岸。

航空口岸又称空港口岸,是指国家在开辟有国际航线的机场开设的供人员和货物出入国境和航空器起降的通道。

此外,在实际工作中,还经常使用边境口岸、沿海口岸、特区口岸和新开口岸等提法。在世界经济一体化、国际交往频繁的情况下,一个国家的口岸越开越多。我国对外口岸众多,主要分布在东南沿海区域或城市。

例如,江苏省的水运口岸有南京港、南通港、连云港、扬州港、高港、镇江港、张家港和江阴港,空运口岸有南京禄口国际机场。

又如,山东省的水运口岸有青岛港、烟台港、威海港、日照港、岚山港、龙口港和石岛港,空运口岸有济南机场、青岛流亭机场和烟台机场。

3. 中国电子口岸

电子口岸是我国的一种口岸电子执法系统。它运用现代信息技术,借助国家电信公网资源,将国家各行政管理机关分别管理的进出口业务信息流、资金流、货物流电子账数据集中存放到公共数据中心,在统一、安全、高效的计算机物理平台上实现数据共享和数据交换。国家各个行政管理部门可进行跨部门、跨行业的联网核查,企业可以在网上办理各种进出口业务。

国家电子口岸的建设与完善,有利于增强行政管理部门的综合管理效能,使管理更加完整和严密,从而实现"一站式"服务,提高了贸易的效率。所以,中国电子口岸是中国电子化政府的雏形,是贸易现代化的重要标志,是提高行政执法透明度,实现政府部门行政执法公平、公正、公开的重要途径。

(三) 港口

1. 港口的含义与功能

港口是内地的货物、旅客运往海外,或船舶靠岸后起卸客货运送至本地或内陆各地的交汇地。它通常是由人工建筑而成的,具有完备的船舶航行、靠泊条件和一定的客货运设施的区域,范围包括水域和陆域两部分。

港口历来在一国的经济发展中扮演着重要的角色。运输将全世界连成一片,而港口是运输中的重要环节。世界上的发达国家一般都具有自己的海岸线和功能较为完善的港口。

港口的功能可归纳为以下四个方面。

(1) 物流服务功能。

港口首先应该为船舶、汽车、火车、飞机、货物和集装箱提供中转、装卸和仓储等综合物流服务,尤其是提高多式联运和流通加工的物流服务。

(2) 信息服务功能。

现代港口不但为客户提供市场决策的信息及其咨询,而且还要建成电子数据交换(EDI)系统的增值服务网络,为客户提供订单管理、供应链控制等物流服务。

(3) 商业功能。

港口的存在既是商品交流和内外贸存在的前提,又促进了它们的发展。现代港口应该为用户提供方便的运输、商贸和金融服务,如代理、保险、融资、货代、船代和通关等。

(4) 产业功能。

建立现代物流需要具有整合生产力要素功能的平台,港口作为国内市场与国际市场的接轨点,已经实现从传统货流到人流、货流、商流、资金流、技术流和信息流的全面大流通,是货物、资金、技术、人才和信息的聚集点。港口是现代物流网络链中整合生产要素功能的平台,发展物流产业群和临海工业是21世纪现代港口的发展方向。

因此,港口作为全球综合运输网络的节点,其功能正在不断拓宽,朝着提供全方位的增值服务方向和经济一体化方向发展。港口功能的拓展不仅是现代物流发展的要求,而且是港口推动现代物流发展作用的体现。随着我国加入WTO,融入经济全球化的步伐将进一步加快。提高我国经济整体的国际竞争力,必须提高港口功能的国际竞争力,而发展现代物流是提高我国开放性港口国际竞争力的主要选择之一。

2. 世界主要海港

世界上的国际贸易海港约有2 500多个,位于世界各海洋的要道,各国、各地区的货物聚集在此并转运到世界各地的大港口。目前,世界上吞吐量在千万吨以上的大港有80%以上集中在发达国家,它们往往也是大工业中心。发展中国家的港口多是原料出口港,工业不够发达。大西洋拥有的港口数量最多,约占世界的3/4,太平洋约占1/6,印度洋约占1/10。鹿特丹港、纽约港、新奥尔良港、神户港、横滨港、伦敦港、新加坡港、汉堡港、马赛港和安特卫普港等均为世界大港,在世界贸易货物运输中占有重要地位。

3. 我国主要的港口

我国的港口主要分布在内地沿海、长江流域以及港、澳、台地区,主要有上海港、宁波港、大连港、秦皇岛港、广州港、天津港、青岛港、黄埔港、湛江港、连云港、苏州港、南京港、温州港、厦门港、北海港、澳门港和香港的维多亚港等。

近年来,随着改革开放和对外贸易量的持续增长,我国的港口处于大发展时期,不断地向大型专业化方向发展。2011年我国水上运输船舶总规模首次突破2亿载重吨,其中海运船队达到1.15亿载重吨,居世界第四位;全国港口完成货物吞吐量也首次突破100亿吨,集装箱吞吐量达1.64亿TEU(标准箱),双双位居世界首位,我国航运大国的地位进一步得到巩固。全国港口拥有生产用码头泊位31 968个,比2010年年底增加334个,其中,万吨级及以上泊位1 762个,比2010年年末增加101个,共有8个港口进入世界20大集装箱港口行列。

上海港是我国著名的国际化港口。2012年,上海港的货物吞吐量达50 237.5万吨,集装箱吞吐量3252.9万TEU(Twenty-foot Equivalent Unit,即20英尺标准集装箱,长、宽、高为8英尺×8英尺×20英尺)。该港航道包括长江口南航道和黄浦江航道。为了提高上海港的国际竞争力,2002年4月正式开建洋山深水港。根据规划设计方案,到2020年全部建成,预算总投资500多亿元,建成后其集装箱年吞吐量可达到1500万TEU,列世界各大港区之首。

(四)自由经济区

1975年,联合国贸易和发展大会对"自由经济区"下了这样的定义:"自由经济区指本国海关关境中,一般设在口岸或国际机场附近的一片地域,进入该地域的外国生产资料、原材料可以不办理任何海关手续,进口产品可以在该地区内进行加工后复出口,海关对此不加以任何干预。"自由经济区可以成为世界经济的据点,绕过关税壁垒,推动国际贸易的发展。自由经济区是国际物流中多功能的综合物流节点,可以利用关税及其他税收、土地使用、人工等各方面的优惠政策为国际贸易提供各种综合物流服务。

目前,自由经济区的设立和发展已成为各国扩大对外开放、促进对外贸易发展的重要举措。其科目繁多、规模不一,主要有自由港、自由贸易区、保税区、出口加工区、过境区、自由边境区和科技工业园区等。

1. 自由贸易区

自由贸易区(Free Trade Zone)又称免税贸易区、自由关税区、保税区。这种类型的自由经济区已有近300年的历史,数量多、分布广。它以国际贸易为主要职能,外国商品可以免税进入,在该区内自由储存、分类、包装和简单再加工,然后免税出口。很多的自由贸易区也准许经营出口加工,开设工厂企业,乃至经营房地产、金融和商务和信息咨询等各项业务。

世界各国的自由贸易区名称各异,如自由港、自由关税区、对外贸易区、出口加工区、保税仓库区、保税区和边境免税区等,但实质上都是自由贸易区。目前,全世界有1200多个自由贸易区(含分区),其中2/3在经济发达的国家和地区。亚太地区是世界上自由贸易区集中的地区,其中,美国是世界上建立自由贸易区最多的国家,有700多个自由贸易区和分区;东盟地区的自由贸易区的密度也很高。我国设立的经济特区在运作形式上与国际上通行的自由贸易区还有差别。

2. 保税区

保税区,是指在出入境比较便利的地方,划出一些易于管理的区域,以与外界隔离的全封闭方式,在海关监管下存放和加工保税货物的特定区域。有关保税区的具体内容将在项目五"国际货物仓储与配送"中详细介绍。

3. 出口加工区

出口加工区又称工业型的自由贸易区,是指一个国家或地区划出某一区域,准许外国的厂商在区内办企业,享受关税优惠待遇,外资企业可以免税进口原材料、机械设备以及其他零部件,制成品出口也享受免税待遇。它以远洋市场为目标,利用外资和外国技术搞产品加工出口,以促进本国或本地区工业和经济的发展。

1959年,爱尔兰在香农国际机场创建了世界上第一个出口加工区,尔今在全球开花。我国2000年4月正式批准设立出口加工区,首批批准进行试点的有15个出口加工区,包括辽宁大连、天津、北京天竺、山东烟台、山东威海、江苏昆山、江苏苏州工业园、上海松江、浙江杭州、福建厦门杏林、广东深圳、广东广州、湖北武汉、四川成都和吉林春晖出口加工区。至

2011年我国出口加工区超过70多个。

我国的出口加工区是经国务院批准，由海关监管的特殊封闭区域，货物从境内区外进出加工区视同出口和进口，海关按进出口货物进行监管。出口加工的功能比较单一，仅限于产品外销的加工贸易，区内设置出口加工企业以及其相关仓储、运输企业。

4. 科技工业园区

科技工业园区，是指在科研机构和名牌科技大学比较集中、居住环境和教育环境比较优越的大城市或城市近郊辟出一块地方，提供比出口加工区更大的租税优惠，以吸引外国资金和高技术人才，研究和开发尖端技术产品，促进科技和经济发展，将智力、资金调度积聚的特定区域，是从事高科技研究，并对其成果进行测试、生产的新型开发区。世界上比较著名的科学工业园有美国的硅谷、日本的筑波科学城以及我国台湾地区的新竹科学工业区等。

（五）国际物流中心

我国《物流术语》对物流中心的定义是"接受并处理下游用户的订货信息，对上游供应方的大批量货物进行集中储存、加工等作业，并向下游进行批量转运的设施和机构"。

国际物流中心是国际物流活动中商品集散的场所。从范围大小而言，国际物流中心可以是一些小国家或地区，如新加坡、香港就具有国际物流中心的地位；也可以是一国境内某一特定区域，如自由贸易区、保税仓库、外贸仓库等。从各国的实践来看，国际物流中心多指由政府部门和物流企业共同筹建的具有现代化仓库、先进的分拨管理系统和计算机信息处理系统的外向型物流集散地。目前，许多的新型企业，特别是高科技制造企业、全球分销企业以及全球第三方物流企业建设了许多的国际物流中心，不少的跨国公司在全球的产品分销仅靠一个物流中心来完成。

国际物流中心的主要功能包括运输、仓储、装卸搬运、包装、流通加工、物流信息处理等。在实际中具体物流中心的功能可多可少，但必须有其核心功能，并以核心功能向上或向下进行扩展。

（六）国际物流园区

国际物流园区是从事国际物流活动的重要场所和依托，是国际物流系统网络的重要节点，是国际商流、国际物流和国际信息流的有机统一，在国际物流系统中居于不可替代的地位。我国近年来先后批准在上海、大连和天津等城市建设国际物流园区，如吴淞国际物流园区和天津保税国际物流园区。

作为国际物流节点，国际物流园区与国际物流中心相比是一个更广的范畴。国际物流园区一般应具备以下三大基本功能：

(1) 国际贸易基地和国际货物集散中心的功能；
(2) 国际物流信息集散、指挥和调控中心的功能；
(3) 综合物流服务功能（特别是国际转运和配送）。

三、国际物流连线

国际物流连线实质上是国际物流流动的途径，主要包括国际海运航线及海上通道、国际航空线、国际铁路运输线与大陆桥、国际主要输油管道等。

(一) 国际海运航线

1. 大洋上的主要航线

(1) 太平洋航线。

太平洋航线,是指连接太平洋西岸的亚洲、大洋洲与东岸的美洲之间的航线,具体有:

① 远东—北美西海岸各港航线;

② 远东—加勒比海、北美东海岸各港航线;

③ 远东—南美西海岸航行;

④ 远东—澳、新航线;

⑤ 澳、新—北美东西海岸航线。

(2) 大西洋航线。

大西洋航线,是指连接大西洋东岸的欧洲、非洲与西岸的美洲之间的航线,具体有:

① 西北欧—北美东海岸各港航线;

② 西北欧、北美东岸—加勒比海各港航线;

③ 西北欧、北美东岸—地中海、苏伊士运河去东方航线;

④ 西北欧、地中海—南美东海岸航线;

⑤ 西北欧、北美大西洋岸—好望角、东方航线。

(3) 印度洋航线。

印度洋航线,是指横贯印度洋东西、进出印度洋北部国家与波斯湾沿岸国家的航线,具体有:

① 波斯湾—好望角—西欧、北美航线;

② 波斯湾—东南亚—日本航线;

③ 波斯湾—苏伊士运河—地中海—西欧、北美航线。

2. 国际集装箱运输的主要航线

目前,世界海运国际集装箱的主要航线有:

(1) 远东—北美航线(也称泛太平洋航线);

(2) 北美—欧洲、地中海航线(也称跨大西洋航线);

(3) 欧洲、地中海—远东航线(也称欧地航线);

(4) 远东—澳大利亚航线;

(5) 澳洲、新西兰—北美航线;

(6) 欧洲、地中海—西非、南非航线。

3. 我国主要的国际海运航线

(1) 近洋航线。

至亚洲、大洋洲航线,由北向南,共14条,具体为:俄罗斯线;朝、韩线;日本线;港澳线;越南线;新马线;菲律宾线;北加里曼丹线;印度尼西亚线;暹罗湾线;孟加拉湾线;斯里兰卡线;波斯湾线;澳大利亚、新西兰线。

(2) 远洋航线。

至欧洲、非洲、美洲的航线,共12条。

西行的有：红海线；地中海线；罗马尼亚线；阿尔巴尼亚线；西北欧线；东非、南非线；西非线。

东行的有：加拿大东岸线；美国东岸线；加拿大西岸线；美国西岸线；中南美线。

（二）国际航空航线

1. 大西洋航空线

该航线连接西欧和北美两大经济中心区，是当今世界最繁忙的航空线，主要往返于西欧的巴黎、伦敦、法兰克福和北美的纽约、芝加哥、蒙特利尔等机场。

2. 太平洋航线

该航线连接远东和北美两大经济中心区，是世界又一重要航空线。它由香港、东京和北京等重要国际机场，经过北太平洋上空到达北美西海岸的温哥华、西雅图、旧金山和洛杉矶等重要国际机场，再接北美大陆其他的航空中心。

3. 西欧—中东—远东航空线

本航线连接西欧各主要航空港和远东的香港、北京、东京、汉城等重要机场，为西欧与远东两大经济中心区之间的往来航线。

除以上三条最繁忙的国际航线外，重要的航空线还有：北美—澳新航空线；西欧—东南亚—澳新航空线；远东—澳新航空线；北美—南美航空线；西欧—南美航空线。

世界各大洲主要国家的首都和重要城市都设有航空站。著名的国际航空站有美国芝加哥哈尔机场、英国西斯罗机场、法国戴高乐机场、德国法兰克福机场、荷兰阿姆斯特丹西普霍尔机场、日本成田机场、中国香港启德机场、新加坡樟宜机场等。它们都是当今现代化程度较高的大型国际货运空中枢纽。

（三）国际大陆桥运线

大陆桥运输，是指以横贯大陆上的铁路、公路运输系统作为中间桥梁，把大陆两端的海洋连接起来形成的海陆联运的连贯运输。它主要采用集装箱技术，实现了现代化、多式化的联合运输。

1. 西伯利亚大陆桥

西伯利亚大陆桥也称第一亚欧大陆桥，是指使用国际标准集装箱，将货物由远东海运到俄罗斯东部港口，再经跨越欧亚大陆的西伯利亚铁路运至波罗的海沿岸（如爱沙尼亚的塔林或拉脱维亚的里加等港口），然后再采用铁路、公路或海运运到欧洲各地的国际多式联运的运输线路。

西伯利亚大陆桥于1971年由原全苏对外贸易运输公司确立，是目前世界上最长的一条陆桥运输线，它大大缩短了从日本、远东、东南亚以及大洋洲到欧洲的运输距离，并因此而节省了运输时间和成本。经大路桥从荷兰鹿特丹到海参崴港或与此毗邻的纳霍特卡港，全长有1.3万公里，比经苏伊士运河至鹿特丹的运程整整缩短了7 300公里。

2. 北美大陆桥

北美大陆桥，是指利用北美的铁路从远东到欧洲的"海—陆—海"联运，它是世界上历史最悠久、影响最大、服务范围最广的陆桥运输线。该陆桥运输包括美国大陆桥运输和加拿大大陆桥运输。

美国大陆桥有两条线路：一是从美国西部太平洋的洛杉矶、西雅图、旧金山等港口上桥，通过铁路横贯至美国东部大西洋的纽约、巴尔的摩等港口转海运，铁路全长3 200公里；另一条线路是从美国西部太平洋港口上桥，通过铁路至南部墨西哥湾的休斯敦、新奥尔良等港口转海运，铁路全长500～1 000公里。北美大陆桥于1971年年底由经营远东—欧洲航线的船公司和铁路承运人联合开办"海—陆—海"多式联运线，后来美国的几家班轮公司也投入运营。目前，主要有四个集团经营远东经美国大陆桥至欧洲的国际多式联运业务，这些集团均以经营人的身份签发多式联运单证，对全程运输负责。

加拿大大陆桥的运输线路为：从日本海运至温哥华或西雅图港口后，换装并利用加拿大铁路横跨北美大陆至蒙特利尔，再换装海运至欧洲各港。

3. 新亚欧大陆桥

新亚欧大陆桥又称第二亚欧大陆桥，东起我国的连云港、日照港等港口，经津浦、京山、京沪、京广、广深、京九等线路进入陇海线，途经我国的阿拉山口国境站进入哈萨克斯坦，最终与中东地区的黑海、波罗的海、地中海以及大西洋沿岸的各港口相连接，实现了"海—陆—海"运输的国际大通道。

新亚欧大陆桥为亚欧开展国际多式联运提供了一条便捷的国际通道。远东至西欧，经新亚欧大陆桥比经苏伊士运河的全程海运航线缩短运程8 000公里，比通过巴拿马运河缩短运程1.1万公里。远东至中亚、中近东，经新亚欧大陆桥比经西伯利亚大陆桥缩短运程2 700～3 300公里。该大陆桥运输线的开通将有助于缓解西伯利亚大陆桥运力紧张的状况。

与西伯利亚大陆桥相比，新欧亚大陆桥的优势明显，陆上距离缩短3 345公里，主要货源地扩大到东亚、东南亚和中亚、西亚各国和地区。如何利用和发挥这个优势为客户提供更好的运输服务是我们面临的共同课题。

（四）国际输油管道

世界输油管道运输网的分布很不均匀，主要集中在北美和欧洲。美国和苏联的管道运输最为发达。目前，全世界的油气管道总长度超过200万公里，其中一半以上在美国和苏联地区，近几年世界平均每年约有3万公里石油天然气管道在建设。美国油气管道干线总长度超过70万公里，2/3为天然气管道，原油和成品油管道大体相同；管理运输货物周转量占51%，水路占45%，其余为铁路和公路。除美国和独联体国家外，加拿大、西欧、中东等国家和地区管道网也很发达。加拿大有输油管道3.5万公里，管道网把落基山脉东麓产油区（草原诸省）与消费区（中央诸省与太平洋沿岸）连接起来，并和美国的管道网连通。

任务三　国际物流业务流程与岗位

一、国际物流业务流程

国际物流业务（运作）的内容众多，如运输、仓储、报验通关、配送、保险和加工等，图2-3描述了国际物流业务（出口）运作流程。国际货物运输被称为国际物流的动脉和核心所在，主要当事人有货主、国际货运代理和承运人。

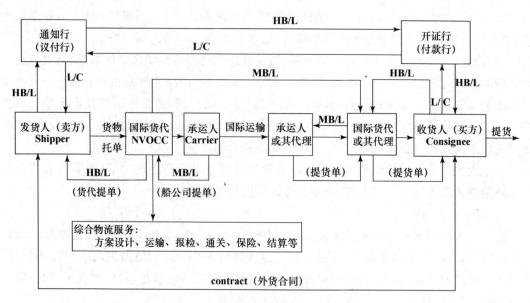

图 2-3　国际物流业务(出口)运作流程

不同类型和不同条件下的国际物流业务运作流程与内容是不同的。例如,商品出口的国际物流业务流程主要包括三个阶段:第一阶段主要包括出口方进行的备货、到证,即接到买方开来的信用证,编制出口货物运输计划等;第二阶段主要包括商品出口前的包装、刷唛、储存、运输、商品进港、装船、制单、交单、报关和报验等;第三个阶段主要包括结汇、收货、理赔和索赔等。在这三个阶段中,通过国际物流信息系统的引导和协调,按照国际惯例和国际上通行的运作规程来完成各环节的运作,使整个国际物流系统协调运行,高效地实现系统目标。

二、国际物流业务岗位

国际物流业务众多,当事人众多,其涉及的业务与工作岗位(群)如图 2-4 所示。

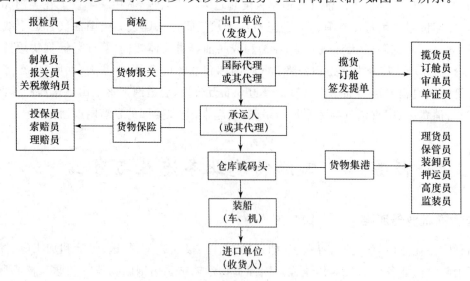

图 2-4　国际物流业务相关工作岗位(群)

同步训练

一、关键名词

国际物流系统　　国际物流系统网络　　国际物流信息网络　　口岸　　电子口岸　　港口　　出口加工区　　科技工业园　　国际物流中心

二、复习思考题

1. 简述国际物流系统的构成。
2. 简述国际物流信息网络及其构成。
3. 简述口岸的功能与分类。
4. 港口的功能有哪些？
5. 国际物流中心的功能有哪些？
6. 简述国际海运主要航线。
7. 简述我国主要的港口与国际海运航线。

三、案例与分析

【案例2-1】中铁货代业务操作信息系统再造[①]

一、背景介绍

中铁国际货运代理有限责任公司（以下简称中铁货代）是原铁道部中铁集装箱运输中心下属的、经原外经贸部批准、在国家工商行政管理总局注册的国际货运代理企业。公司于1996年成立，目前已有17家分公司，2个合资公司，2个办事处，经营代理网络遍及全国主要城市及北美地区，业务涉及海铁联运、大陆桥运输、过轨运输以及物流服务等，与多家船公司和货代公司建立了良好的合作关系。

随着中铁货代业务量的增大，以前基于手工作业的弊端表现得越来越明显。特别是到了2001年，这种情形更加明显。首先是箱号的查询与核对、箱量的统计与报告、应收应付账款的对账变得非常烦琐，有的甚至变得不能为之。其次，每个人掌握的是自己负责的那一块业务，业务信息不能共享，领导为了获得汇总报表，不得不一遍又一遍地手工计算。还有，这些业务信息掌握在每个业务员手中，一旦该业务员出差或休假就会造成工作的停顿，还带来了潜在的风险。因此，此种局面不但造成了日常工作的重复劳动和效率低下，更重要的是已经限制了公司的业务发展，因此，建立一套中铁货代业务操作信息系统迫在眉睫。

二、需求分析

中铁货代的主要业务有：

（1）过境运输，包括过境中国至俄罗斯，过境中国至中亚，过境中国至蒙古，过境中国至朝鲜，过境中国至越南等；

（2）过轨（香港）运输；

（3）国际铁路联运，中国到俄罗斯、中亚、朝鲜的货物联运；

---

① 引自《物流天下》。

(4) 进出口运输,海铁联运业务;

(5) 国内国际物流服务。

三、解决方案与实施

中铁货代通过调研得知,目前市场上没有现成的货代软件可供使用,因此决定委托东方网景信息科技公司(以下简称东方网景)为中铁货代开发一套业务信息系统。

东方网景有一套现成的 PowerInfo 信息系统,能够比较好地实现企业协同、信息共享,它是完全基于 BS 的程序架构,能够方便地扩展到分公司使用。但其缺点是没有现成的业务流程。经过研究,东方网景决定在 PowerInfo 的基础上进行二次开发,以满足中铁货代的所有需求。

1. 系统方案

(1) 系统采用 BS 的程序架构,即既要满足何时何地都能办理业务的需要,能够极方便地进行扩展,又能最大限度地减少各个工作站(包括各分公司及办事处)的维护费用。

(2) 实现信息共享、知识管理、商务智能的需要。

(3) 实现如下主要功能:① 国联部业务操作;② 物流部业务操作;③ 海运部业务操作;④ 箱管部业务操作;⑤ 财务的处理;⑥ 查询统计报表。

(4) 按照业务流程不同的部门、不同的员工授予不同的权限,实现对不同的业务信息进行浏览、修改和审批。

(5) 建立电子商务平台。公司可通过该平台向客户提供互联网信息服务。

(6) 实现货代业务供应链上的协同。

由于软件系统完全采用 BS 结构,故大大降低了东方网景的开发成本,大部分的工作都可以进行远程维护和修改。

2. 实施步骤

为了系统的顺利实施,中铁货代成立了由综合技术发展部经理牵头、各部门经理参加的项目小组,公司领导亲自抓落实,并且制定了系统分三步走的战略。

第一步:先开通邮件功能、BBS 功能、公司文件管理、员工管理、客户管理等简单功能。

第二步:业务操作模块试运行。

第三步:系统正式上线试运行。

2002 年 5 月,中铁货代业务操作信息系统上线试运行。

3. 系统运行取得的效果

该系统基本实现了如下目标:

(1) 减少重复劳动,提高工作效率;

(2) 规范公司业务操作流程;

(3) 信息共享,知识管理;

(4) 增强企业协同,增大公司核心竞争力;

(5) 服务客户,赢得客户。

通过运行该系统,中铁货代 2002 年业绩取得了惊人的发展,完成箱量 3.4 万 TEU,运输收入超亿元,分别比 2001 年增长 262% 和 172%。

思考回答

1. 通过阅读以上案例，你认为国际物流系统网络有什么作用？
2. 中铁货代业务操作信息系统再造对你有什么启示？其特点有哪些？

[提示：① 基础好。该系统是在原有系统 PowerInfo 信息系统的基础上针对货代业务开发集成的，原有系统的网站、员工管理、客户管理和邮件功能都有成熟的应用基础，增强了企业内部的管理和沟通，有力地支持了业务系统的运行。② 信息共享程度高。由于各业务合作伙伴和公司各业务部门在同一个系统中录入、处理业务信息，大量原始的和加工过的信息积淀于数据库中，从而解决了信息孤岛和信息使用混乱的问题，增加了企业内部以及企业与企业间的协同性。③ 合适的信息交流窗口。该系统的电子商务平台既可以收集内部员工的业务信息，又可以供客户查询货物跟踪信息以及与客户进行信息交流，提高了信息服务的及时性和质量，实现货代业务供应链上的协同。④ 该系统采用 BS 的程序架构，即既要满足何时何地都能办理业务的需要，能够极方便地进行扩展，又能最大限度地减少各个工作站（包括各分公司及办事处）的维护费用。⑤ 按照业务流程不同的部门、不同的员工授予不同的权限，实现对不同的业务信息进行浏览、修改和审批。]

【案例 2-1】广西北部湾经济区定位：重要国际区域经济合作区[①]

2008 年 1 月 6 日，国家批准实施《广西北部湾经济区发展规划》，这标志着广西北部湾经济区的开放开发正式纳入国家战略。广西北部湾经济区（以下简称北部湾经济区）地处我国沿海西南端，由南宁、北海、钦州和防城港四市所辖行政区域组成，陆地国土面积 4.25 万平方公里。

北部湾经济区地处华南经济圈、西南经济圈和东盟经济圈的结合部，是我国西部大开发地区唯一的沿海区域，也是我国与东盟国家既有海上通道、又有陆地接壤的区域，区位优势明显，战略地位突出。

北部湾经济区岸线、土地、淡水、海洋、农林和旅游等资源丰富，环境容量较大，生态系统优良，人口承载力较高，开发密度较低，发展潜力较大，是我国沿海地区规划布局新的现代化港口群、产业群和建设高质量宜居城市的重要区域。

一、加快广西北部湾经济区开放开发的重大意义

加快广西北部湾经济区开放开发，既是广西发展的需要，更是国家整体发展战略的要求，不仅对整个广西的发展意义重大，而且对推进中国-东盟自由贸易区建设，带动我国西南以及西部地区的开放发展都具有重大的现实意义和深远的战略意义。

1. 有利于加快广西的发展，巩固民族团结，维护边疆安宁

广西地处沿海，但同时又是西部省区、少数民族地区和边疆地区。长期以来，由于历史上的各种原因，广西尤其是北部湾沿海地区开发建设起步比较晚，与东部沿海地区相比差距较大。加快北部湾经济区的发展，形成经济新高地，有利于从整体上带动和提升广西作为少

---

① 引自中央政府门户网站。

数民族地区的发展水平和生活水平,进一步振兴民族经济,巩固民族团结,维护边疆稳定。

2. 有利于深入实施西部大开发战略

北部湾经济区是我国西部唯一沿海的地区和西南地区最便捷的出海大通道,加快北部湾经济区的开放开发,增强西南出海大通道功能,形成西部大开发的战略高地,可以促进西部尤其是西南地区进一步扩大对外开放,加快发展,从而促进东中西互动、协调发展。

3. 有利于完善我国沿海沿边区域发展布局

目前,我国沿海已形成长三角、珠三角、渤海湾和海峡西岸等经济发达地带,只有北部湾地区开发较慢。但北部湾具有良好的区位优势和资源优势,具备了加快发展的条件与基础。加快北部湾经济区开放开发,可以发展成为中国沿海经济增长新的一极,形成中国沿海"两角两湾两岸"(长三角、珠三角、渤海湾、北部湾、台湾海峡两岸)的发展格局,使我国沿海经济带更加完整,使东中西部发展更加协调,联系更加紧密,为国家经济社会发展战略作出贡献。

4. 有利于深化中国与东盟的合作

北部湾经济区是我国面向东盟扩大开放合作的门户、前沿和桥头堡。加快北部湾经济区的开发建设,同时积极参与泛北部湾经济合作、大湄公河次区域合作、中越"两廊一圈"合作等,这对于推进中国-东盟自由贸易区建设,深化中国与东盟面向繁荣与和平的战略伙伴关系意义重大。

二、广西北部湾经济区的功能定位和战略重点

北部湾经济区的功能定位是:立足北部湾、服务"三南"(西南、华南和中南)、沟通东中西、面向东南亚,充分发挥连接多区域的重要通道、交流桥梁和合作平台作用,以开放合作促开发建设,努力建成中国-东盟开放合作的物流基地、商贸基地、加工制造基地和信息交流中心,成为带动、支撑西部大开发的战略高地和开放度高、辐射力强、经济繁荣、社会和谐、生态良好的重要国际区域经济合作区。把北部湾经济区定位为"重要国际区域经济合作区",突出了开放合作的主题,表明北部湾经济区在我国对外开放战略中将担任更重要的角色。这一功能定位以面向东盟合作和服务带动"三南"为支点,把构建国际大通道和"三基地一中心"作为核心内容,把北部湾经济区建设成为带动、支撑西部大开发的战略高地和重要国际区域经济合作区作为目标,凸显了北部湾经济区的地域优势,符合国家发展战略要求,符合广西北部湾实际,在国家区域发展格局中富有鲜明特色。

围绕实现上述功能定位,北部湾经济区发展的战略重点如下。

(1) 优化国土开发,形成开放合作的空间优势。优化空间布局,密切区域合作,强化城市间功能分工,保护生态环境,打造整体协调、生态友好的可持续发展空间结构。

(2) 完善产业布局,形成开放合作的产业优势。充分利用两个市场、两种资源,优化投资环境,以市场为导向,发挥比较优势,大力发展高起点、高水平的沿海工业、高技术产业和现代服务业,承接产业转移,形成特色鲜明、竞争力强的产业结构。

(3) 提升国际大通道能力,构建开放合作的支撑体系。加快建设现代化沿海港口群,打造泛北部湾海上通道和港口物流中心,构筑出海出边出省的高等级公路网、大能力铁路网和大密度航空网,形成高效、便捷、安全、畅通的现代综合交通网络。

(4) 深化国际国内合作,拓展开放合作的新空间。积极参与中国-东盟自由贸易区建设,打造开放合作的新平台,进一步提升中国-东盟博览会的影响力和凝聚力;大力推进泛北部湾经济合作,继续参与大湄公河次区域合作,推动南宁-新加坡通道经济带建设,形成中国-东

盟"一轴两翼"区域经济合作新格局;深化国内区域合作,加强与珠江三角洲地区的联系互动,发挥沟通东中西的作用。

(5) 加强社会建设,营造开放合作的和谐环境。大力发展教育卫生、劳动就业、文化体育、广播电视、社会保障等各项社会事业,加强基本公共服务体系建设,维护社会稳定,促进社会和谐。

(6) 着力推进改革,创新开放合作的体制机制。加快建立行政区和经济区在促进经济发展方面有机结合的体制机制,加大企业改革力度,建立生态补偿机制,深化土地管理、投融资、劳动就业等方面的体制改革,加快建立统一开放、竞争有序的现代市场体系。

思考回答

1. 国际物流系统网络建设在开发北部湾经济区中的作用是什么?
2. 请你谈谈北部湾经济区在物流上应搞好哪些基础开发工作?

项目三　国际货运代理

内容与重点

- ◎ 国际货运代理的性质与地位。
- ◎ 国际货运代理业的行业组织。
- ◎ 国际货运代理的责任和法律依据。
- ◎ 国际货运代理的责任保险制度。
- ◎ 国际海运出口代理业务运作流程。
- ◎ 揽货与单证审核。

任务一　国际货运代理基础知识

一、国际货运代理的性质与地位

（一）国际货运代理的含义

国际货物运输是国际贸易和国际物流不可缺少的重要环节，是国际物流系统的核心。由于国际货物运输具有线长面广、环节多、时间性强、情况复杂等特点，而且国际贸易双方的运输能力有限，因此，国际货物运输业务通常由国际货运代理来完成。国际货运代理业是从国际商务和国际运输这两个关系密切的行业里共同分离出来而独立存在的。

国际货运代理业有着极其深远的历史溯源，但到目前为止，国际上对"货运代理人"(Forwarding Agent,Freight Forwarder,Forwarder)这一术语在世界各国和各地区还没有一个大家都认同的定义和统一的名称或称呼，原因在于世界各国和各地区都根据各自的需要对"货运代理人"赋予不同的内容和形式各异的解释，不仅经营范围、内容有相当大的区别，其法律地位和责任也有本质上的差别（就其名称来讲，在国际上国际货运代理与国际货运代理人用的最多，二者基本同义；在我国除用二者外，在有关的法规与规定中一般用国际货运代理企业与国际运输代理企业）。按实际中一般的讲法，所谓国际货运代理是指接受进出口货物收货人、发货人的委托，以委托人的名义或者以自己的名义，为委托人办理国际货物运输及相关业务并收取服务报酬的人。

国际货运代理协会联合会对"货运代理"的定义是：根据客户的指示，并为客户的利益而揽取货物运输的人，其本人并非承运人。

《中华人民共和国国际货运运输代理业管理规定实施细则》（以下简称《细则》）的定义是：国际货运代理企业可以作为进出口货物收货人、发货人的代理人，也可以作为独立经营人从事国际货代业务。国际货运代理企业作为代理人从事国际货运代理业务,是指国际货运代理企业接受进出口货物收货人、发货人或其代理人的委托,以委托人或自己的名义来办理有关业务,收取代理费或佣金的行为;国际货运代理企业作为独立经营人从事国际货运代理业务,是指国际货运代理企业接受进出口货物收货人、发货人或其代理人的委托,签发运输单证,履行运输合同并收取运费和服务费的行为。

所以,国际货运代理基本上可以划分成两大类:一类是仍将国际货运代理限定在纯粹代理人的范畴,即国际货运代理只能作为代理人以委托人的名义代办货物运输及其相关业务;另一类是突破国际货运代理只能作为代理人的界限,允许国际货运代理作为独立经营人,开展当事人业务,从而使国际货运代理具有多重属性。根据《中华人民共和国国际货物运输代理业管理规定》(以下简称《规定》)及其实施细则的规定可知,我国对"国际货运代理"的定义显然是后一类的。

(二) 国际货运代理在国际物流中的地位与作用

国际货运代理业作为国际服务贸易在国外十分发达,在国际物流中占有重要地位。国际货运代理的业务内容决定了从事这项业务的人必须具有广博的国际贸易运输方面的专业知识、丰富的实践经验和卓越的办事能力。他们熟悉各种运输方式、运输工具、运输路线、运输手续和各种不同的社会经济制度、法律规定、习惯做法等,精通国际货物运输中各个环节的各种业务,与国内外各有关机关(如海关、商检、银行、保险、仓储、包装、各种承运人以及各种代理人等)有广泛的联系和密切的关系,并在世界各地建有客户网和自己的分支机构。他们具有的这些优势使其在国际货物运输中起着任何其他人也取代不了的作用。

国际货运代理在国际物流中的作用可以归纳为以下八个方面。

(1) 可以沟通货主与承运人的关系,对国际物流系统、资源的优化起到促进作用。

(2) 能够为委托人办国际货物运输中每一个环节的业务或全程各个环节的业务,提供"一站式"服务。

(3) 能够根据委托人托运货物的具体情况,综合考虑运输中的安全、时耗、运价等各种因素,使用最适合的运输工具和运输方式,选择最佳的运输路线和最优的运输方案,把进出口货物安全、迅速、准确、节省、方便地运往目的地。

(4) 能够把小批量的货物集中为成组货物进行运输。

(5) 不仅能够组织和协调运输,而且能够创造开发新运输方式、新运输路线以及制定新的费率。

(6) 能够掌握货物的全过程运输信息,使用最现代化的通信设备随时向委托人报告货物在运输途中的状况。

(7) 能够就运费、包装、单证、结关、领事要求和金融等方面为广大的货主提供咨询,并对国外市场和在国外市场销售的可能性提出建议。

(8) 在供应链管理条件下,可以为货主提供全方位供应链管理。

(三) 国际货运代理的性质

从国际货运代理的基本业务来看,其主要是接受委托人的委托,提供有关货物的运输、转运、仓储、保险以及与货物运输有关的各种业务服务的一个机构。国际货运代理是一种中间人性质的运输业者,它既代表货主,保护货主的利益,又协调承运人进行承运工作,其本质就是货运中间人,在以发货人和收货人为一方、承运人为另一方的二者之间行事。国际货运代理这种中间人性质在过去表现得尤为突出。

但从整个国际物流运输环节和法律上看,国际货运代理与民法上的一般意义上的代理完全不同,因此权利与义务也不一样。在国际贸易实务中,买卖双方签订了贸易合同之后,为了履行合同,就得与国际货运代理签订一份运输合同(运输合同 A)。在运输合同 A 中,货主是托运人,国际货运代理是承运人。由于国际货运代理不掌握运输工具,它必须与拥有运输工具的承运人再签订一份运输合同(运输合同 B)。在运输合同 B 中,国际货运代理是托运人。运输合同 A 与运输合同 B 是两个在法律上完全独立的合同。由此可见,国际货运代理是以事主的身份出现在两个合同之中,既非货主、亦非承运人的代理。为了加以区别,一般将运输合同 A 称为纸运输合同,将国际货运代理称为契约承运人,即不是真正的承运人;将运输合同 B 称为实际运输合同,将拥有运载工具的承运人称为实际承运人。国际货运代理在这个真正的运输合同中则如同一个货主一样是一个地道的托运人(如图 3-1 所示)。

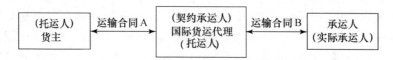

图 3-1 国际货运代理与货主及承运人的关系

(四)国际货运代理的业务范围

国际货运代理的服务对象主要是货主、承运人和海关三个方面。

国际货运代理可以从事国际物流各个环节的工作,在一些情况下,可能还拥有自己的仓库和一定数量的运输工具。因此,国际货运代理具备第三方物流经营人的条件。

国际货运代理的工作内容完全属于商业或贸易行为,其作为第三方国际物流经营人,常见的代理内容有以下九个方面。

(1)物流咨询、物流信息服务;
(2)代理货主租船订舱;
(3)代理货主报关;
(4)代理转运及理货;
(5)代理储存,包括货物保管、整理、包装以及保险等业务;
(6)代理集装箱业务,包括装箱、拆箱、转运、分拨以及集装箱租赁和维修等业务;
(7)代理多式联运业务,即多式联运经营人或称无船承运人,是与货主签订多式联运合同的当事人,不管一票货物的运输要经过多少种运输方式,要转运多少次,多式联运代理必须对全程运输(包括转运)负总的责任;
(8)代理海关通关;
(9)代理承运人揽货。

二、国际货运代理的分类

(一)以代理业务内容为标准来划分

1. 国际货物运输综合代理

国际货物运输综合代理,是指接受进出口货物收货人、发货人的委托,以委托人或自己的名义,为委托人办理国际货物运输和相关业务,并收取服务报酬的代理。

2. 国际租船代理

国际租船代理又称租船经纪人,是指以船舶为商业活动对象而进行船舶租赁业务的人,他的主要业务活动是在市场上为租船人(Charterer)寻找合适的运输船舶或为船东(Shipowner)寻找货运对象,他以中间人的身份使租船双方达成租赁交易,从中赚取佣金。因此,国际租船代理根据其所代表的委托人身份的不同又分为船东代理人(Owner's Agent)和租船代理人(Charterer's Agent)。

3. 国际船务代理

国际船务代理,是指接受海运承运人(船舶所有人、船舶经营人或承租人)的委托,在授权范围内代办与在港船舶有关的一切业务的人。船舶代理人的代理权与其他代理人的代理权的产生一样,通过委托人与代理人签订委托代理协议,在代理人经营的业务范围内,由委托人委托和授权,代理人同意接受,船务代理关系即告建立。

4. 国际民用航空运输销售代理

国际民用航空运输销售代理,是指接受民用航空运输企业的委托,在约定的授权范围内,以委托人的名义代为处理国际航空货物运输及其相关业务,并收取相应手续费的代理。

5. 报关、报检与报验代理

报关、报检与报验代理,是指接受进出口双方或相关方的委托,在约定的授权范围内,以委托人的名义代为处理报关、报检与报验及其相关业务,并收取相应手续费的代理。

6. 国际仓储、流通加工与配送代理

国际仓储、流通加工与配送代理,是指接受进出口双方或相关方的委托,在相关合同或约定的授权范围内,以自己或委托人的名义提供国际仓储、流通加工与配送服务及其相关业务,收取相应费用或相应手续费的代理。

(二) 以委托人的形态为标准来划分

1. 货主代理

货主代理,是指接受进出口货物收货人、发货人的委托,为了托运人的利益办理国际货物运输以及相关业务,并收取相应的报酬的国际货运代理。按照货物的流向,货主代理还可以进一步划分为进口代理、出口代理和转口代理。

2. 承运人代理

承运人代理,是指接受从事国际货物运输业务承运人的委托,为了承运人的利益办理国际货物运输以及相关业务,并收取相应报酬的国际货运代理。此代理按照承运人采取的运输方式的不同,可进一步划分为水运承运人代理、空运承运人代理、陆运承运人代理和联运承运人代理;按照承运人委托事项的内容,可进一步划分为航线代理、转运代理和揽货代理。

(三) 以代理人的层次为标准来划分

1. 总代理

总代理,是指委托人授权代理人作为在某个特定地区的全权代表,委托其处理委托人在该地区的所有货物运输事宜以及相关事宜的国际货运代理。在此代理形式下,总代理有权根据委托的要求或自行在特定区域选择、认定分代理。

2. 分代理

分代理,是指总代理选定的在总代理区域的具体区域代理委托人办理货物运输以及其他相关事宜的国际货运代理。

此外，在实际中还可以按委托人委托的代理人的数量分为独家代理与普通代理，按权限范围分为全权代理和一般代理等。

三、国际货运代理业的行业组织及发展简况

（一）国际货运代理协会联合会和中国国际货运代理协会

国际货运代理不仅仅是中介性的服务行业，而且还是一个世界性的行业，其国际组织叫国际货运代理协会联合会(International Federation of Freight Forwarders Association)，简称菲亚塔（菲亚塔是"FIATA"的译音）。该组织成立于1926年5月31日，现有130个国家和地区的3.5万余家国际货运代理企业加入，中外运公司于1985年加入该组织。菲亚塔的总部设在瑞士的苏黎世，由两年一届的全会选出的常委会主持日常工作。常委会下设公共关系、运输和研究中心、法律单据和保险、铁路运输、公路运输、航空运输、海运和多种运输、海关、职业训练、统计等10个技术委员会，负责研究、指导、协调和解决国际货运代理业务中所发生的问题。

为了健全我国国际货运代理行业的经营秩序，保护国际货运代理企业的合法权益，促进我国国际货运代理行业的健康发展，早在1994年，原对外经济贸易合作部就作出筹建中国国际货运代理协会的决定，并于2000年3月开始筹备，2000年9月6日在北京正式宣告成立（中国国际货运代理协会的英文名称为 China International Freight For warders Association，CIFA）。2000年11月1日，该协会经民政部批准登记注册，它是由中国境内的国际货运代理企业自愿组成的、非营利性的，以民间形式代表中国国际货运代理行业参与国际经贸运输事务并开展国际商务往来的全国性行业组织，接受商务部（原对外经济贸易合作部）的业务指导和民政部的监督管理。目前，该协会已有会员近600余家，其中常务理事单位27家，理事单位89家，包括各省市协会会员计6 000多家，并于2001年年初代表中国国际货运代理行业加入了国际货运代理协会联合会。

中国国际货运代理协会的宗旨是维护我国国际货运代理行业的利益，保护会员企业的正当权益，促进货运代理行业健康发展，更好地为我国对外经济贸易事业服务。其主要任务有：协助政府主管部门依法规范国际货运代理企业的经营行为，整顿行业秩序；开展市场调研，编制行业统计；组织行业培训和行业发展研究；承担政府主管部门委托的部分职能；为会员企业提供信息咨询服务，代表全行业加入国际货运代理协会联合会，开展同业国际交流。

（二）国际货运代理业的发展简况

20世纪50年代以来，随着世界各国经济贸易往来的日益频繁，跨国经济活动的增加，世界经济一体化进程的加快，国际货运代理业在世界范围内迅速发展，国际货运代理的队伍不断壮大，并已成为促进国际经济贸易发展、繁荣运输经济、满足货物运输关系人服务需求的一支重要力量。经过几十年的发展，世界各国已有国际货运代理公司4万多个，从业人员达800万～1 000万人。在经济比较发达的西欧主要国家，平均每个国家都有300～500家的国际货运代理公司。其中，联邦德国有4 500多家，法国也有2 000多家。在美洲，仅20世纪90年代的美国就有货运代理公司6 000多家。在亚洲，日本拥有国际货运代理公司400多家，新加坡拥有国际货运代理公司300多家，韩国、印度分别拥有国际货运代理公司200多家。我国的香港地区拥有国际货运代理公司1 000多家，台湾地区拥有近260家。目前，世

界上80%左右的空运货物、70%以上的集装箱运输货物、75%的杂货运输业务都控制在国际货运代理的手中。

但是,世界各国国际货运代理业的发展并不平衡。总的来讲,发达国家的国际货运代理业发展水平较高,制度比较完备,国际货运代理企业多数规模较大,网络比较健全,人员素质较高,业务比较发达,控制了世界国际货运代理服务市场。发展中国家的国际货运代理行业发展比较缓慢,制度不够完备,国际货运代理企业多数规模较小,服务网点较少,人员缺乏培训,以本国业务为主,市场竞争能力较差。

我国的国际货运代理行业起步较晚,历史较短,但是由于国家的重视,从政策上给予鼓励以规范其发展,因此我国的国际货运代理行业的发展十分迅速。目前,我国80%的进出口贸易货物运输和中转业务(其中,散杂货占70%,集装箱货占90%)、90%的国际航空货物运输业务都是通过国际货运代理企业完成的。

任务二　国际货运代理企业

一、国际货运代理企业的设立条件

(一)新公司的设立条件

根据《细则》的规定,新公司的设立需要具备以下六个条件。

(1)国际货运代理业务的申请人应当是与进出口贸易或国际货物运输有关并有稳定货源的单位。符合以上条件的投资者应当在申请项目中占大股。

(2)国际货运代理企业应当依法取得中华人民共和国企业法人资格。企业组织形式为有限责任公司或股份有限公司。禁止具有行政垄断职能的单位申请投资经营国际货运代理业务。承运人以及其他可能对国际货运代理行业构成不公平竞争的企业不得申请经营国际货运代理业务。

(3)国际货运代理企业的注册资本最低限额应当符合下列要求:

① 经营海上国际货运代理业务的,注册资本最低限额为500万元人民币;

② 经营航空国际货运代理业务的,注册资本最低限额为300万元人民币;

③ 经营陆路国际货运代理业务或者国际快递业务的,注册资本最低限额为200万元人民币。

(4)国际货运代理企业的营业条件如下。

① 具有至少5名从事国际货运代理业务3年以上的业务人员,取得通过商务部资格考试颁发的资格证书。

② 有固定的营业场所,自有房屋、场地须提供产权证明;租赁房屋、场地,须提供租赁契约。

③ 有必要的营业设施,包括一定数量的电话、传真、计算机、短途运输工具、装卸设备和包装设备等。

④ 有稳定的进出口货源市场,是指在本地区进出口货物运量较大,货运代理行业具备进一步发展的条件和潜力,并且申报企业可以揽收到足够的货源。

(5) 新公司设立时需要提交的材料主要有：
① 申请书，包括投资者名称、申请资格说明、申请的业务项目；
② 可行性研究报告，包括基本情况、资格说明、现有条件、市场分析、业务预测、组建方案、经济预算及发展预算等；
③ 投资者的企业法人营业执照（影印件）；
④ 董事会、股东会或股东大会决议；
⑤ 企业章程（或草案）；
⑥ 主要业务人员情况（包括学历、所学专业、业务简历、资格证书）；
⑦ 资信证明（会计师事务所出具的各投资者的验资报告或资产负债表、损益表）；
⑧ 投资者出资协议；
⑨ 股东会委派书；
⑩ 法定代表人简历；
⑪ 投资者进出口企业资格证书或货代企业批准证书复印件；
⑫ 营业场所证明或房屋租赁协议；
⑬ 企业名称预先核准函（影印件，工商行政管理部门出具）；
⑭ 国际货运代理企业申请表；
⑮ 交易条款。

(6) 新公司设立时的申请程序如下。
① 提出申请。
拟设在各市企业，按要求填写申请表，核对无误后提交，打印申请表并签字盖章，附上述须提交的书面申请材料报所在市外经贸局，同时抄送省国际货运代理协会。
② 审核上报。
市外经贸局和省国际货运代理协会进行企业网上信息和书面材料的比对初审，同意后在网上提出意见并转报省外经贸厅；省外经贸厅根据市外经贸局和省国际货运代理协会的意见，按照《规定》及其实施细则进行审查，符合有关规定的将上报商务部审批。
③ 批准证书的申领。
经商务部批准后，由省外经贸厅转批各市外经贸局或有关企业，同时抄送省国际货运代理协会。企业持修改后的章程到中国国际货运代理协会领取《中华人民共和国国际货物运输代理企业批准证书》，并于每年3月31日前办理年审手续。

（二）在经营地域外设立子公司或分支机构（分公司）
在经营地域外设立子公司或分支机构（分公司）的条件如下。
(1) 企业成立并经营国际货运代理业务1年后，在形成一定经营规模的条件下，可申请设立子公司或分支机构，子公司或分支机构的经营范围不得超出其母公司或总公司。
(2) 国际货运代理企业每申请设立一个分支机构，应当相应增加注册资本50万元人民币，如果企业注册资本已超过《规定》中的最低限额（海运500万元，空运300万元，陆运、快递200万元），则超过部分可作为设立分支机构的增加资本。
申请设立子公司或分支机构经营国际货运代理业务的单位应当报送下列文件：
(1) 申请书，包括投资者名称、申请资格说明、申请的业务项目；
(2) 可行性研究报告，包括基本情况、资格说明、现有条件、市场分析、业务预测、组建方案、经济预算及发展预算等；

（3）企业法人营业执照（影印件）；

（4）董事会、股东会或股东大会决议；

（5）企业章程（或草案）；

（6）子公司法定代表人或分支机构负责人任命文件；

（7）子公司法定代表人或分支机构负责人简历；

（8）子公司主要业务人员情况（包括学历、所学专业、业务简历、资格证书）；

（9）企业上一年度的验资报告或资产负债表、损益表；

（10）上一年度年审登记表；

（11）原国际货运代理业务批复和批准证书（影印件）；

（12）经营情况报告；

（13）营业场所证明或房屋租赁协议；

（14）国际货运代理企业申请表。

在经营地域外设立子公司或分支机构的申请程序与设立新公司的申请程序相同。

二、我国国际货运代理企业的类型

国际货运代理业务知识性较强，业务环节较多，涉及面较广，而且各个国际货运代理企业的业务重点又不尽相同，有的专门从事海运货代，有的专门从事陆运货代，有的专门从事空运货代，有的专门从事国际多式联运，有的侧重件杂货，有的侧重大宗货物，有的侧重集装箱，有的侧重仓储，有的则兼而有之。由此可见，国际货运代理企业业务上的复杂性和多样化，根据它们的规模大小、经营特点和企业背景，大体上可分为以下五种类型。

（一）以外运公司、航运公司、航空公司和铁路为背景的国际货运代理企业

这类货运代理中具有代表性的有中远国际货运有限公司、中国外运股份有限公司、中国外轮代理公司、中海集团控股的中海国际货运有限公司，天津海运集团控股的天海、天新、天富等货代公司，上海海运集团所属的上海海兴国际货运有限公司，山东省海丰国际货运集团所属的山东省海丰货运代理有限公司，中国民航客货运输销售代理公司，中国铁路对外服务总公司等。这类国际货运代理企业的经营特点是可凭借运价优势、灵通的运输信息以方便货主，从而揽取货源。

（二）以外贸专业公司、工贸公司的报运部门为背景所组建的国际货运代理企业

这类国际货运代理企业中具有代表性的有中粮、五矿、中成、中纺、中土畜、中艺、中包、中化等系统的所属国际货运有限公司。这类国际货运代理企业的经营特点是：在货源、审核信用证、缮制货运单据和向银行办理议付结汇等方面较其他的国际货运代理企业具有明显的优势；但规模都较小，服务功能欠完善，缺乏网络化的经营条件。

（三）以仓储业为背景的国际货运代理企业

这类国际货运代理企业以天津渤海石油运输公司、上海国际展览运输有限公司、北京华协国际珍品货运服务公司等为代表。这类国际货运代理企业的经营特点是：以其从事仓储业的丰富经验，在承办特种货物，如展品、珍品、超大、超重和保税货物等方面的代理独有专长，并能借此揽取货源，深得货主的信任。

（四）中外合资经营的国际货运代理企业

为了引进先进的管理方式，加快与国际市场接轨，现已允许国外一些大船公司、大货代、大实业公司与国内的大外贸公司、大运输公司联合创办合资型国际货运代理企业，这类国际货运代理企业约占我国国际货运代理企业总数的1/3。其经营特点是：资本雄厚；管理水平较高；服务质量较好。如上海泛成国际货运有限公司、大通国际运输公司、天津环发国际货代有限公司等，其经营业绩和服务质量均令业内人士瞩目。

（五）外资和港台资企业

随着物流业的开放和与国际接轨，国际知名的船运、航空公司和众多的国际货运代理企业等纷纷进入我国的物流市场，它们是国际物流和国际多式联运的重要力量。这类国际货运代理企业凭其先进的经营理念、经营模式、优质的服务和健全的国际网络逐渐向中国的物流市场渗透，成为我国物流企业的重要部分，如 NYK、APL、Sealand 等。

三、国际货运代理企业的业务范围

（一）国际货运代理企业的经营范围

根据《细则》第32条的规定，国际货运代理企业的经营范围包括：

(1) 揽货、订舱（含租船、包机、包舱）、托运、仓储、包装；
(2) 货物的监装、监卸、集装箱装拆箱、分拨、中转及相关的短途运输服务；
(3) 报关、报检、报验、保险；
(4) 缮制签发有关单证，交付运费，结算及交付杂费；
(5) 国际展品、私人物品及过境货物运输代理；
(6) 国际多式联运、集运（含集装箱拼箱）；
(7) 国际快递（不含私人信函）；
(8) 咨询及其他国际货运代理业务。

（二）国际货运代理企业的业务内容

按照上述规定，在实务中国际货运代理企业可以根据货主的委托提供以下某项或若干项服务。

就出口方面而言，国际货运代理企业可以提供的服务项目主要有以下十五个方面。

(1) 为出口商（发货人）选择运输路线、运输方式（海、陆、空、邮、多式联运）和适当的承运人，并争取优惠运价。
(2) 为所选定的承运人揽货并办理订舱，为集装箱运输办理订箱。
(3) 从货主的存货地点提取货物送往指定的港、站。
(4) 根据信用证条款和有关主管部门的规定缮制各种有关的单证。
(5) 根据货主的委托，办理打包、存仓、报检（自1999年起已将商检、卫检、动植检合而为一）、保险、装箱理货等有关事宜。
(6) 称重或打尺（视商品的情况而定）。
(7) 货物集港（或集站）后办理报关并进行监装（指装船或拼箱货的装箱）。
(8) 货交承运人后，凭大副收据换取已经签署的正本海运提单，并交付发货人，如为集装箱运输，于重箱交付承运人或拼箱交付货运站后应取得场站收据（D/R），凭此换取集装箱提单或多式联运提单。

(9) 办理议付结汇(根据委托而定)。

(10) 支付运费和其他费用。

(11) 根据委托安排货物转运(转运是指从国内始发地将货物转运至出境地)。

(12) 记录货物残短或灭失情况(如发生灭失或残短)。

(13) 协助发货人向有关责任方进行索赔。

(14) 与委托方进行结算。

(15) 提供货运信息、资料和咨询服务等。

就进口方面而言,国际货运代理企业可以提供的服务项目主要有以下八个方面。

(1) 向收货人通报有关的货物动态。

(2) 接受并核查有关的运输单据。

(3) 货物到达目的港(地)后办理接货、监卸。如为集装箱运输、整箱货办理接箱,为拼箱货在货运站办理提货等事宜。

(4) 办理报关、纳税、结关。

(5) 向承运人支付运费(如属到付运费)。

(6) 根据委托安排存仓或转运(指从进境地将货物转运至指运地)或分拨。

(7) 向收货人交付货物,并进行结算。

(8) 必要时协助收货人向有关责任方办理索赔事宜。

任务三 国际货运代理的责任

国际货运代理的责任,是指当国际货运代理作为代理人和当事人两种情况时的责任。它是非常具体的,通常体现在有关的国际公约、国家法律法规、标准交易条件(由各国国际货运代理协会拟定)或合同条款之中。但实际中他们的法律责任很复杂,因为其业务是跨国的,国际上还缺乏统一的国际法规,而各国的法律也有所不同。

目前,各种国际公约、惯例和各国的法律对国际货运代理的定义和责任的划分有所不同,但按其责任范围的大小,原则上可分为三种情况:一是作为国际货运代理,仅对其由于自己的错误和疏忽负责;二是国际货运代理不仅对自己的错误和疏忽负责,还应使货物完好地运抵目的地,这就意味着其应承担承运人和造成第三者损失的责任;三是国际货运代理的责任取决于合同条款的规定和所选择的运输工具等。根据国际货运代理协会联合会的规定,国际货运代理仅对属于其本身或其雇员所造成的过失负责。

一、国际货运代理与委托人的权利、义务界定

委托人与国际货运代理之间是委托与被委托的关系,这种委托代理关系必须由一方提出(书面),经另一方接受(书面)才能成立。长期的委托代理关系应签订协议或合同,委托方的要求(指示)和被委托方的义务应在协议或合同中作出明确的规定;临时的委托代理关系应由委托人填写委托申请单,一般都有印就的格式。

(一) 国际货运代理的义务与责任

通常国际货运代理应尽的义务或者说应承担的责任有以下六个方面。

(1) 国际货运代理应按照协议或合同中的规定和委托人的指示,办理有关的委托事项。国际货运代理必须在委托人授权的范围内行事,否则,由此而产生的一切后果由代理人承担责任。

(2) 国际货运代理应本着忠信、诚实的原则向委托人及时、如实地汇报一切重要事项。

(3) 国际货运代理不得收受贿赂或图谋私利,或与第三方串通损害委托人的利益。

(4) 国际货运代理在代理期间或在代理协议(合同)终止后,不得将代理过程中所得到的商业情报或重要资料向第三方泄露。

(5) 国际货运代理不得将委托人所授予的代理权委托他人行使,如在客观上确有此需要应事先征得委托人的同意。

(6) 国际货运代理应对本人及其雇员所造成的错误或疏漏承担责任,例如:

① 未按照指示交付货物;

② 办理保险时发生错保、漏保;

③ 报关有误或延迟;

④ 错发错运;

⑤ 未能按照必要的程序取得再出口货物的退税;

⑥ 未按规定收取收货人的货款就交付货物;

⑦ 在代理过程中造成第三方的财产灭失或损坏或人身伤亡;

⑧ 当国际货运代理作为缔约当事人时,应对其雇佣的承运人或分运代理人的行为或不行为负责;

⑨ 国际货运代理应如实向委托人申报账目,如发生特殊开支或个别费用应事先征得委托人的同意。

(二) 国际货运代理的权利

通常国际货运代理应享有的权利有以下五个方面。

(1) 收取因运送货物、保管储存货物而产生的一切费用。

(2) 收取因办理投保、报关、报检、签证、银行结汇及其他服务而产生的费用。

(3) 收取因不能控制的原因致使代理协议(合同)难以履行而产生的有关费用。

(4) 收取委托人支付的佣金和承运人支付的订舱佣金。

(5) 如委托人无理拒付或拖延支付其应付的费用,国际货运代理有权对货物行使留置权,并有权以某种适当的方式出售货物以补偿其应收取的费用,或以委托人留在国际货运代理手中的其他款项抵偿。

(三) 委托人的责任

委托人通常应承担的责任有以下四个方面。

(1) 委托人除应按代理协议(合同)中规定的条款办事外,如对国际货运代理另有要求时,必须及时发出明确具体的指示,以便国际货运代理凭以执行。

(2) 对于国际货运代理提出的征询意见应及时回答,如由于回答不及时或不当而造成某种损失时,委托人应承担责任。

(3)委托人应按规定支付代理佣金和其他有关费用。

(4)委托人通常应预付一笔业务备用金给国际货运代理,待代理工作完毕后,由国际货运代理报账,多退少补,如由于委托人的责任而使国际货运代理遭受经济损失时,应由委托人给予补偿。

(四)委托人的权利

委托人通常享有的权利有以下两个方面。

(1)对于国际货运代理所提供的情况或资料不实或国际货运代理故意隐瞒某一事实真相致使委托人遭受损失时,委托人有权向国际货运代理追索赔偿并撤销代理协议(合同)。

(2)如由于国际货运代理图谋私利、与第三方串通或接受贿赂或出卖委托人的机密而使委托人的利益遭受损害时,委托人有权向国际货运代理提出赔偿要求、拒绝支付佣金或进行起诉。即使上述行为未使委托人遭受损失,委托人亦可行使上述权利。

二、国际货运代理的除外责任

在下列情况下,国际货运代理可以免责:

(1)由于委托方的疏忽或过失;
(2)由于委托方或其他代理人在装卸、仓储或其他作业过程中的过失;
(3)由于货物的自然特性或潜在缺陷;
(4)由于货物的包装不牢固、标志不清;
(5)由于货物送达地址不清、不完整、不准确;
(6)由于对货物内容申述不清楚、不完整;
(7)由于不可抗力、自然灾害、意外原因。

但如能证明货物的灭失或损害是由国际货运代理的过失或疏忽所致,则国际货运代理对该货物的灭失、损害应负赔偿责任。

三、国际货运代理的赔偿责任

国际货运代理的赔偿原则有两个方面:一是赔偿责任原则;二是赔偿责任限制。

(一)赔偿责任原则

收货人在收到货物发现货物灭失或损害,并能证明该灭失或损害是由国际货运代理的过失造成,即可向该国际货运代理提出索赔。在一般情况下,索赔通知的提出应在合理期限内(不同索赔在不同的法律或国际公约中的规定不同),否则,就视为国际货运代理已完成了交货义务。国际货运代理基本赔偿原则包括以下五个方面的内容。

(1)如果货物交接地点的市价或时价与发票金额有差别,但又无法确定其差额,则按发票金额赔偿。

(2)对古玩、无实际价值货物(或其他特殊价值的),不予赔偿(除非作特殊声明并支付了相应费用)。

(3)对已发生货物灭失的货物运费、海关税收以及其他费用负责赔偿,但不赔偿进一步的损失。

(4)货物的部分灭失或损害则按比例赔偿。

(5) 如货物在应交付日多少天内仍未交付,则构成延误交货,国际货运代理应赔偿因延误而可能引起的直接后果和合理费用。

（二）赔偿责任限制

从现有的国际公约看,有的采用单一标准的赔偿方法,有的采用双重标准的赔偿方法,对国际货运代理的赔偿方法也应同样如此,但实际做法不一,差异较大。

四、国际货运代理行为的法律依据

国际货运代理业务往往是国际性的,内容与形式众多,其涉及的国内外法律或惯例很多,主要有《国际公路货物运输合同公约》、《关于铁路货物运输的国际公约》、《国际铁路货物联合运输协定》、《海牙规则》、《汉堡规则》、《华沙公约》、《联合国国际货物多式联运公约》及《中华人民共和国合同法》(以下简称《合同法》)、《中华人民共和国海商法》(以下简称《海商法》)等。

在代理行为中如果发生民事纠纷应依何法律解决？在《中华人民共和国民法通则》(以下简称《民法通则》)第四章第二节中对代理行为作了规定。另外,我国已于1999年10月1日实施的《合同法》对签订委托合同的委托人和被委托人双方之间的法律关系作出了明确规定,其内容与《民法通则》中的规定基本上是一致的。国际货运代理对于其中有关的规定应有所了解并作为指导日常工作的准绳。

根据《民法通则》第63条的规定,公民、法人可以通过代理人实施民事法律行为。代理人在代理权限内,以被代理人(委托人或本人)的名义实施民事法律行为,被代理人对其代理人的代理行为应承担民事责任。这就是说,只要代理人是在代理权限内,以被代理人的名义与第三人签订合同,则该合同的权利和义务均由被代理人承担。如事后合同出了问题,代理人不承担责任,其特点是代理人必须以被代理人的名义行事,这在法律上称为直接代理。

间接代理,是指以代理人自己的名义为被代理人办理国际货物运输和相关业务而同第三者签订合同。在间接代理情况下,如发生问题,被代理人与第三者没有直接的法律关系。换言之,代理人要对以自己的名义所签订的合同承担民事责任。此外,《民法通则》对代理权的产生、无权代理、代理与第三人的责任以及代理的终止等有关问题都作了明文规定。例如,根据《民法通则》第66条的规定,没有代理权(指根本未授权代理)、超越代理权(指代理人所实施的代理并不在其所获得的代理授权范围之内)或代理权终止后的行为,只有经过被代理人的追认,被代理人才承担民事责任；未经追认的行为,则由代理人承担民事责任。被代理人在面对无权代理行为时,既有追认的选择权也有拒绝的选择权,换言之,被代理人既可追认也可不追认。在无权代理人遭到被代理人拒绝追认时,如有异议,可以提出具有代理权的事实证明进行抗辩。另外,如果被代理人知道他人以自己的名义实施民事行为而未作过否认表示的,应视为同意。

当代理人不履行职责给被代理人造成损害的,应由代理人承担民事责任。如果代理人与第三人串通,损害被代理人的利益的,应由代理人和第三人负连带责任。如果第三人明知行为人没有代理权或超越代理权或代理权已终止还与代理人实施民事行为给他人造成损害的,第三人和代理人负连带责任。

根据《民法通则》第67条的规定,代理人知道被委托代理的事项违法而仍然进行代理活动的,或者被代理人知道代理人的代理行为违法而不表示反对的,由被代理人和代理人负连带责任。

五、国际货运代理的责任保险制度

国际货运代理的责任保险通常是为了弥补国际货物运输方面所带来的风险。这种风险不仅来源于运输本身,而且来源于完成运输的许多环节当中,如运输合同、仓储合同、保险合同的签订、操作、报关、管货、向承运人索赔和保留索赔权的合理程序、签发单证、付款手续等。上述这些经营项目一般都是由国际货运代理来履行的。一个错误的指示或地址往往都会给国际货运代理带来非常严重的后果和巨大的经济损失,因此,国际货运代理有必要投保自己的责任险。另外,当国际货运代理以承运人的身份出现时,不仅有权要求合理的责任限制,而且其经营风险还可以通过投保责任险而获得赔偿。

国际货运代理投保责任险时主要有以下四种方式供选择,即有限责任保险、完全法律责任保险、最高责任保险和集体保险制度。国际货运代理应根据自己的情况,选择适合自己的方式进行投保。

1. 国际货运代理的有限责任保险

即国际货运代理仅按其本身规定的责任范围对自己的有限责任投保。国际货运代理的有限责任保险主要分为以下三种类型。

第一类,根据国际货运代理协会标准交易条件确定的国际货运代理责任范围,国际货运代理可选择只对其有限责任投保。

第二类,国际货运代理也可以接受保险公司的免赔额,这将意味着免赔额部分的损失须由国际货运代理承担。保单中订立免赔额条款的目的是:一方面,使投保人在增强责任心、减少事故发生的同时,从中享受到交纳较低保险费的好处;另一方面,保险人可以避免处理大量小额赔款案件,节省双方的保险理赔费用,这对双方均有益。免赔部分越大,保险费越低,但对投保人来说却存在一定的风险,即低于免赔额的索赔,均由国际货运代理支付,这样当他面对多起小额索赔时就会承担总额非常大的损失,而且有可能根本无法从保险人处得到赔偿。

第三类,国际货运代理还可以通过缩小保险范围来降低保险费,只要过去的理赔处理经验证明这是合理的。但意料之外的超出范围的大额索赔可能会使其蒙受巨大的损失。

2. 国际货运代理的完全法律责任保险

即国际货运代理按其所从事的业务范围、应承担的法律责任进行投保。根据国际货运代理协会标准交易条件确定的国际货运代理责任范围,国际货运代理可以选择有限责任投保,也可以选择完全责任投保。但有的国家的法院对国际货运代理协会标准交易条件中有关责任的规定不予认定,所以,国际货运代理进行完全法律责任保险是十分必要的。

3. 国际货运代理的最高责任保险

在某些欧洲国家,一种被称为 SVS 和 AREX 的特种国际货运代理责任保险体制被广泛采用。在这种体制下,对于超过确定范围以外的责任,国际货运代理必须为客户提供"最高"保险,即向货物保险人支付一笔额外的保险费用。这种体制尽管对国际货运代理和客户都有利,但目前仅在欧洲流行。

4. 国际货运代理的集体保险制度

在某些国家,国际货运代理协会设立了集体保险制度,向其会员组织提供责任保险。这种集体保险制度既有利也有弊。这种制度的优点是使该协会能够代表其成员协商而得到一个有利的保险费率,并使该协会避免要求其成员进行一个标准的、最小限度的保险,并依此标准进行规范的文档记录。这种制度的缺点是一旦推行一个标准的保险费率,就等于高效率的国际货运代理对其低效率的同行进行补贴,从而影响其改进风险管理、索赔控制的积极性;同时使其成员失去协会的内部信息,而该信息可能为竞争者所利用。

5. 国际货运代理投保责任险的四种渠道

一是所有的西方国家和某些东方国家的商业保险公司,可以办理国际货运代理责任险。

二是伦敦的劳埃德保险公司,通过辛迪加体制,每个公司均承担一个分保险,虽然该公司相当专业,但市场仍分为海事与非海事,并且只能通过其保险经纪人获得保险。

三是互保协会也可以投保责任险,这是一个具有共同利益的运输经纪人,为满足其特殊需要而组成的集体性机构。

四是通过保险经纪人(其自身并不能提供保险),可以为国际货运代理选择可承保责任险的保险公司,并能代表国际货运代理与保险人进行谈判,还可以提供损失预防、风险管理、索赔等方面的咨询,并根据国际货运代理协会标准交易条件来解决国际货运代理的经济、货运、保险和法律等问题。

任务四　国际货运代理业务运作流程

国际货运代理业务运作是在企业经营战略和市场战略的指导下开展的。

国际货运代理的业务范围广、种类繁多,由于企业的宗旨和目标的不同、业务内容的不同,其业务运作流程和环节也有所不同。

目前,国际货运代理海运出口代理业务是国际货运代理的重点,其流程如图 3-2 所示(国际货运代理在国际物流中占有重要地位,是国际物流的"经"。其流程是本书项目开设的重要依据,在本任务中只介绍"揽货、签订代理协议与合同"和"接单、审(单)证"两个环节,其他的环节将在其后各项目任务中展开)。

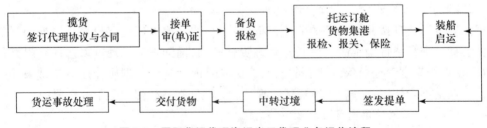

图 3-2　国际货运代理海运出口代理业务运作流程

一、揽货、签订代理协议与合同

(一)揽货

国际货运代理海运出口代理业务是从业务推广、扩展与揽货开始的。代理揽货(Canvassion),是指国际货运代理为了获得好的经营效益而主动为货主服务,争取货主(客户)与货源的经营行为。

揽货是国际货运代理经营运作成败的关键,专业性很强,每一家国际货运代理都应特别重视。为此,国际货运代理可从以下五个方面进行努力:

(1) 企业要有清晰的战略,准确的市场、客户定位,搞好文化、形象、人员素质培养;

(2) 企业要有完善的行动方案,揽货人员要经过严格的培训;

(3) 十分重视与承运人的合作与联盟建设;

(4) 搞好企业经营网络,通过自设机构或委托代理机构等多种形式,在航线两端、港口、货源腹地等广设网点,开拓货源渠道;

(5) 在加强基本服务的基础上,努力为货主提供多内容的增值服务,引导客户导向发展柔性物流。

(二) 签订代理协议与合同

国际货运代理在与货主开展合作时,首先要解决的是协议与合同。按照《民法通则》的规定,委托人与代理人之间必须签订代理合同,以确定代理的范围以及双方的权利和义务,在授权范围内代理人的行为后果由被代理人承担。因此,国际货运代理企业作为代理人接受委托办理有关业务,应当与进出口收货人、发货人签订书面委托协议或合同,将委托方的要求和被委托方的义务在协议或合同中作出明确的规定。双方发生业务纠纷时,应当以所签书面协议或合同作为解决争议的依据。

委托人与代理人的委托形式可以多种多样,在协议或合同中应明确和解决以下问题。

(1) 委托人(被代理人)和受托人(代理人)的全称、注册地址。

(2) 代办的范围,如是否包括海洋运输,是否包括装运前的装箱工作、集港运输等,到达目的港后是提单交货或送货上门等。明确代办范围,一旦发生意外,就能判明双方的责任,也可以避免因双方职责不明而造成的损失。

(3) 委托方应该提供的单证和提供的时间,提供的时间应根据单证需用的时间而定。

(4) 有关费用(如海洋运费、杂费及关税等)的支付时间。

(5) 服务收费标准以及支付时间、支付方法。

(6) 委托方以及受托人特别约定。

(7) 违约责任条款。

(8) 发生纠纷后,协商不成的解决途径和地点。

由于国际货运代理在委托代理合同中往往处于主动承揽货载的地位,因此,其可以准备一些委托代理合同的范本,以此作为签订合同的基础,供签约双方讨论修改。

二、接单、审(单)证

催证、审证和改证是国际贸易出口合同履行的重要环节,与之相适应,国际货运代理的每一笔业务都是从接单、审(单)证开始的。在实际业务中,每一次业务所需提供的单证不尽相同,常见的有出口货物明细单、托运单、场站收据、合同与信用证副本、装箱单、发票、商检证、报关单、核销单等(对于主要的单证,本书根据需要会在各项目中给出实际样本并进行实操培训)。

接单、审(单)证的主要任务和要求是:(1) 核实出口业务所需单证是否齐全、正确;(2) 单证之间是否相符;(3) 明确合同、信用证在出运业务上的条件与要求。在国际贸易中,审证往往在多环节、多单位进行,如银行、出口货主与国际货运代理等,各单位审(单)证有所侧重。审(单)证是国际货运出口代理的基础性工作,对合同、信用证以及代理业务相关的条件、要求必须明确并严格执行。

对合同、信用证的审核,大体可分为以下七个方面。

(一) 对信用证整体上的审核

对信用证整体上的审核的主要内容有以下五个方面。

(1) 从政策上审核,即来证各项内容必须符合我国有关方面的方针和政策。

(2) 对开证银行资信情况的审核。凡是政策规定不能与之往来的银行开来的信用证,均应拒绝接受。对于资信较差的开证行,可采取适当措施(如要求银行加保兑等)以保证收汇安全。

(3) 审核信用证的种类。要审查来证是可撤销的信用证还是不可撤销的信用证。根据《跟单信用证统一惯例》国际商会第 500 号出版物(Uniform Customs and Practice of Documentary,ICC Publication NO.500,1993 revision)的规定,信用证应明确注明是可撤销的还是不可撤销的,如无此项注明,应视为不可撤销的信用证。所以,只要来证不明确表明是可撤销的,我们就可以接受。

(4) 对有无保留或限制性条款的审核。在信用证中规定有保留或限制性条款的情况,在实际业务中比较常见。受益人对此应当特别注意,提高警惕。

(5) 来证规定开立汇票的内容(如即期、远期等)应与合同中支付条款的规定相符。

上述五项是银行审证的重点,货主只作复核性审核。

(二) 开证申请人和受益人审查

在信用证中,开证人和受益人常用一定的形式(词或句子)引出,通常见到的如下。

(1) 开证人——Applicant,Accountee,Opener,at the request of...(应……请求),by the order of...(按……指示),for the acctount of...(由……付款)。

(2) 受益人——Beneficiary,in favour of...(以……为受益人),Transferor(转让人,可转让信用证的第一受益人)。

开证申请人(The Applicant for the Credit)大都是买卖合同的对方当事人(买方),但也可能是对方的客户(实际买方或第二买主);受益人(Beneficiary)通常是我方的出口企业,是买卖合同的卖方。

卖方或受益人要仔细审核开证申请人的名称和地址,以防错发错运。受益人的名称和地址也必须正确无误,而且前后要一致,否则会影响收汇。例如,我国某外贸公司印就的发票、合同上的公司名称是×××Corporation,而公司的印章上却是×××Company,恰逢市场有变,国外客户利用这一字之差拖延付款,致使该外贸公司未能及时结汇。

(三) 审核信用证的金额及其采用的货币

信用证的金额应当与合同的金额一致,总金额的阿拉伯数字和大写数字必须一致。如果合同订有溢短装条款,那么信用证的金额还应当包括溢短装部分的金额。来证采用的支付货币应与合同规定的货币一致。

(四) 审核有关货物的记载

审核来证中有关品名、品质、规格、数量、包装、单价、金额、佣金、目的港和保险等是否与合同规定一致,有无附加特殊条款和保留条款(如指定由某轮船公司的船只载运或要求出具装运船只的船龄不超过15年的证明,商业发票或产地证书须由国外的领事签证等)。这些都应慎重审核,视具体情况作出是否接受或提请修改的决策。

（五）审核有效期、交单期和装运期

关于信用证的有效期和到期地点（Validity and Place of Expiry）,根据UCP 500的规定,所有的信用证均须规定一个到期日和一个付款、承兑的交单地点。对议付信用证的还必须规定一个议付到期地点。未规定有效期的信用证是无效的,不能使用。信用证的到期日有议付到期、承兑到期和付款到期三种不同的规定方法。议付到期日,是指受益人向议付银行交单要求议付的最后期限,到期地点通常在出口国。承兑到期日或付款到期日,是指受益人或通过出口地银行向开证行或信用证指定的付款银行交单要求付款或承兑的最后期限,到期地点一般在开证行或指定银行所在地。如果信用证中的议付到期地点不在我国而在国外,那么有关单据必须在到期日前寄达开证行或指定付款银行,我国的外贸公司就要承担邮递迟延、邮件遗失等风险。

信用证还应规定一个运输单据出单日期后必须向信用证指定的银行提交单据要求付款、承兑或议付的特定期限,即"交单期"（Date for Presentation of Documents）。如果信用证未规定交单期,按照惯例,银行有权拒受迟于运输单据日期21天后提交的单据,但无论如何,单据也不得迟于信用证到期日提交。如果信用证规定的交单期距装运期过近,例如运输单据出单日期后2天或3天,则应提前交运货物,或要求开证人修改信用证推迟交单期限,以保证能在装运货物后如期向银行交单。

装运期（Date of Shipment）的确定,可用一个时间区段表示（即最早装运时间、最迟装运时间）,根据UCP 600的规定,如使用"于或约于"之类词语限定装运日期,则银行将视为在所述日期前后各5天内装运,起讫日包括在内。

最迟装运日期（Latest Date for Shipment）,是指卖方将货物装上运输工具或交付给承运人接管的最迟日期。如果国外来证晚,无法按期装运,卖方应及时电请国外买方延展装运期限。信用证的到期日同最迟装运期应有一定的间隔,以便装运货物后能有足够的时间办理制单、交单议付等工作。

（六）审核转运和分批装运

根据UCP 600的规定,除非信用证另有规定,允许分批装运、分批支款,也允许转运。运输单据表面注明货物系使用同一运输工具并经同一路线运输的,即使每套运输单据注明的装运日期不同,只要运输单据注明的目的地相同,也不视为分批装运。

货物中途转船,不仅延误时间和增加费用开支,而且还有可能出现货损货差,在一般情况下,买方都不愿意对其进口的货物转运。在审核这项条款时,应注意它是否与合同的规定一致。如果允许转船,还应注意在信用证中允许转船后面有无加列特殊限制和要求（如指定某转运地点、船名或船公司）。对这些特殊限制应考虑是否有把握办到,否则,卖方应即时通知对方改证。对于分批装运,如合同中规定分批、定期、定量装运,那么在审核来证时,应注意每批装运的时间是否留有适当的间隔。因为按照惯例,若任何一批未按期装运,则信用证的本批和以后各批均告失效,所以审证时,卖方应认真对待。

（七）装运单据

卖方要仔细审核来证要求提供的单据种类、份数以及填制方法等,发现有不适当的要求和规定,应酌情作出适当处理。

以上是审证过程中需要注意的几个主要方面,在实际工作中,卖方或受益人可能还会遇到各种各样意想不到的问题。如果认真仔细地逐条审核来证条款之后,仍有把握不住的内容,卖方或受益人一定要向经验丰富的业务人员和有关方面的专家、教授进行咨询。

任务五 审证业务实训——合同信用证审核

一、实训1

以本项目"单证样本与实例"中"信用证、合同实例"为例,各项主要审核结果为:

开证行:HSBC BANK PLC,DUBAI,UAE

通知行:BANK OF CHINA SHANDONG BRANCH,QINGDAO,CHINA

开证人:ABC CORPORATION. 18 KING ROAD. DUBAI,UAE

受益人:SHANDONG JINXIU TEXTILES IMPORT AND EXPORT CO.,LTD
　　　　116 SHANDONG ROAD,QINGDAO,PRC

金额:USD AMOUNT 78000.00

效期:080130,PALCE IN CHINA

分批:PROHIBITED (MORE OR LESS 5 PCT ALLOWED.)

转运:ALLOWED (TRANSSHIPMENT ALLOWED AT HONGKONG ONLY.)

装港:CHINESE MAIN PORT

卸港:DUBAI,UAE

装运:080114

货物品名:MEN'S SHIRTS,SHELLS:WOVEN TWILL

交单期:WITHIN 15 DAYS AFTER THE DATE OF SHIPMENT, BUT WITHIN THE VALIDITY OF THIS CREDIT.

二、实训2

以本项目"单证样本与实例"中"L/C 实例"为例,各项主要审核结果为:

开证人:SAKU AND CO. LTD. 8—26
　　　　WAKAENISHISHIN-MACI 8—CHOME
　　　　HIGASHIOEAKA,57 JAPAN

受益人:LIVING I/E CO. LTD.
　　　　-129 ZHONGSHAN ROAD (W),SHANGHAI,200051
　　　　CHINA

金额:US. DOLLAR 73000.00

效期:NOV.15.1997 NEGOTIATING BANK,S COUNTER

最迟装期:OCT. 31. 1997

分批:ALLOWED

转运:PROHIBITED

货物：PAINT BRUSHES

交单期：15 DAYS AFTER THE DATE OF SHIPMENT BUT WITHIN THE VALIDITY OF THE CREDIT

同步训练

一、关键名词

国际货运代理　　菲亚塔　　　　国际货运代理的责任　　国际租船代理

国际船务代理　　信用证有效期　　交单期　　　　　　　最迟装运日期

二、复习思考题

1. 简述国际货运代理的性质。
2. 简述国际货运代理的业务范围。
3. 简述国际货运代理与委托人的权利、义务界定。
4. 国际货运代理行为的法律依据是什么？
5. 简述国际海运出口代理业务运作流程。
6. 简述信用证审核的内容。
7. 国际货运代理应当如何做好揽货工作？

三、案例与分析

【案例3-1】国际货运代理的责任与追偿

A是广州的一家货代公司，B是深圳的一家进口公司，C是湖南的一家工业供销公司。C公司于2012年×月×日持B公司致A公司的信件，向A公司办理8吨化工原料进口的代理手续，并随函附有按CIF条件的进口合同副本一份，在该合同的副本上由B公司的业务员手书注明收货人的名称、地址、电话、联系人以及用卡车运至某地某库的字样。

事隔3个月后，货从国外运抵广州，于是A公司向C公司发出"进口到货通知书"，在通知书的注意事项第5条内注明货运内地加批加保由A公司统一办理。A公司办好进口报关、纳税等事项后，以自己的名义委托广州市一家具有合法营运的车队（以下简称承运人）将货物运往合同副本上指定的某地某库。不料在运输途中由于驾驶员违章操作，导致与另一卡车相撞后造成车、货俱毁。

事后，C公司以A公司转交他人运输，又未履行加保为由，向A公司提出索赔。A公司以造成货损是承运人的责任而拒赔。双方经多次协商未果，最后C公司向人民法院起诉。

原告C公司称：我公司委托A公司办理货物到港后的一切手续，并将货物运至某地某库。双方既已确定委托运输关系，即受到法律保护。但被告方擅自转交第三者运输又未履行加保手续，结果导致货物灭失，理应负赔偿责任。

被告A公司称：该业务系根据B公司的信件而受理的，我们只与B公司建立了法律关系，原告C公司只是这笔业务的收货人，我们之间没有法律关系。货物灭失的责任在承运人，原告C公司在向B公司购货物时，理应知道国内段的运输风险已转至自身，原告C公司自己没有转移风险,又未委托他人代为转移,理应自行承担风险。

被告A公司称:"进口到货通知书"注意事项第5条规定,凡集装箱进口货物在港口拆箱转运内地的货物统一由我公司代办加批加保手续。但该条不适用于本案。因广州人保的"特别条款"的加批加保并不包括CIF条款,CIF条款系在国外投保。

人民法院的判决如下。

① 原告C公司与B公司是购销关系,货到广州后货物的所有权即归C公司所有。从广州究竟转运至何地B公司无权过问。

② 原告C公司持B公司的信件与被告A公司联系有关事宜,向原告C公司发送"进口到货通知书",办理委托运输,并将货物用卡车运往某市,应视为被告A公司已接受原告C公司的委托。

③ 被告A公司接受委托后应负责将货物安全运抵目的地,货物在运输途中灭失,且不具备免责条件(指不是自然灾害或不可抗力事件),理应负责赔偿人民币×××元。

> **思考回答**
> 1. 人民法院判决的依据是什么?
> 2. A公司承担的损失可不可以向营运的车队(承运人)追偿?为什么?

【案例3-2】船公司提单管控不严应承担的侵权责任

2012年我国B进出口公司(以下简称B公司)与一新客户美商W公司按CIF旧金山成交一批出口货物,价值160 817.87美元,支付方式为D/P即期托收。货物出口前B公司委托货代A公司办理订舱发货。A公司根据船期和航线向美国S班轮公司(以下简称S船公司)办妥委载并按时将货物装船发运,随后A公司及时将S船公司签发的已装船清洁提单交B公司。B公司将所有的货运单据和其出具的汇票委托银行向美国旧金山W公司按D/P方式收款。不料单据到达旧金山后W公司迟迟不去银行赎单。经B公司多次向W公司催询,起初W公司称经理赴欧洲度假,10日后返美,后又称经理在欧洲洽谈业务未回,几经周折时间已过去3个月。至此,B公司已察觉情况不妙,于是求助于一家保理公司进行追讨。经保理公司了解W公司的经理已逃匿不见,货物已被W公司用伪造提单于50天前提走。于是B公司在万般无奈之下便找A公司进行索赔,理由是A公司选择的承运人不当,故应承担由此而产生的责任。

A公司称自己受B公司的委托办理托运手续,提单上的托运人是B公司,与自己无关。承运人S船公司在凭提单放货时理应检查并确认提单上签字的真伪,在不辨真伪的情况下就轻易放货,这属于承运人的责任,B公司理应尽快向S船公司进行交涉,必要时应诉诸法律。

于是B公司在A公司的积极协助下在美国旧金山对S船公司正式提起诉讼,理由是S船公司违反信托契约和疏忽职守。因为原始提单是由S船公司设在中国的分公司签发的,该公司在中国港口和其他的港口都应留有职员签字登记的样本。如果该公司没有这种可用来比较其职员签字登记的样本,S船公司就犯有不可推卸的疏忽过失。同样,如果S船公司确有这种用以辨别职员签字登记的样本,但未认真使用,也是犯了不可推卸的疏忽过失。作为承运人的 S 船公司处在一个完全被托运人信赖的位置上,如果他们不能做到保护货物的安全,便是违反了信托契约。

法院的判决如下:

根据加州的有关法律,S 船公司犯有民事侵权行为,应承担全额货款的赔偿责任。

如果 S 船公司投保了民事侵权行为险,则债权人也可以向债务人的保险公司进行索赔以补偿本裁决所要求的赔偿金额。原告 B 公司从 S 船公司投保的保险公司取得了全额货款赔偿。

结果,原告 B 公司从 S 船公司的保险公司取得了全额货款赔偿。

思考回答

1. 这起纠纷产生的最终原因是什么?
2. 案例中 A 公司、B 公司和 S 船公司各有哪些过失?应吸取哪些教训?

单证样本与实例

一、信用证、合同实例 1

(一) 信用证

```
NO. ABC123456
MT700                      ISSUE OF A DOCUMENTARY CREDIT
SENDER                     HSBC BANK PLC, DUBAI, UAE
RECEIVER                   BANK OF CHINA SHANDONG BRANCH, QINGDAO,
                           CHINA
SEQUENCE OF TOTAL          27: 1/1
FORM OF DOC. CREDIT        40A: IRREVOCABLE
DOC. CREDIT NUMBER         20: ABC123456
DATE OF ISSUE              31C: 071115
APPLICABLE RULES           40E: UCP LATEST VERSION
DATE AND PLACE             31D: DATE 080130
  OF EXPIRY                     PALCE IN CHINA
APPLICANT                  50: ABC CORPORATION.
                               18 KING ROAD, DUBAI, UAE
BENEFICIARY                59: SHANDONG JINXIU TEXTILES IMPORT
                               AND EXPORT CO., LTD
                               116 SHANDONG ROAD, QINGDAO, PRC
AMOUNT                     32B: CURRENCY USD AMOUNT 78000.00
PERCENTAGE CREDIT
```

AMOUNT TOLERANCE	39A：05/05
AVAILABLE WITH/BY	41D：ANY BANK IN CHINA, BY NEGOTIATION
DRAFTS AT…	42C：60 DAYS AFTER SIGHT
DRAWEE	42A：HSBC BANK PLC,NEW YORK
PARTIAL SHIPMENTS	43P：PROHIBITED
TRANSSHIPMENT	43T：ALLOWED
PORT OF LOADING/ AIRPORT OF DEPARTURE	44E：CHINESE MAIN PORT
PORT OF DISCHARGE	44F：DUBAI,UAE
LATEST DATE OF SHIPMENT	44C：080114
ESCRIPTION OF GOODS AND/OR SERVICES	45A：5000PCS MEN'S SHIRTS, SHELLS：WOVEN TWILL 100% COTTON, STYLE NO. JX102,ORDER NO.989898,AS PER S/C NO. JXT071006 AT USD 15.6/PC CIFC5% DUBAI,PACKED IN 20 PCS/CTN

DOCUMENTS REQUIRED 46A：

　　+COMMERCIAL INVOICE SIGNED IN INK IN TRIPLICATE. ONE ORIGINAL OF WHICH SHOULD BE CERTIFIED BY CHAMBER OF COMMERCE OF CCPIT AND LEGALIZED BY UAE EMBASSY/CONSULATE IN SELLER'S COUNTRY.

　　+PACKING LIST IN TRIPILICATE.

　　+CERTIFICATE OF CHINESE ORIGIN CERTIFIED BY CHAMBER OF COMMERCE OR CCPIT AND LEGALIZED BY UAE EMBASSY/CONSULATE IN SELLER'S COUNTRY.

　　+INSURANCE POLICY/CERTIFICATE IN DUPLICATE ENDORSED IN BLANK FOR 110% INVOICE VALUE，COVERING ALL RISKS AND WAR RISK OF CIC OF PICC(1/1/1981)INCL. WAREHOUSE TO WAREHOUSE AND I.O.P. AND SHOWING THE CLAIMING CRUUENCY IS THE SAME AS THE CURRENCY OF CREDIT.

　　+FULL SET(3/3) OF CLEAN 'ON BOARD' OCEAN BILLS OF LADING MADE OUT TO ORDER MARKED FREIGHT PREPAID AND NOTIFY APPLICANT.

　　+SHIPPING ADVICE SHOWING THE NAME OF THE CARRING VESSEL, DATE OF SHIPMENT, MARKS, QUANTITY, NET WEIGHT AND GROSS WEIGHT OF THE SHIPMENT TO APPLICANT WITHIN 3 DAYS AFTER THE DATE OF BILL OF LADING.

ADDITIONAL　　47A：CONDITION

　　+DOCUMENTS DATED PRIOR TO THE DATE OF THIS CREDIT ARE NOT ACCTPTALE.

　　+THE NUMBER AND THE DATE OF THIS CREDIT AND THE NAME OF ISSUING BANK MUST BE QUOTED ON ALL DOCUMENTS.

　　+MORE OR LESS 5 PCT OF QUANTITY OF GOODS IS ALLOWED.

　　+TRANSSHIPMENT ALLOWED AT HONGKONG ONLY.

　　+SHORT FORM/CHARTER PARTY/THIRD PARTY BILL

OF LADING ARE NOT ACCEPTABLE.

+SHIPMENT MUST BE EFFECTED BY 1×20′ FULL CONTAINER LOAD. B/L TO SHOW EVIDENCE OF THIS EFFECT IS REQUIRED.

+THE GOODS SHIPPED ARE NEITHER ISRAELI ORIGIN NOR DO THEY CONTAIN IARAELI MATERIALS NOR ARE THEY EXPORTED FROM ISRAEL, BENEFICIARY'S CERTIFICATE TO THIS EFFECT IS REQUIRED.

+ALL PRESENTATIONS CONTAINING DISCREPANCIES WILL ATTRACT A DISCREPANCY FEE OF GBP 40.00 PLUS TELEX COSTS OR OTHER CURRENCY EQUIVALENT. THIS CHARGE WILL BE DEDUCTED FROM THE BILL AMOUNT WHETHER OR NOT WE ELECT TO CONSULT THE APPLICANT FOR A WAIVER.

CHARGES	71B: ALL CHARGES AND COMMISSIONS OUTSIDE UAE ARE FOR ACCOUNT OF BENEFICIARY EXCLUDING REIMBURSING FEE.
PERIOD FOR PRESENTATION	48: WITHIN 15 DAYS AFTER THE DATE OF SHIPMENT, BUT WITHIN THE VALIDITY OF THIS CREDIT.
CONFIRMATION INSTRUCTION	49: WITHOUT
REIMBURSING BANK	53A: HSBC BANK PLC, NEW YORK
INFORMATION TO PRESENTING BANK	78: ALL DOCUMENTS ARE TO BE REMITTED IN ONE LOT BY COURIER TO HSBC BANK PLC, TRADE SERVICES, DUBAI BRANCH, P O BOX 66, HSBC BANK BUILDING 312/45 A1 SQUARE ROAD, DUBAI, UAE.

（二）合同

SALES CONTRACT
销售合同
合同号　　　　　　　　　　　　合同日期
NO.：JXT071006　　　　　　　 DATE：Oct. 6, 2007
卖方：山东锦绣纺织品进出口有限公司(中国·青岛市山东路116号)
THE SELLER：SHANDONG JINXIU TEXTILES IMPORT AND EXPORT CO., LTD
116 SHANDONG ROAD, QINGDAO, P. R. CHINA
买方：ABC 公司(阿联酋·迪拜国王路18号)
THE BUYER：ABC CORPORATION 18 KING ROAD, DUBAI UAE
This Contract is made by and between the Buyer and Seller, whereby the Buyer agrees to buy and the Seller agrees to sell the under-mentioned commodity according to the terms and conditions stipulated below:
本合同由买卖双方订立,根据本合同规定的条款,买方同意购买,卖方同意出售下述商品：

Commodity&Specification 品名及规格	Quantity 数量	Unit Price 单价	Amount 金额
Men's Shirts 男士衬衫 Shell：woven twill 100% cotton 面料：梭织全棉 Style No 规格．JX102	5000pcs	CIFC5% DUBAI USD 15.60/PC	USD 78,000.00
Total	5000pcs		USD 78,000.00
Total Contract Value：SAY U.S. DOLLARS SEVENTY EIGHT THOUSAND ONLY.			

SIZE/COLOR ASSORTMENT 颜色尺码搭配单　　　　UNIT：PIECE

Size \ Color	165	170	175	180	185	Total
White	440	700	700	360	300	2500
Black	440	700	700	360	300	2500
Total	880	1400	1400	720	600	5000

More or less 5% of the quantity and the amount are allowed.
数量和金额允许有5%的机动幅度。
Packing：20 pieces of men's shirts are packed in one export standard carton, solid color and solid size in the same carton.
包装：每20件装一出口标准纸箱，每箱单色单码。
Marks：Shipping marks includes ABC, S/C no., style no., port of destination and carton no. Side mark must show the color, the size of carton and pieces per carton.
唛头：装运唛头包括收货人简称、合同号、规格号、目的港和件号；侧唛需刷每箱的颜色、尺码以及件数。
Time of shipment：Within 60 days upon receipt of the L/C which accord with relevant clauses of this Contract.
装运期：收到符合合同规定的信用证后60日内。
Port of loading and destination：From Qingdao, China to Dubai, UAE.
装运港和目的港：中国青岛到阿联酋迪拜。
Transshipment is allowed and partial shipment is prohibited.
允许转船，禁止分批装运。
Insurance：To be effected by the Seller for 110% of invoice value covering All Risks and War Risks as per CIC of PICC dated 01/01/1981.
保险：由卖方办理。根据中国人民保险条款，按照发票金额110%投保一切险和战争险。
Terms of Payment：By irrevocable letter of credit at 60 days after sight, reaching the Seller not later than Nov. 30, 2007 and remaining valid for negotiation in China for further 15

days after the effected shipment. In case of late arrival of the L/C, the Seller shall not be liable for any delay in shipment and shall have the right to rescind the contract and /or claim for damages.

付款条件：买方必须在 2007 年 11 月 30 日之前开立不可撤销的、见票后 60 天付款的信用证并送达卖方，在装运日之后的 15 天内在中国交单议付有效。如果信用证迟期到达，卖方对迟期装运不负责任，并且有权取消合同，和/或向买方索赔损失。

Documents：需提交如下单据

＋Signed Commercial Invoice in triplicate, one original of which should be certified by Chamber of Commerce or CCPIT and legalized by UAE embassy/consulate in seller's country.

经签署的商业发票一式三份，其中一份正本需经商会或者贸促会认证，还需阿联酋驻中国大使馆/领事馆认证。

Full set (3/3) of clean on board ocean Bill of Lading marked "freight prepaid" made out to order blank endorsed notifying the applicant.

全套清洁、已装船海运提单，注明"运费预付"、空白抬头、空白背书，通知开证申请人。

Insurance Policy in duplicate endorsed in blank

保险单一式两份，空白背书。

Packing list in triplicate

装箱单一式三份。

Certificate of Origin certified by Chamber of Commerce or CCPIT and legalized by UAE embassy / consulate in seller's country.

经商会或者贸促会认证，以及阿联酋驻中国大使馆/领事馆认证的原产地证。

Inspection：商检

The certificate of Quality issued by the China Entry-Exit Inspection and Quarantine Bureau shall be taken as the basis of delivery.

交货时需提交由中国出入境检验检疫局签发的品质检验证书。

Claims：索赔（略）

Late delivery and penalty：迟交货及罚款（略）

Force majeure：不可抗力（略）

Arbitration：仲裁（略）

This contract is made in four original copies and becomes valid after signature, two copies to be held by each party.

本合同共 4 份正本，双方各执 2 份，签字生效。

Signed by：

The Seller 卖方　　　　　　　　　　　The Buyer 买方

QINGDAO JINXIU TEXTILES　　　　　ABC CORPORATION
IMPORT AND EXPORT CO., LTD
王杨　　　　　　　　　　　　　　　　PETER WHITE

二、L/C 实例

TLX TO TOKYOBANKSHANGHAI
FROM FUJI BANK OSAKA (TELEX D54288) SEP. 30. 97
(TESTED US078000 ON SEP. 30. 97)
WE ISSUED IRREVOCABLE CREDIT NO. LC 0440/74288 DATE SEP. 30. 97
APPLICANT
SAKU AND CO. LTD. 8-26
WAKAENISHISHIN-MACI 8-CHOME
HIGASHIOEAKA,57 JAPAN
BENEFICIARY
LIVING I/E CO.. LTD.
-129 ZHONGSHAN ROAD (W) ,SHANGHAI,200051
CHINA
AMOUNT US. DOLLAR 73000. 00
CREDIT AVAILABLE WITH ANY BANK BY NEGOTIATION
DRAFT AT SIGHT FOR 100. 00 PERCENT INVOICE VALUE DRAWN ON THE FUJI BANK, LTD. NEW YORK BRANCH, NEW YORK,N. Y, U. S. A//
EXPIRY DATE NOV,15. 1997 NEGOTIATING BANK, S COUNTER
LATEST SHIPMENT OCT. 31. 1997
PARTIAL SHIPMENT ALLOWED
TRANSSHIPMANT PROHIBITED
SHIPMENT FROM CHINESE FORT TO OSAKA OR KOBE
COVERING
PAINT BRUSHES
CIF OSAKA OR KOBE
REQUIRED DOCUMENTS AS FOLLOWS:
-SIGNED COMMERCIAL INVOICE IN 3 COPIES
-3/3 SET CLEAN ON BOARD MARINE B/L MADE OUT TO ORDER AND ENDORSED IN BLANK MARKED FREIGHT PREPAID NOTIFY APPLICANT
-MARINE INSURANCE POLICY/CERTIFICATE IN DUPLICATE EN-DORSED IN BLANK FOR 110 PERCENT OF THE INVOICE VALUE INCLUDING INSTITUTE CARGO CLAUSES (A) AND INSTITUTE WAR CLAUSES
-PACKING LIST IN 3 COPIES
ALL BANKING CHARGES INCLUDING REIMBURSEMENT COMMISSION OUTSIDE JAPAN ARE FOR ACCOUNT OF BENEFICIARY//
DOCUMENTS TO BE PRESENTED WITHIN 15 DAYS AFTER THE DATE OF SHIPMENT BUT WITHIN THE VALIDITY OF THE CREDIT
SPECIAL INSTRUCTIONS:
T. T. REIMBURSEMENT IS NOT ACCEPTABLE

THIS CREDIT IS TRANSFERABLE WE AUTHORIZE ADVISING BANK AS A TRANSFERRING BANK
1) A DISCREPANCY FEE JPY4000.-OR EQUIVALENT,TO BE ALWAYS PAYABLE BY BENEFICIARY,SHOULD BE DEDUCTED FROM
THE AMOUNT CLAIMED FOR EACH PRESENTATION OF DISCREPANT DOCUMENTS//
2) REIMBURSEMENT SUBJECT TO ICC URR 525
3) INVOICE MUST SHOW DEDUCTION OF 5 PERCENT COMM.
INSTRUCTIONS TO NEGOTIATING BANK：
ALL DOCOMENTS TO BESENT TO US IN ONE LOT BY REGISTERED AIRMAIL ADDRESSING TO THE FUJI BANK LTD. 4-2-1 IMABASHI CHUOKU OSAKA
DRAFTS TO BE AIRMAILED TO DRAWEE BANK IN ONE LOT FOR BEIMBURSEMENT SUBJECT TO UCP 1993 ICC PUBLICATION NO500

三、合同样本

售货确认书
SALES CONFIRMATION NO.

商号　　　　　　　　　　　　　　　　日期
MESSRS　　　　　　　　　　　　　　DATE _____
　　　　　　　　　　　　　　　　　　签约地点
　　　　　　　　　　　　　　　　　　SIGNED AT _____

　　　　　　　　去函　　　　去电
　　　　　　OUR LETTER(S)/CABLE(S)
　　　　　　　　去函　　　　去电
　　　　　　YOUR LETTER(S)/CABLE(S)

兹确认于　　　按下列条件售予你号下述货物：
WE HEREBY CONFIRM HAVING SOLD TO YOU. THE FOLLOWING GOODS ON TERMS AND CONDITIONS AS SET FORTH BELOW.

货名：
COMMODITY：

规格：
SPECIFICATION：

数量：
QUANTITY：

单价：
UNIT PRICE：

总值：
TOTAL VALUE：

装运期：
SHIPMENT：

付款条件：保兑、不可撤销、全部发票金额之即期汇票信用证，在天津议付，有效期须延至装运日期后第十五天在中国到期。该信用证不得迟于　　开抵卖方。

TERMS OF PAYMENT: BY CONFIRMED AND IRREVOCABLE L/C FOR FULL INVOICE VALUE. AVAILABLE BY DRAFT AT SIGHT, NEGOTIABLE INTIENTSIN VALID IN CHINA UNTIL THE 15TH (FIFTEENTH) DAY AFIER DATE OF SHIPMENT; THE L/C TO REACH SELLER NOT LATETR THAN

包装：
PACKING:

唛头：
MARK & NOS.:

保险：
INSURANCE:

备注：
REMARKS:

1. 装运品质及重量，以天津商品检验局出具之检验证书为证明并作为最后依据。

SHIPPING WEIGHT AND QUALITY TO BE CERTIFIED BY AND SUBJECT TO THE INSPECTION CERTIFCATE ISSUED BY TIENISIN COMMODIY INSPECTION BUREAU.

2. 许可较所订数量溢短装5%依成交价格计算。

DELIVERY OF 5% MORE OR LESS THAN THE TOTAL CONTRACT QUANTITY SHALL BE ALLOWED AND SETTLED AT THE CONTRACT PRICE.

3. 全部交易条款以本售货确认书内所规定者为最后依据，信用证内规定之条款及词句必须与此确认书所规定者相符。

ALL THE TERMS CONTAINED IN THIS S/C ARE TO BE DEEMED AS FINAL AND THE TERMS AS WELL AS WORDINGS. TO BE SPECIFIED IN THE L/C SHALL BE STRICTLY IN CONFORMITY WITH THOSE AS DESIGNATED IN THIS SALES CONFIRMATION.

四、海运出口货运代理协议样本

甲方：　　　　　　　　　　乙方：中国上海外轮代理公司
　　　　　　　　　　　　　　　　　货运分公司
地址：　　　　　　　　　　地址：上海南苏州路107号
邮编：　　　　　　　　　　邮编：200002
电话：　　　　　　　　　　电话：63295338
传真：　　　　　　　　　　传真：63295338
银行账号：　　　　　　　　银行账号：

甲、乙双方就甲方在上海口岸海运出口业务委托乙方代理事宜，经友好协商达成协议如下。

一、甲方委托乙方作为其在上海口岸的货运代理，乙方同意接受其委托。

二、双方职责：

1. 乙方每月向甲方提供海运出口船期表。

2. 甲方如需办理海运出口货物,应在乙方接受订舱的截单时间前,填制内容完整的货物出口委托书交乙方,包括运输条款、运费支付方式、货物备妥时间和存放地点等。对超过截单时间甲方要求加载的货物,乙方应积极配合,出运业务有特殊要求的须以书面形式向乙方提出,并征得乙方同意。乙方根据甲方的要求统一配载,甲方应服从乙方配载,如需指装船舶则应在委托书上注明船名、航次。

3. 甲方应委托出口货物备妥在我国海关批准的仓库或送至乙方指定的地点,以便乙方托运。乙方在接受货物之后负责货物的安全并及时装船。

4. 乙方在接受甲方出口委托书后,负责根据甲方提供的有L/C装效期及备货情况统一预配,并在将配舱回单交还甲方的同时以书面形式告诉甲方海运运费基价及人民币费用基价。货物出运后,甲方应根据基价及运货量备妥有关款项支付乙方。如配舱回单上运费通知与正式账单有误,以正式账单为准。

5. 甲方付款后,乙方应及时将提单、核销单、报关单和退税单退还甲方。

6. 乙方不负责货物运输内陆段的保险业务。

7. 甲方如需签发乙方多式联运提单,应在委托书上注明。在签发多式联运提单时,海运提单收货人应为甲方或其指定代理人,海运提单与甲方多式联运提单内容应保持一致并符合银行结汇要求。

三、责任划分:

1. 双方应认真执行规定的各自职责,因自然灾害、经济封锁、战争、罢工、政府禁运和各类军事行动等不可抗力因素除外,各自由于自身的重大疏忽、失职或故意行为造成的本职责范围内的货物残损、灭失负责。

2. 甲方作为多式联运经营人开展业务时,应对全程货物的货损、货差及货物灭失承担法律责任,乙方协助甲方了解有关事宜。

四、费用与结算:

1. 海运运费按船公司基价或协议运价计算,人民币费用按乙方的费率计算,凡甲方与船公司签有协议运价,在订舱时须在出口委托书上注明运费基价及有关船公司书面确认,如不予提供,乙方则按乙方公布的基价计收运费。

2. 对乙方在配舱回单上注明的基价及货物数量计收海洋运费及人民币费用。甲方实际应支付的有关费用应按乙方最终开具的发票为准。

3. 经甲方要求,乙方同意按以下第____种方式结算费用,并签放提单。

A. 只有在甲方付清海运运费和有关人民币费用后,乙方才签放提单。

B. 乙方先签放提单,采取同城托收无承付的办法结算海运运费和有关人民币费用。双方另签订同城托收无承付结算协议。

C. 甲方先汇付乙方账户一定数量的备用金,乙方根据甲方实际出运货物应付海运运费及有关人民币费用进行销账,然后,再签放提单,甲方在备用金不足时应及时汇付乙方账户,双方另签有预付备用金结算协议。

五、甲方如以不正当手段获取提单,乙方保留对该票货物的滞留权,直至扣发其他托运货物的提单,并通知有关单位联合中止接受甲方订舱托运业务。

六、本协议受中国外运上海公司、中国上海外轮代理公司和中远(集团)集装箱运输总部上海分部"关于改革海洋运费管理的规定"制约。

七、本协议自双方签署之日起生效,有效期至____年____月____日,协议签字生效起,原甲、乙双方签署的所有货运代理协议终止执行。

甲方:_____　　　乙方:_____
　　　　　　　　　　　　　　　年　月　日

五、集装箱代运费率协议样本

甲方:　　　　　　　　　　乙方:中国上海外轮代理公司货运分公司
地址:　　　　　　　　　　地址:上海南苏州路107号楼
邮编:　　　　　　　　　　邮编:200002
电话:　　　　　　　　　　电话:63295338
传真:　　　　　　　　　　传真:63295338
银行账号:　　　　　　　　银行账号:

甲、乙双方经友好协商,就有关甲方委托乙方代理出口集装箱,箱量、海运运费、内陆代运费达成如下协议。

一、乙方按协议运价向甲方收取海运费。
(1)协议运价见附页。
(2)船公司运价如有调整,协议运价作相应调整,由乙方通知甲方执行。
(3)甲方应对协议运价予以保密,不得透露给第三方。

二、甲方委托乙方办理下列种类业务,并支付相关费用:
(1)甲方委托乙方订舱、报关、代运,乙方收取海运出口港口包干费 RMB____元/20′, RMB____元/40′。
(2)甲方开展拼箱业务委托乙方订舱、报关,按以下费率结算:
① 三票以下(含三票)自拼1×20′或40′箱,按(1)条款结算。
② 三票以上自拼1×20′或40′自第四票起加收订舱手续费RMB30./票,报关预录手续费RMB40./票。最高加收费用不超过RMB500./20′或40′。
(3)甲方委托乙方安排门/门集装箱运输,乙方按箱公里 RMB____元/20′, RMB____元/40′向甲方收取集卡运输费以及其他由乙方代垫支付的所有费用。
(4)甲方委托乙方指定装箱点装箱,乙方按 RMB____元/20′, RMB____元/40′向甲方收取装箱,港口包干费。
(5)非乙方原因发生的额外费用,甲方按实际费用支付乙方。

三、甲方付款方式按甲、乙双方所签订舱/货运代理协议书执行。

四、本协议自　年　月　日起生效,有效期至　年　月　日止。

甲方:　　　　　　　　　　乙方:中国上海外轮代理公司
　　　　　　　　　　　　　　　　货运分公司
_____　　　　_____
　　　　　　　　　　　　　　　年　月　日

项目四　国际货物运输

内容与重点

◎ 集装箱运输。
◎ 集装箱与国际空运进出口业务流程。
◎ 国际多式联运的业务流程。
◎ 国际货运业务岗位与职责。
◎ 托运单与海运提单的缮制。
◎ 国际多式联运提单。

任务一　国际货物运输基础知识

一、国际货物运输的方式与特点

（一）国际货物运输的方式及其选择

国际货物运输是国际物流系统的核心。根据运输工具进行划分，国际货物运输的主要方式有国际海洋货物运输、国际铁路货物运输、国际航空货物运输、国际公路货物运输、国际集装箱运输和国际多式联运。除此之外，还有大陆桥运输、邮包运输和管道运输等。

国际物流对运输方式的选择主要从以下五个方面进行考虑：(1) 货物品种；(2) 运输期限；(3) 运输成本；(4) 运输距离；(5) 运输批量。

（二）国际货物运输的特点

国际货物运输与国内货物运输相比具有以下五个主要特点。

1. 国际货物运输是一项涉外的活动

国际货物运输是国家与国家、国家与地区之间的运输。在组织货物运输的过程中，我们经常需要同国外发生直接或间接的、广泛的业务联系，这种联系不仅是经济上的，也常常会涉及国际的政治问题。因此，国际货物运输既是一项经济活动，又是一项重要的外事活动，这就要求我们不仅要用经济观点去办理各项业务，而且要有政策观念，按照我国的对外政策的要求从事国际货物运输业务。

2. 国际货物运输是中间环节很多的长途运输

一般来说，国际货物运输的距离都比较长，往往需要使用多种运输工具，通过多次装卸搬运，要经过许多的中间环节（如转船、变换运输方式等），经由不同的地区和国家，要适应各国不同的法律和规定。如果其中任何一个环节发生问题就会影响整个的运输过程,这就要求我们做好组织工作,做到环环紧扣,避免在某个环节上出现脱节现象,给运输带来损失。

3. 国际货物运输涉及面广,情况复杂多变

国际货物运输涉及国内外许多的部门,需要与不同国家和地区的货主、交通运输部门、商检机构、保险公司、银行或其他金融机构、海关、港口以及各种中间代理商等打交道。同时,由于各个国家和地区的法律、政策规定不一,贸易、运输习惯和经营做法不同,金融货币制度的差异,加之政治条件、经济条件和自然条件的变化,这些都会对国际货物运输产生较大的影响。

4. 国际货物运输的时间性强

按时装运进出口货物,及时将货物运至目的地,对履行进出口贸易合同,满足商品竞争的市场需求,提高市场竞争能力,及时结汇,都有着重大意义。特别是一些鲜活商品、季节性商品和敏感性强的商品更要求迅速运输,不失时机地组织供应,这样才有利于提高出口商品的竞争能力,有利于巩固和扩大销售市场。因此,国际货物运输必须加强时间观念,争时间、抢速度,以快取胜。

5. 国际货物运输的风险较大

由于国际货物运输环节多,运输距离长,涉及面广,情况复杂多变,加之时间性又很强,在运输沿途国际形势的变化、社会的动乱、各种自然灾害和意外事故的发生以及战乱、封锁禁运或海盗活动等,都可能直接或间接地影响国际货物运输,以致造成严重后果,因此,国际货物运输的风险较大。为了转嫁运输过程中的风险损失,各种进出口货物和运输工具都需要办理运输保险。

二、国际海洋货物运输

(一) 国际海洋货物运输基本知识

1. 国际海洋货物运输的含义

国际海洋货物运输,是指使用船舶(或其他的水运工具)通过海上航道在不同国家和地区的港口之间运送货物的一种方式。目前,国际贸易总量的70%是通过海洋运输完成的,我国进出口货运总量的90%都是利用海洋运输。海洋运已成为国际贸易中最重要的运输方式。

2. 国际海洋货物运输的特点

国际海洋货物运输的特点包括:(1) 运量大;(2) 通过能力大(不受道路的限制);(3) 投资小、运费低;(4) 对货物的适应性强;(5) 运输速度慢;(6) 风险较大。

3. 海运船舶

国际海洋货物运输的船舶种类繁多,按其用途不同可分为干货船、油槽船和特种船舶。

(1) 干货船。

干货船,是指装干货的船。干货船分为杂货船、散装货船、冷藏船、木材船和集装箱船。

① 杂货船。

杂货船又称普通货船,以箱装、袋装、桶装和捆装杂件货物为主要承运对象。这类船舶都具有装卸货设备,船舶经营有班轮和不定期船两种方式。

② 散装货船。

散装货船是以粮谷、矿砂、煤炭、木材、化肥、砂糖、工业盐和硫黄等无包装的大宗货物为承运对象的船舶。

③ 冷藏船。

冷藏船是专门用于装载冷冻易腐货物的船舶。冷藏船实际上是一个能航行的大冷藏库，船上设有制冷装置，使隔热舱适应不同货种对温度的不同要求。

④ 木材船。

木材船是专门用以装载木材或原木的船舶。这种船舶舱口大，舱内无梁柱及其他妨碍装卸的设备。

⑤ 集装箱船。

集装箱船是以集装箱为承运对象的船舶，具有换装方便、装卸效率高、周转快、运输质量好、相对运输成本低等优点，这类船舶在国际航运市场上具有较强的竞争力。

（2）油槽船。

油槽船是主要用来装运液体货物的船舶。油槽船根据所装货物种类的不同可分为油轮和液化天然气船。

① 油轮。

油轮是以散装原油为主要承运对象的船舶，此外油轮还可以运输鱼油、植物油和其他油类。目前世界上最大的油轮载重吨位已达到60多万吨。习惯上把载重量在20万吨以上30万吨以下的油轮称为巨型油轮，把载重量在30万吨以上的称为超巨型油轮。

② 液化天然气船。

液化天然气船是专门用来装运液化天然气的船舶。

（3）特种船舶。

① 滚装船。

滚装船是把集装箱或货物连同带轮子的底盘或装货的托盘作为一个货物单元，用拖车或叉式装卸车搬运直接进出货舱的船舶。

② 载驳船。

载驳船又称母子船，主要用于装载小型船舶。载驳船上没有巨型门吊或船尾升降平台。

③ 辅助船。

辅助船不直接从事海运，主要有破冰船、挖泥船等。

（二）国际海洋货物运输的经营方式

国际海洋货物运输按照船舶的经营方式不同主要有班轮运输和租船运输两种。

1. 班轮运输

（1）班轮运输的含义。

班轮运输（Liner Shipping）又称定期船运输，是指船舶按照规定的时间，在固定的航线，按照既定的港口经常地从事航线上各港之间的运输。班轮运输有利于一般杂货和小额贸易货物运输，便于买卖双方按费率表事先估算成本，而且手续简便，方便货主。集装箱运输的发展使班轮运输的时间更加准确，能更好地满足市场的需求，成为当今国际海洋货物运输的一种重要方式。班轮运输主要适应于装批量较小、为供应市场而对运输时间要求紧的日用百货（如轻纺、机电、工艺品、食品等）。

(2)班轮运输的特点。

① "五固定",即定期、定船、定港、定航线和定费率。

② "一负责"。班轮须按船期表规定的时间到港和离港,装卸作业均由承运人负责,即货物由班轮公司负责配载和装卸,运费内已包括装卸费用,班轮公司和托运人双方不计滞期费和速遣费。

③ 班轮提单是运输合同的证明。班轮运输的承运人按照国际公约和有关国内法规而拟定的涉及承运人和托运人双方的权利、义务、责任和免责条款的班轮提单是争议处理的依据。货物装船后,提单由承运人(或其代理人)或船长签发给托运人。

(3)班轮运价。

① 班轮运价的计费标准。

a. 按货物的毛重计收运费。在运价表中,以字母"W"(即英文"Weight"的缩写)表示。一般以1公吨为计算单位,吨以下取两位小数,但也有按长吨或短吨计算的。

b. 按货物的体积计收运费。在运价表中,以字母"M"(即英文"Measurement"的缩写)表示。一般以1立方米为计算单位,但也有按40立方英尺为一尺码吨计算的。

c. 按货物的毛重或体积计收运费,计收时取其数量较高者。在运价表中以"W/M"表示。按惯例,凡一重量吨货物的体积超过1立方米或40立方英尺者即按体积收费;一重量吨货物的体积不足1立方米或40立方英尺者,按毛重计收。

d. 按货物的价格计收运费,又称从价运费。在运价表中以"adval"(英文according to value的缩写)表示。一般按商品FOB货价的百分之几计算运费。按从价计算运费的,一般是高值货物。

e. 按货物重量或体积或价值三者中最高的一种计收运费,在运价表中以"W/M or adval"表示。也有按货物重量或体积计收,然后再加收一定百分比的从价运费。

f. 按货物的件数计收运费,如汽车、火车头按辆计费,活牲畜(如牛、羊等)按头计费。

g. 大宗低值货物按议价计收运费,如粮食、豆类、煤炭、矿砂等。上述大宗货物一般在班轮费率表内未被规定具体费率。在订舱时,由托运人和船公司临时洽商议订。议价运费比按等级运价计算运费为低。

h. 起码费率。起码费率,是指按每一提单上所列的重量或体积所计算出的运费,尚未达到运价表中规定的最低运费额时,则按最低运费计收。

应当注意的是,如果不同商品混装在同一包装内,则全部运费按其中较高者计收;同一票商品如果包装不同,其计费标准和等级也不同。托运人应按不同包装分列毛重和体积,这样才能分别计收运费,否则全部货物均按较高者收取运费。同一提单内如有两种或两种以上不同货名,托运人应分别列出不同货名的毛重或体积,否则全部将按较高者收取运费。

② 班轮运价的构成。

班轮运价由基本费用和多种附加费构成。

基本费用是运价的主要部分,是计算运费的基础,是指班轮航线内基本港之间对每种货物规定的必须收取的费用,包括各航线等级费率、从价费率、冷藏费率、活牲畜费率以及议价费率等。基本费率必须加上各种有关的附加费才成为商品的单位运价。

各项附加费是对一些需要特殊处理的货物或由于客观情况的变化等使运输费用大幅度

增加,班轮公司为弥补损失而额外加收的费用。附加费的种类很多,而且随着客观情况的变化而变化。以下为几种常见的附加费:超重附加费;超长附加费;燃油附加费;港口附加费;货币贬值附加费;绕航附加费;转船附加费;直航附加费;选卸港附加费;港口拥挤附加费等。各种附加费的计算方法主要有两种:一种是以百分比表示,即在基本费率的基础上增加一个百分比;另一种是用绝对数表示,即每运费吨增加若干金额,可以与基本费用直接相加计算。

③ 班轮运费的计算公式。

如上所述,班轮运费是由基本费用和多种附加费两部分构成,其计算公式如下。

如果附加费用为绝对数值,则班轮运费的计算公式为:

$$班轮运费=基本费率×运费吨+附加费$$

如果附加费用按百分比计算,则班轮运费的计算公式为:

$$班轮运费=基本费率×运费吨×(1+附加费率)$$

【例 4-1】 上海运往肯尼亚蒙巴萨港口"门锁"一批计 100 箱。每箱货毛重为 25 公斤。当时燃油附加费率为 30%,蒙巴萨港口拥挤附加费率为 10%。门锁属于小五金类,计收标准是 W/M,等级为 10 级,基本运费为海运费吨 443.00 港元,试计算应付运费多少?

解:先分清该批货物是按重量(W)收费还是按体积(M)收费,本题应按重量(W)收费。

本题适用公式:班轮运费=基本费率×运费吨×(1+附加费率)。

算出该批商品的总重量=25 公斤×100=2 500(公斤)

应付运费=443×2.5 ×(1+30%+10%) =1 550.50(港元)

答:应付运费 1 550.50 港元。

2. 租船运输

(1) 租船运输的含义与特点。

租船运输(Charter Transport)又称不定期船运输,是根据双方协商的条件,船舶所有人(船东)将船舶的全部或一部分出租给租船人使用,以完成特定的货物运输任务,租船人按约定的运价或租金支付运费的运输。

租船运输具有以下特点。

① 以运输价值较低的大宗货物为主,如粮食、煤炭、矿砂、化肥、石油、木材和水泥等。据统计,在国际海洋货物运输中,租船运输量约占 80%。因此,租船运输在国际海洋货物运输中发挥着重要的作用。

② 租船运输无固定航线、无固定装卸港和无固定航期,而是根据货主的货运需要和船方供船的可能,由双方洽商租船运输条件,并以租船合同形式加以肯定,以此作为双方权利、义务的依据。

③ 租船运价受租船市场供求关系的影响,船多货少时运价就低,反之则高,它与商品的市场价格一样经常发生变动。因此,租船人在租船时必须进行租船市场行情调查和研究。

(2) 租船方式。

在国际海洋货物运输中,租船方式主要有定程租船和定期租船两种。

① 定程租船。

定程租船又称航次租船,简称程租,是指以航次为基础的租船方式。在这种租船方式下,船方必须按时把船舶驶到装货港港口装货,再驶到卸货港港口卸货,完成合同规定的运输任务并负责船舶的经营管理以及航行中的一切开支费用,租船人则按约定支付运费。对租船人来说,这种租船方式简单易行,不必操心船舶的调度和管理,也容易根据运费估算每吨货物的运输费用。

根据运输形式的不同,定程租船可分为单航次租船、来回程租船、连续单航次租船、包运合同租船和期租航次租船。

单航次租船,是指租赁一艘船舶只装运一个航次,船方负责提供船舶,将指定的货物由一个港口运往另一个港口,货物运到目的港卸货完毕后,租船合同即告终止。

来回程租船,是指租船合同规定在完成一个航次任务后,接着再装运一个回程货载,租船合同才告结束。

连续单航次租船,是指在同一方向的航线上连续装运几个航次或者来回连续装运几个航次。

包运合同租船,是指根据租船合同的规定将一大批货物,在约定的期限内,由甲地包运到乙地,至于航次数不作具体规定。采用这种方式对租船人来说可以减轻租船的压力,对船舶所有人来说在营运上比较灵活。

期租航次租船,是指船舶的租赁以航次为基础,但租金按航次所需时间为计算标准。

② 定期租船。

定期租船(Time Charter)又称期租船,简称期租,即租船人在规定的期限内取得船舶的使用权,并负责安排调度和经营管理,船方负责船员的工资、给养和船舶航行与维修。此外,还有一种称为光船租船的定期租船方式。它与一般的定期租船不同的是,船舶出租人向租船人提供不配备船员的船舶,租船人接船后尚需自行配备船员来负责船舶的经营管理和航行的各项事宜。

(3) 程租与期租的主要区别。

① 期租的租船人有船舶调度权并负责船舶的营运,支付船用燃料、各项港口费用、捐税、货物装卸等费用;而在程租下船舶的调度、营运权归船方,租船人只需支付运费及其他的少数费用,其余的费用都由船方负责。

② 期租是以一定时间为租船条件,租赁期间的船期损失,除特殊原因外,均归租船人负担,故不规定滞期速遣条款;而程租是以航程为条件,均规定货物装卸率和装卸期限,因而规定有滞期速遣条款。

③ 期租租金是按每载重吨每月(或每日)计算,不能直接表现为货物的运输成本,必须通过对各种费用、开支的计算才能得到,租金一般是预付;而程租运费一般规定按装货实际吨数计算,它直接表现为货物的运输成本,可以是预付,也可以是到付,还有部分预付、部分到付的。

④ 期租是租用整船,而程租可租用整船,也可租用船舶部分舱位。

⑤ 期租不规定船舶航线和装卸港口,只规定航行区域范围,因此租船人可以根据货运需要选择航线,挂靠港口,便于船舶的使用和营运,而程租均规定航线和装卸港口。

(4) 租船合同。

租船合同是船舶所有人与租船人按照契约自由的原则达成的协议。一般而言,依据船舶出租的方式,租船合同可分为航次租船合同、定期租船合同和光船租船合同三种基本类型。

① 航次租船合同。

航次租船合同又称程租合同,属于海上货物运输合同的一种,一般用于大宗货物的国际海上运输。《海商法》在第四章"海上货物运输合同"中规定:"航次租船合同,是指船舶出租人向承租人提供船舶或者船舶的部分舱位,装运约定的货物,从一港运至另一港,由承租人支付约定运费的合同。"从这个定义可以看出,航次租船合同的承租人并不占有和控制船舶,而只是在装运港交付货物,由船舶出租人负责运往目的港。

② 定期租船合同。

定期租船合同又称期租合同,我国《海商法》将其定义为"船舶出租人向承租人提供约定的由出租人配备船员的船舶,由承租人在约定的期间内按照约定的用途使用,并支付租金的合同"。关于定期租船合同的性质是属于运输合同还是属于财产租赁合同,目前还有争论。有人认为其属于运输合同,有人认为其属于财产租赁合同,也有人认为其兼有运输合同与财产租赁合同的双重性质。依据我国的民法理论,合同标的物的占有权和使用权的转移是财产租赁合同的重要法律特征。在定期租船合同的情况下,在船舶的租期内,船舶的使用权由船舶所有人转向承租方,但船舶所有人通过其启用的船长、船员行使对船舶的占有权。因此,本书认为定期租船合同不是财产租赁合同。

③ 光船租船合同。

我国《海商法》对"光船租船合同"的定义为"光船租船合同,是指船舶出租人向承租人提供不配备船员的船舶,在约定的期间内由承租人占有、使用和营运,并向出租人支付租金的合同"。光船租船合同类似于融资租赁合同。

三、国际铁路货物运输

(一) 国际铁路货物运输或联运的特点与分类

1. 国际铁路货物运输的特点

国际铁路货物运输,是指在两个或两个以上的国家之间进行铁路货物运输时只使用一份统一的国际联运票据,由一国铁路向另一国铁路移交货物时,无须发货人、收货人参加,铁路当局对全程国际铁路货物运输负连带责任。

国际铁路货物运输的特点有:(1)铁路运输的准确性和连续性强;(2)铁路运输的速度比较快;(3)铁路运输的运输量比较大;(4)铁路运输的成本较低;(5)铁路运输安全可靠;(6)初期投资大,机动性差。

2. 国际铁路货物运输的分类

按照运输工具分类,国际铁路货物运输可分为冷冻货物的运输、液体或气体的运输、集装箱货物运输、邮包运输以及其他货物运输。

按照办理的业务种类分类,国际铁路货物联运可分为整车(Full Container Load,FCL)货物、零担(Less Container Load,LCL)货物、大吨位集装箱和超限货物。

(二) 国际铁路货物运输单证

1. 国际铁路货物联运运单

国际铁路货物联运运单是参加国际铁路货物联运的铁路与发货人、收货人之间缔结的运输合同。它体现了参加联运的各国铁路和发货人、收货人之间在货物运送上的权利、义务、责任和豁免,对铁路和发货人、收货人都具有法律效力。

发货人(出口单位)或国际货运代理向铁路车站填报的铁路运单一式五联。第一联为"运单正本",它随货走,到达终点站时连同第五联和货物一并交收货人。第二联为"运行报单",亦随货走,是铁路办理货物交接、清算运送费用、统计运量和收入的原始凭证,由铁路留存。第三联为"运单副本",由始发站盖章后交发货人凭以办理贷款结算和索赔用。第四联为"货物交付单",随货走,由终点站铁路留存。第五联为"到达通知单",由终点站随货物交收货人。

2. 随附单证

国际铁路货物联运进出口货物经由国境站,需要履行海关查验、商品检验、卫生检疫等特定手续,发货人必须将为履行上述手续所需的随附单证附加在运单上。运单的随附单证主要包括出口货物报关单、品质证明书、商品检验证书、动植物检疫证书、兽医证明书等。其他有关该批货物的数量、质量、规格等的单证则视合同的规定和货物的不同要求而定,一般包括磅码单、装箱单、发运清单、零件清单、化验单、清洁容器证明书等。

四、国际航空货物运输

(一) 国际航空货物运输的方式

随着人们对时间和效率的日益重视,国际航空货物运输在国际物流中的地位与作用也越来越重要。

国际航空货物运输的特点包括:运送速度快,适于高价货物和时间性很强的鲜货运输要求;安全、准确,货物灭失与破损率低;适于陆域和水域不方便运输的内陆和其他地区的货物输运;运费高;可缩短供货周期,加速资金周转,为供应链管理创造了条件。

国际航空货物运输按运营及产品分类,可分为班机运输、包机运输、集中托运方式和航空快递业务。

1. 班机运输

班机运输,是指定期开航的、定航线、定始发站、定目的港、定途经站的飞机运输。它有固定的始发站、途经站和目的站。一般航空公司都使用客货混合型飞机,一方面搭载旅客,另一方面又运送少量的货物。但一些较大的航空公司在一些航线上开辟定期的货运航班,使用全货机运输。

2. 包机运输

包机,是指包租整架飞机或由几个发货人(或航空公司)联合包租一架飞机来运送货物,因此又分为整包机和部分包机。

(1) 整包机。

整包机,是指航空公司或包机代理公司,按照与租机人双方事先约定的条件和运价,将整架飞机租给租机人,从一个或几个航空站装运货物至指定目的地的运输方式。整包机适合运送大批量的货物。租机人一般要在货物装运前一个月与航空公司联系,以便航空公司安排运载和向起降机场及有关政府部门申请、办理过境或入境的有关手续。一般来说,大批量货物使用包机时,均要争取来回程都有货载,这样费用比较低;只使用单程,运费比较高。

(2) 部分包机。

部分包机,是指航空公司或发货人联合包租一架飞机或者由航空公司把一架飞机的舱位分别卖给几家航空公司装载货物。部分包机适用于多个发货人但货物到达站又是同一地点的货物运输。

3. 集中托运方式

集中托运,是指由空运货代公司将若干个发货人的货物集中起来组成一整批货,由其向航空公司托运到同一到站,货到国外后由到站地的空运代理办理收货、报关并分拨给各个实际收货人。

4. 航空快递业务

航空快递业务是由快递公司与航空公司合作向货主提供的快递服务,即由快递公司派专人从发货人处提取货物后以最快的航班将货物运出,飞抵目的地后,由专人接机提货,办妥进关手续后直接送达收货人,因此也被称为桌到桌运输。这是一种最为快捷的运输方式,特别适合于各种急需物品和文件资料。

外贸企业办理航空运输,需要委托航空公司作为代理人,负责办理出口货物的提货、制单、报关和托运工作。委托人应填妥国际货物托运单,并将相关的报关文件交付航空货运代理公司,航空货运代理公司向航空公司办理托运后,取得航空公司签发的航空运单,即为承运开始。航空公司需对货物在运输途中的完好负责。货物到目的地后,收货人凭航空公司发出的到货通知书提货。

(二)国际航空货物运输运费

1. 计费标准

(1)计费重量。

在实际计算一笔航空货物的运输费用时,要考虑货物的计费重量、有关的运价和费用以及货物声明价值。其中,计费重量是按实际重量和体积重量二者之中较高的一个计算。也就是在货物体积小、重量大的情况下,我们称之为重货,以实际重量作为计费重量;在货物体积大、重量小的情况下,我们称之为轻泡货物,以货物的体积重量作为计费重量。

(2)计算方法。

实际重量,是指一批货物包括包装在内的实际总重量。

在具体计算时,实际重量不足半公斤的按半公斤计;半公斤以上不足1公斤的按1公斤计;不足1磅的按1磅计。

计费体积重量要分别量出货物的最长、最宽和最高的部分,三者相乘算出体积,尾数四舍五入,将体积折算成公斤(或磅)。国际航空运输协会规定在计算体积重量时,以7立方厘米折合为1公斤。

2. 航空货物运价与运费计收

(1)普通货物运价。

普通货物运价又称一般货物运价,是为一般货物制定的,仅适用于计收一般普通货物的运价。一般货物运价,以45公斤作为重量划分点,分为45公斤(或100磅)以下的普通货物运价和45公斤(或100磅)以上的普通货物运价,45公斤(或100磅)以上的普通货物运价略低于45公斤(或100磅)以下的普通货物运价。

(2)等级货物运价。

等级货物运价,是指适用于规定地区或地区间指定等级的货物所适用的运价。等级货物运价是在普通货物运价的基础上增加或减少一定百分比而构成的。

等级运价加价,用"S"表示,适用商品包括活动物、贵重物品、尸体。这些物品的运价是按 45 公斤以下的普通货物运价的 200% 计收。

等级运价减价,用"R"表示,适用商品包括报纸、杂志、书籍以及出版物、作为货物托运的行李。这些物品的运价是按 45 公斤以下的普通货物运价的 50% 计收。

(3) 特种货物运价。

特种货物运价又称指定商品运价,是指由指定的始发地至指定的目的地而公布的适用于特定商品、特定品名的低于普通货物运价的某些指定商品的运价。特种货物运价是由参加国际航空运输协会的航空公司根据在一定航线上有经常性特种商品运输的发货人的要求或者为促进某地区的某种货物的运输,向国际航空运输协会提出申请,经同意后制定的。

五、国际公路货物运输

(一) 国际公路货物运输的经营方式

国际公路货物运输,是指国际货物借助一定的运载工具,沿着公路做跨及两个或两个以上国家或地区的移动过程。它既是一个独立的运输体系,也是车站、港口和机场集散物资的重要手段。国际公路货物运输具有机动灵活、可为货主实现一站式"门到门"服务的优点,但也存在运量小、条件受限、风险大等特点。

国际公路运输常见的经营方式有以下四种。

1. 公共运输业

公共运输业,是指以整个社会为服务对象,由专业经营汽车货物运输的企业提供国际公路货物运输服务,其经营方式有以下三种。

(1) 定期定线:不论货载多少,在固定路线上按时间表行驶。

(2) 定线不定期:在固定路线上视货载情况,派车行驶。

(3) 定区不定期:在固定的区域内根据需要,派车行驶。

2. 契约运输业

契约运输是按照承托双方签订的运输契约来运送货物。与其签订契约的一般都是一些大的工矿企业,常年运量较大而又较稳定。契约期限一般都较长,短的有半年、一年,长的可达数年。按照契约的规定,托运人保证提供一定的货运量,承运人保证提供所需的运力。

3. 自用运输业

自用运输是由工厂、企业、机关自置汽车,专为运送自己的物资和产品外营业务。

4. 汽车货运代理

在汽车货运代理中,汽车货运代理一面以代理人的身份向货主揽货,一面向运输公司托运,借此收取手续费和佣金。有的汽车货运代理专门从事向货主揽取零星货载,加以归纳集中成为整车货物,然后自己以托运人的名义向运输公司托运,赚取零担和整车货物运输之间的差额。

(二) 公路运费的计收

公路运费均以"吨・里"为计算单位,一般有两种计算标准:一是按货物等级规定基本运费费率;一是以路面等级规定基本运价。凡是一条运输路线包含两种或两种以上的等级公路时,则以实际行驶里程分别计算运价。特殊道路,如山岭、河床、原野地段,则由承托双方另议商定。

公路运费费率分为整车和零担两种,后者一般比前者高 30%～50%。按照我国公路运输部门的规定,一次托运货物在 2.5 吨以上的为整车运输,适用整车费率;不满 2.5 吨的为零担运输,适用零担费率。凡1公斤重的货物,体积超过4立方分米的为轻泡货物,或称尺码货物。整车轻泡货物的运费按装载车辆核定吨位计算;零担轻泡货物,按其长、宽、高计算体积,每4立方分米折合1公斤,以公斤为计费单位。

任务二 集装箱与国际多式联运

一、集装箱运输基本知识

(一)集装箱运输

集装箱(Container)又称货柜、货箱,原意是一种容器,指具有一定的强度和刚度,专供周转使用并便于机械操作和运输的大型货物容器。因其外形像一个箱子,可以集装成组货物,故称集装箱。集装箱运输就是以集装箱作为运输单位进行货物运输的一种先进的现代化运输方式。20世纪70年代以来,世界上大多数国家在航运中都日益广泛地开展集装箱运输,并已初步形成一个世界性的集装箱运输体系。

(二)集装箱的分类

为了适应装载不同种类货物的需要,出现了不同类型的集装箱。集装箱的类型除了有不同的尺寸外,还因其用途不同、制造材料不同等而有不同的种类。

1. 按规格尺寸分

国际标准化组织共规定了5个系列、13种规格的集装箱。目前,海运和陆运常用的是20英尺(20ft)和40英尺(40ft)的干货箱,是第一系列中的IC型和IA型。关于集装箱船舶的集装箱装载能力,通常是能装多少个TEU。

2. 按集装箱的用途分

(1)杂货集装箱。

杂货集装箱又称通用集装箱,适于装载各种干杂货,包括日用百货、食品、机械、仪器、医药以及各种贵重物品等,为最常用的标准集装箱。

(2)冷藏集装箱。

冷藏集装箱附有冷冻机,用以装载冷冻货物或冷藏货物。

(3)散货集装箱。

散货集装箱是用以装载大豆、大米、麦芽、面粉、饲料以及水泥、化学制品等各种散装的粉粒状货物的集装箱。

(4)开顶集装箱。

开顶集装箱适于装载玻璃板、钢制品、机械等重货,可以使用起重机从顶部装卸。

(5)框架集装箱。

框架集装箱是用以装载不适于装在干货集装箱或开顶集装箱里的长大件、重件、轻泡货、重型机械、钢管、裸装机床和设备的集装箱。

(6)罐装集装箱。

罐装集装箱是适用于酒、油类、化学等液体货物,并为装载这类货物而具有特殊结构和设备的集装箱。该集装箱的内部是密封罐型,上下有进出口管。

除了上述各种集装箱外,还有一些物种专用集装箱,如专供运输汽车,并可分为多层装货的汽车集装箱。

3. 按集装箱的制造材料分

(1) 钢制集装箱。

钢制集装箱用钢材造成,优点是强度大,结构牢,焊接性高,水密性好,价格低廉;缺点是重量大、防腐性差。

(2) 铝合金集装箱。

铝合金集装箱用铝合金材料造成,优点是重量轻,外表美观,防腐蚀,弹性好,加工方便以及加工费、修理费低,使用年限长;缺点是造价高,焊接性能差。

(3) 玻璃钢制集装箱。

玻璃钢制集装箱用玻璃钢材料造成,优点是强度大,刚性好,内容积大,隔热、防腐、耐化学性好,易清扫,修理简便;缺点是重量大,易老化,拧螺栓处强度降低。

(三) 集装箱运输的关系人

在集装箱运输体系中,主要包括以下工作机构(统称为关系人)。

1. 经营集装箱货物运输的实际承运人

经营集装箱货物运输的实际承运人包括经营集装箱运输的船公司、联营公司、公路集装箱运输公司、航空集装箱运输公司等。无船承运人即经营集装箱货物运输的揽货、装箱、拆箱、内陆运输以及经营中转站或内陆站业务,但不掌握运载工具的专业机构,它在承运人与托运人之间起着中间桥梁的作用。

2. 集装箱租赁公司

集装箱租赁公司专门经营集装箱的出租业务。

3. 联运保赔协会

联运保赔协会是一种由船公司互保的保险组织,对集装箱运输中可能遭受的一切损害进行全面统一的保险,是集装箱运输发展后所产生的新型保险组织。

4. 集装箱码头(堆场)经营人

集装箱码头(堆场)(Container Yard, CY)经营人是具体办理集装箱在码头的装卸、交接、保管的部门,它受托运人或其代理人以及承运人或其代理人的委托提供各种集装箱运输服务。

5. 集装箱货运站

集装箱货运站(Container Freight Station, CFS)即在内陆交通比较便利的大中城市设立的提供集装箱交接、中转或其他运输服务的专门场所。

(四) 集装箱交接方式

根据集装箱货物装箱的数量和方式,集装箱交接可分为整箱和拼箱两种。

整箱,是指货主自行将货物装满整箱以后,以箱为单位托运的集装箱。空箱运到工厂或仓库后,在海关人员的监管下,货主把货装入箱内、加锁、铅封后交承运人并取得场站收据,最后凭收据换取提单或运单。

拼箱,是指承运人(或代理人)接受货主托运的数量不足整箱的小票货运后,根据货类性质和目的地进行分类整理,把去同一目的地的货集中到一定数量拼装入箱。这种情况在货主托运数量不足装满整箱时可采用。

集装箱交接方式具体来讲有以下四种。

(1) 整箱交,整箱接(FCL/FCL)。

即货主在工厂或仓库把装满货后的整箱交给承运人,收货人在目的地同样以整箱接货,换言之,承运人以整箱为单位负责交接。货物的装箱和拆箱均由货主负责。

(2) 拼箱交,拼箱接(LCL/LCL)。

即货主将不足整箱的小票托运货物在集装箱货运站或内陆转运站交给承运人,由承运人负责拼载和装箱运到目的地货站或内陆转运站,由承运人负责拆箱。拆箱后,收货人凭单接货。货物的装箱和拆箱均由承运人负责。

(3) 整箱交,拼箱接(FCL/LCL)。

即货主在工厂或仓库把装满货的整箱交给承运人,在目的地的集装箱货运站或内陆转运站由承运人负责拆箱,各收货人凭单接货。

(4) 拼箱交,整箱接(LCL/FCL)。

即货主将不足整箱的小票托运货物在集装箱货运站或内陆转运站交给承运人,由承运人分类调整,把同一收货人的货集中拼装成整箱,运到目的地后,承运人以整箱交,收货人以整箱接。

(五) 运输包装标志

运输包装标志是在运输包装外部用文字、图形、数字制作的特定记号和说明事项,其主要作用是便于识别货物,以利运输、仓储、商检和海关查验,便于核对单证、货物,使单货相符,避免发生错运,便于收货人收货。运输包装标志按其用途可分为运输标志、指示性标志和警告性标志等。

1. 运输标志

运输标志(Shipping Marks)又称唛头,通常由一个简单的几何图形和一些字母、数字以及简单的文字组成。目前在国际上推广使用的标准运输标志包括:

(1) 收货人或卖方名称的英文缩写字母或简称;

(2) 参考号,如运单号、订单号或发票号等;

(3) 目的地;

(4) 件数号码。

运输标志的具体样式如下:

     ABC……………收货人代号
     1234……………参考号
     NEW YORK…………目的地
     1/25……………件数代号

2. 指示性标志

指示性标志(Indicative Mark)是针对一些易碎、易损、易变质商品的性质,用醒目的图形和简单的文字提醒有关人员在装卸、搬运和储存时应注意的事项,如"易碎""防潮""防热""防冻""由此吊起""重心"等。

3. 警告性标志

警告性标志(Warning Mark)又称危险性标志,是指对一些易燃品、易爆品、有毒品、腐蚀性物质、放射性物品等危险品在其运输包装上清楚而明确地刷制的标志，以示警告。

二、集装箱运输的费用和单证

（一）集装箱运输的费用

1. 内陆运输费

（1）公路拖车费。

公路拖车费一般分别按重箱、空箱以元/箱·公里或元/吨位·小时计收。

（2）铁路运费。

铁路运费按20′箱或40′箱运行公里数计费，或者按50吨或60吨车皮装运2个20′箱或1个40′箱按40吨计收运费。

（3）内河运费。

内河运费按20′箱或40′箱运行公里数计费。

2. 拼箱服务费

拼箱服务费包括集装箱货运站到集装箱码头（堆场）之间的空箱、重箱运输和理货等费用，集装箱货运站内搬运、分票、堆存、装拆箱以及缮制和签发场站收据、集装箱装箱单等各项服务费。

3. 堆场服务费

堆场服务费也称码头管理费，包括在装运港集装箱码头（堆场）接受来自货主或集装箱货运站的整箱货以及堆存和搬运至船边的费用。同样，在卸货港包括从船边将箱子搬运到堆场和在堆场的堆存费用以及包括装卸港的有关单证费用，一般按装卸包干费率计收。

4. 其他费用

其他费用主要是集装箱及其设备使用费。

（二）集装箱货运单证

1. 托运单

集装箱货物托运单（Container Booking Note），是指由托运人根据买卖合同和信用证的有关条款规定，向承运人或其代理人办理货物运输的书面凭证。

2. 订舱单

订舱单（Booking Form）有时称托运申请书，是航运公司用于接受、安排集装箱运输而制定的单证。订舱单一经承运部门确认即作为承托双方的订舱有效凭证。

3. 装货清单、装货单和装箱单

装货清单是由承运人或其代理人，根据本航次所托运的货物，按到港先后顺序把性质接近的货物加以归类后制成的一张装货单的汇总清单。

装货单由承运人或其代理人签章后，既是货物办理托运的凭证，又是通知船上接收承运货物装船的凭证。装货单通常一式三联：第一联留底，作为编制装货清单用；第二联是装货单本身，货主凭以向海关办理货物出口申报手续，又称关单；第三联是收货单，又称大副收据，是承运人收到货物的凭证，也是发货人换取提单的依据。

装箱单（Packing List）是详细记载每一个集装箱内所装货物的名称、数量以及箱内货物积载顺序的单证。一个集装箱验收完毕时才由港站管理员在站收据上签收。站场在收到整箱货，如果所装的箱外表或拼箱货包装外表有异时应加批注。站场收据的作用相当于传统运输中的大副收据,它是发货人向船公司换取提单的凭证。

4. 集装箱发放通知单

集装箱发放通知单(Container Release Order)又称空箱提交单,是指船公司集装箱堆场将空集装箱及其他设备提交给予本单持有人的书面凭证。

5. 设备交接单

设备交接单(Equipment Interchange Receipt),是指集装箱的所有人或租用人委托集装箱装卸区、中转站或内陆站与贷方(即用箱人或其代理人)之间交接集装箱及承运设备的凭证,分出口和进口两种。设备交接单由承运人或其代理人签发给货方,据以向港区、场站领取或送还重箱或轻箱。设备交接单第一张的背面印有交接使用条款,主要内容是集装箱及设备在货方作业期间产生的费用,所有设备及所装货物发生损坏、灭失的责任划分以及对第三者发生损害赔偿的承担。设备交接一般在港区、场站大门口办理。设备包括集装箱、底盘车、台车和电动机等。

6. 提单

提单(Bill of Lading)是由集装箱运输经营人或其代理人在收到或接管货物后签发给发货人或托运人的一种凭证。提单是证明运输物品已被接收或装船,并待进行海上运输后,在指定港口把货物交给正当的提单持有人的一种有价证券;也是表示运输公司和货主间有关运输条款的运输合同。它体现了所记载的货物方面的权利,通常通过背书的方式进行流通,是押汇票据的主要的附属单据。提单分为装货提单和收货提单。

7. 集装箱载货清单

集装箱载货清单(Cargo Manifest)又称集装箱舱单,是一份按卸港顺序逐票列明全船实际载运集装箱及其货物的汇总清单。它是在集装箱及其货物装船完毕后,由船公司或其代理公司根据场站收据,核对理货报告单编制而成的,编妥后还需送交船长签字认可。

8. 提货通知书和到货通知书

提货通知书(Delivery Notice)是船公司的卸货港的船公司的代理人向收货人或通知人发出的船舶预计到港时间的通知。其目的是要求收货人事先做好提货准备,加快货物离港的时间。

到货通知书(Arrival Notice)是卸货港的船公司的代理人在集装箱卸入集装箱堆场或移至集装箱货运站并办理好交接准备后,以书面形式向收货人发出的要求收货人及时提取货物的通知。

9. 提货单

提货单(Delivery Order)是收货人凭正本提单向承运人或其代理人换取的可向港区、场站提取集装箱或货物的凭证,也是承运人或其代理人对港区、场站放箱交货的通知。

10. 交货记录

交货记录(Delivery Record)是集装箱堆场和集装箱货运站向收货人或其代理人交货的凭证,是证明船公司责任终止的重要单证。交货记录通常在签发提货单的同时交给收货人或其代理人,而后通过提货、交货,由收货人和承运人所委托的集装箱堆场或集装箱货运站的经营人共同签署。

三、国际多式联运

（一）国际多式联运的概念

国际多式联运是在集装箱运输的基础上产生并发展起来的，一般以集装箱为媒介，把海上运输、铁路运输、公路运输、航空运输和内河运输等传统的单一运输方式有机地结合起来，构成一种连贯的过程，以此来完成国际货物运输。

《联合国国际货物多式联运公约》给"国际多式联运"下的定义是："按照多式联运合同以至少两种不同的运输方式，由多式联运经营人将货物从一国境内接管货物的地点运至另一国境内指定交付货物的地点。为履行单一方式运输合同而进行的该合同所规定的货物接送业务不应视为国际多式联运。"

按照以上这个定义，进行国际多式联运应具备以下六个条件。

（1）多式联运经营人与托运人之间必须签订多式联运合同，以明确承、托双方的权利、义务和豁免关系。多式联运合同是确定多式联运性质的根本依据，也是区别多式联运与一般联运的主要依据。

（2）国际多式联运必须使用全程多式联运单据。

（3）国际多式联运必须是全程单一运价。这个运价一次收取，包括运输成本（各段运杂费的总和）、经营管理费和合理利润。

（4）国际多式联运必须由一个多式联运经营人对全程运输负总责。多式联运经营人是与托运人签订多式联运合同的当事人，也是签发多式联运单据或多式联运提单者，他承担自接收货物起至交付货物止的全程运输责任。国际上承办多式联运业务的一般都是规模较大的货运公司或货运代理。

（5）国际多式联运必须是两种或两种以上不同运输方式的连贯运输，如为海/海、铁/铁、空/空联运，虽为两程运输，但仍不属于多式联运，这是一般联运与多式联运的一个重要区别。同时，在单一运输方式下的短途汽车接送也不属于多式联运。

（6）国际多式联运必须是跨越国境的国际间的货物运输，这是区别国内运输和国际运输的限制条件。

（二）国际多式联运的优点

1. 责任统一

在国际多式联运中，发货人只办理一次托运，签订一个运输合同，付一次运费，即可取得多式联运提单。出了运输责任上的问题，发货人只找一个承运人解决。

2. 手续简便

在国际多式联运中，多式联运的托运手续、进出口操作程序以及集装箱的交接方式均与集装箱运输相同。

3. 运输时间缩短，货运质量提高

由于国际多式联运是集装箱运拖，中途无须拆箱倒载，从而使货物更加安全，货运速度加快。

4. 节省运杂费，减少利息支出

由于国际多式联运大都为"门到门"运输，从而可以减少中间环节，节省运杂费。特别是对于内地发货，装上火车就可以凭多式联运经营人签发的多式联运提单向银行议付结汇，从而减少利息的开支。

5. 降低运输成本,加速货运周转

国际多式联运使各种单一的运输方式有机地结合起来,不仅可以缩短运输时间、降低运输成本,还可以加速货运周转速度。

(三)多式联运经营人

1980年《联合国国际货物多式联运公约》和1992年生效的贸发会议和国际商会规则采用"Multi-modal Transport Operator"(MTO)作为多式联运经营人的名称。

1. 多式联运经营人的类别

多式联运经营人可以分成以船舶运输为主的国际多式联运经营人和无船国际多式联运经营人两大类。

(1) 以船舶运输为主的国际多式联运经营人。

这类国际多式联运经营人在利用自己拥有的船舶提供港至港服务的同时将自己的服务扩展到陆上运输甚至包括空运在内的服务。

(2) 无船国际多式联运经营人。

无船国际多式联运经营人可分成承运人型、场站经营型和代理人型三种。

① 承运人型国际多式联运经营人。

承运人型国际多式联运经营人不拥有运输船舶,但却拥有汽车、火车或飞机等运输工具。与以船舶运输为主的国际多式联运经营人一样,这类国际多式联运经营人既是契约承运人,又是某个或某几个区段的实际承运人。

② 场站经营型国际多式联运经营人。

场站经营型国际多式联运经营人拥有货运站、堆场和仓库等场站设施。他们与货主订立多式联运合同后,除了利用自己拥有的场站设施完成装卸、仓储服务外,还需要与相关的各种运输方式的承运人订立分合同,由这些承运人来完成货物运输。

③ 代理人型国际多式联运经营人。

代理人型国际多式联运经营人不拥有任何的运输工具和场站设施,需要通过与相关的承运人、场站经营人订立分合同来履行他们与货主订立的多式联运合同。

2. 多式联运经营人的责任与风险

承运人作为经营者来讲,其具有独特的责任、权利与义务,业务不同,其承担的责任、风险以及适应的法律亦不同。因为多式联运经营人的业务复杂,在实际运作中涉及的关系人众多,故其责任的界定也复杂多样。

多式联运经营人的责任,是指从多式联运经营人接受货物之时起到交付货物之时止,在此期间对货主的货物全程负责,即按照法律规定或合同约定对货物的灭失、损害或延迟交付所造成的损失承担违约责任。实际中问题的解决处理需要研究明确一系列问题,涉及多式联运经营人的责任有责任形式、责任基础、责任期间、责任限额、免责等部分。《联合国国际货物多式联运公约》对此有详细的设计与规定。

根据国际多式联运的实际,多式联运经营人要对货主全程负责,其所承担的责任风险产生于以下三个方面。

(1) 因多式联运经营人本身的过失行为、不当行为、故意行为所造成的。

对因以上原因所造成的损失,多式联运经营人无权向任何人追偿,故只能自己承担风险所造成的损失。

（2）分包人的过失、不当或故意行为所造成的。

对于因分包人的过失、不当或故意行为所造成的损失，从理论上讲多式联运经营人可以向分包人行使追偿权，但复杂的实际情况往往是无法全部甚至部分地从责任人处得到补偿，比如分包人破产、追偿成本过高等。

（3）其他方面的原因。

其他方面的原因如多式联运经营人从事业务活动时，对于无法确定责任人的损害隐性损失以及由于在与分包人的合同中约定分包人免责事项所造成的损失，多式联运经营人要对货主承担损失。

多式联运经营人在业务活动中面临的责任风险具有二重性，一方面可能生成损失，另一方面可能带来利润，二者往往是相辅相成的。所以，多式联运经营人应该十分重视责任风险管理，常常需要做出以下两方面的努力。

（1）企业全面实施风险管理。

① 建立全业务过程、环节的责任风险防范机制和措施，并落实到每一人员。

② 加强业务人员的业务培训，如使业务人员熟知国际多式联运的标准交易文件、提单条款、外贸知识及相关行业法律、规则与行业术语。

③ 建立对受理业务性质、分包人资信方面的评估制度，尽量避免承担风险大的业务。

（2）向相关保险公司投保责任险。

由于风险的复杂性和难以预见性，货主或多式联运经营人可以向有关的保险公司投保责任险，以便将风险转移。然而，投保了责任险并不意味着保险公司就要承担所有的风险。事实上，保单中往往都有保险公司不予以承保的免责条款（范围）。此外，保单中同时订有要求投保人履行的义务条款，如投保人未尽其义务，也会导致保险公司不予以赔偿的后果。

四、陆桥运输

陆桥运输常分为大陆桥运输、小陆桥与微桥运输。大陆桥运输（Land Bridge Transport），是指利用横贯大陆的铁路（公路）运输系统作为中间桥梁，把大陆两端的海洋连接起来的集装箱联运方式。简单地说，就是两边是海运，中间是陆运，大陆把海洋连接起来，形成海—陆联运，而大陆起到了"桥"的作用，所以称之为"陆桥"。而海—陆联运中的大陆运输部分就称为大陆桥运输。目前，最主要的大陆桥有亚欧大陆桥、北美大陆桥、新亚欧大陆桥和其他的陆桥运输形式。

（一）亚欧大陆桥

亚欧大陆桥又称亚欧第一大陆桥，全长1.3万公里，东起俄罗斯东方港，西至俄芬（芬兰）、俄白（白俄罗斯）、俄乌（乌克兰）和俄哈（哈萨克斯坦）边界，过境欧洲和中亚等国家，把远东地区与波罗的海和黑海沿岸以及西欧大西洋口岸连接起来。西伯利亚大陆桥主要运送远东国家经西伯利亚到欧洲各国或亚洲的伊朗、阿富汗等国的货物，经过这条路线运往欧洲的货物要比经苏伊士运河缩短路程约8 000公里，时间减少20天左右。

（二）北美大陆桥

北美大陆桥运输，是指从日本东向，利用海路运输到北美西海岸，再经由横贯北美大陆的铁路线,陆运到北美东海岸,再经海路运箱到欧洲的"海—陆—海"运输结构。

北美大陆桥运输包括美国大陆桥运输和加拿大大陆桥运输。美国大陆桥有两条运输线路:一条是从西部太平洋沿岸至东部大西洋沿岸的铁路和公路运输线;另一条是从西部太平洋沿岸至东南部墨西哥湾沿岸的铁路和公路运输线。北美大陆桥是世界上历史最悠久、影响最大、服务范围最广的陆桥运输线。

(三) 新亚欧大陆桥

新亚欧大陆桥(又称亚欧第二大陆桥)由太平洋西岸的中国连云港开始的陇海、兰新铁路向西延伸在中国西部边境阿拉山口与哈萨克斯坦共和国的德鲁日巴站接轨,从而构成了一条沿当年亚欧商贸往来的"丝绸之路",经亚洲、欧洲诸国通到大西洋的另一条陆上通道,这就是新亚欧大陆桥。它比北线的亚欧大陆桥减少行程 3 000 公里,比走海路费用节约 20%,时间减少一半。

(四) 其他陆桥运输形式

1. 北美小陆桥运输

北美小陆桥运输,是指日本经美国太平洋沿岸各港的海铁联运,它与大陆桥运输的区别是其运输终点为美国东海岸,而不再下海。采用这样的运输方式使海运和陆运结合起来,从而达到了运输迅速、降低运输成本的目的。

小陆桥运输刺激美国铁路发展了双层集装箱列车与超长列车,以提高运输效率,降低运输成本。据报道,美国总统轮船公司的双层集装箱列车,其每标准箱的成本比单层列车的成本节省1/3。

2. 内陆公共点运输

内陆公共点运输(Overland Common Points, OCP)或称陆路共通点,是指美国西海岸有陆路交通工具与内陆区域相联通的港口,是可以享有优惠费率通过陆上运输可抵达的区域。美国内陆区域是以洛矶山脉为界,即除紧临太平洋的美国西部 9 个州以外,从美国的北达科他州、南达科他州、内布拉斯加州、科罗拉多州、新墨西哥州起以东的地区均属 OCP 地区。OCP 的运输过程就是我国出口到美国的货物海运到美国西部港口(旧金山、西雅图)卸货,再通过陆路交通(主要是铁路)向东运至指定的内陆地点。所有经美国西海岸运往这些地区(或反向)的货物称 OCP 地区货物,并享有 OCP 运输的优惠费率。所谓 OCP 费率,是太平洋航运公会为争取运往美国内陆地区的货物途经美国西海岸转运而制定的一个较直达美国东海岸为低的费率。

内陆公共点运输只适用于美国或加拿大内陆区域,所以,货物的最终目的地必须属于 OCP 地区范围。签订贸易合同时应在运输条款中予以明确,同时也要明确是集装箱运输。OCP 运输方式必须经由美国西海岸港口中转,以 CFR/CIF 美国西岸港口作为价格条款。

采用 OCP 运输方式,即使货物的最终目的地分散在美国内陆区域的几个地方,只要把所有的货物品名并列在一份提单上,且在最终目的地处注明 OCP 陆路共通点,承运人将合并计算含装卸、仓租、码头以及内陆转运在内的海运部门安排货物的内陆转运工作,收货人在指定目的地提货,从而大大方便了收货。

任务三　国际货物运输业务流程与岗位

一、国际海运进出口货物的运输流程

（一）国际海运出口货物的运输流程

国际海运出口的运作程序因贸易条件的不同而有所不同。我国的商品一般以 CIF 条件成交，其基本业务流程如图 4-1 所示。

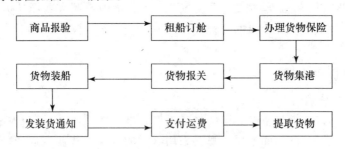

图 4-1　国际海运出口货物的运输流程

1. 商品报验

当信用证开来经审核无误后，在货物按合同规定备齐后，出口方向商检机构申请报验。

2. 租船订舱

出口方或货代根据货物的情况，如果批量大则向船公司或货代洽商租船，如果批量小则办理订舱。出口方订舱应填写托运单，并将托运单交付给船公司或货代作为办理货物托运的凭证。

3. 办理货物保险

订妥舱位后，在货物集港前属于卖方保险的向保险公司办理保险事宜。

4. 货物集港

出口方或货代在船公司通知的时间内将货物发运到港区指定的仓库或码头，在条件允许的情况下，可以直送码头船边现装，特殊商品（如危险品等）必须事先安排，在发货前必须仔细查验，做到单货相符和船货相符。

5. 货物报关

货物集港后，出口方在装船前 24 小时向当地海关办理货物出口申报手续，海关查验单证和货物，确认单货相符、手续齐全后，在装货单上加盖放行章，出口方把货物装船。

6. 货物装船

在货主、港方和船方三方的共同参与下把货物装船，取得大副收据。

7. 发装货通知

卖方在货物装船后必须立即向收货人发装货通知。

8. 支付运费

预付运费的货物，船公司收取运费后，签发提单给托运人或货代，并在提单上注明运费已预付（Prepaid），到付运费的货物在提单上注明到付（Collect）。

9. 提取货物

收货人支付全部货款后可以取得提单,凭此到船公司或货代换取提货单,再凭提货单到码头或货场提货。

(二)国际海运进口货物的运输流程

国际海运进口货物的运输流程也视贸易条件的不同而有所不同。我国多按 FOB 条件进口,以 FOB 条件成交的程序如下:

(1)签订委托协议书;
(2)租船订舱;
(3)寄送货物装船通知和提单;
(4)送交有关单证;
(5)发出到货通知;
(6)接货。

二、国际陆运进出口货物的运输流程

(一)国际铁路出口货物的运输流程

国际铁路出口货物的运输流程如图 4-2 所示。

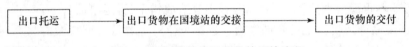

图 4-2　国际铁路出口货物的运输流程

1. 出口托运的程序

(1)发货人(出口单位)或货代向铁路车站填报联运运单。

(2)始发站审核联运运单和有无批准的用车计划,如无问题便在联运运单上签署货物进站日期或装车日期,以表示接受托运。

(3)发货人按照规定的日期将货物运往车站或指定的货位。

(4)车站根据联运运单核对货物,如无问题,待装车后由始发站在联运运单上加盖承运日期戳,负责发运。对棚车、保温车、罐车必须施封,由发货人装车的由发货人施封,由铁路装车的由铁路施封。铅封的内容有站名、封志号、年月日。

(5)对零担货物,发货人无须事先申报要车计划,但必须事先向始发站申请托运。车站受理后,发货人按指定日期将货物运到车站或指定货位,经查验、过磅后交铁路保管,车站在联运运单上加盖承运日期戳,负责发运。

2. 出口货物在国境站的交接程序

国境站接到国内前方站的列车到达预报后,立即通知国际联运交接所,该所受站长的直接领导,负责下述工作:

(1)办理货物、车辆和运送用具的交接和换装工作;
(2)办理各种交接的手续,检查运送票据和编制商务记录;
(3)处理交接中发生的各种问题;
(4)计算有关费用;
(5)联系和组织与邻国货车衔接事宜。

列车进站后由铁路会同海关接车。海关负责对列车进行监管和检查,未经海关许可列车不准移动、解体或调离,车上人员亦不得离开。铁路负责将随车票据送国际联运交接所。

国际联运交接所内有铁路、海关、商检、动植检、卫检、边检、外运等单位联合办公,实行流水作业。

3. 出口货物的交付

在货物到达终点站后,由该站通知收货人领取货物。在收货人付清一切应付的运送费用后,铁路将第一联、第五联运单交收货人凭以清点货物,收货人在领取货物时应在运单第二联上填写领取日期并加盖收货戳记。收货人只有在货物损坏或腐烂变质、全部或部分丧失原有用途时才可以拒收。

(二)国际铁路进口货物的运输流程

(1)确定货物到达站。国内订货部门应提出确切的到达站的车站名称和到达路局的名称,除个别单位在国境站设有机构者外,均不得以我国国境站或换装站为到达站,也不得以对方国境站为到达站。

(2)必须注明货物经由的国境站。即注明货物是经二连还是满洲里抑或阿拉山口进境。

(3)编制货物的运输标志。各部门对外订货签约时必须按照原对外经贸部的统一规定编制运输标志,不得颠倒顺序和增加内容,否则会造成错发、错运事故。

(4)向国境站外运机构寄送合同资料。进口单位对外签订合同应及时将合同的中文副本、附件、补充协议书、变更申请书、确认函电、交货清单等寄送国境站外运机构,在这些资料中订有合同号、订货号、品名、规格、数量、单价、经由国境站、到达路局、到站、唛头、包装及运输条件等内容。事后如有某种变更事项也应及时将变更资料抄送外运机构。

(三)国际公路货物运输的基本流程

国际公路货物运输基本流程如图4-3所示。

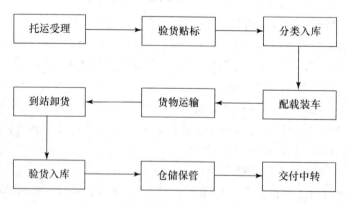

图4-3 国际公路货物运输的基本流程

(1)托运受理。始发站负责承运的物流人员根据货物性质等业务规则办理托运手续,托运人审核无误方可承运。

(2)验货贴标。货物受理人员在填好托运货票后需马上对单验货,做好标记。

(3)分类入库。办理完托运手续后,负责办理手续的物流人员应及时将货交由负责保管的仓库人员。仓库人员应及时填写货物入库大单,将货物分类码放。

(4)配载装车。物流人员按车辆容载量和货物性质进行合理配载,装卸人员按照装卸作业要求装车。

(5)货物运输。承运人应及时发车,按规定线路行驶。

(6)到站卸货。车辆到站后,到达站仓库人员查验货物车载外围状况,如无异常方可卸货。

(7)验货入库。在卸货入库的过程中,到达站的仓库人员核对随车来的托运货票和清单,按照票、单、货一致的原则验货入库。

(8)仓储保管。在货物入库过程中,仓库人员应根据货物的性质,对货物分类码放。

(9)交付中转。货物入库后,仓库负责人员应及时通知收货人提货,对指定送货上门的货物,及时联系客户,按规定给客户送货上门,并办理好相关手续。

三、国际空运进出口货物的运输流程

(一)国际空运出口货物的运输流程

国际空运出口货物的运输流程如图 4-4 所示。

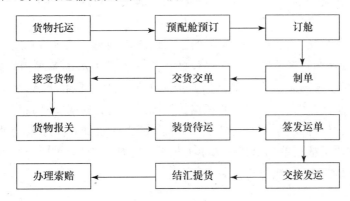

图 4-4　国际空运出口货物的运输流程

1. 接受货运委托

由托运人自己填写《空运出口货物委托书》,并经托运人签字盖章,交给航空代理人委托其办理托运手续。《空运出口货物委托书》是托运人与航空代理人之间的委托合同,航空代理人向航空公司办理货物托运的依据是填制航空货物运单的依据。托运人在填制过程中必须认真仔细。

2. 预配舱和预订舱

航空代理人汇总所接受的委托和客户的预报并输入电脑,计算出各航线的件数、重量和体积,按照客户的要求和货物重、泡情况,根据各航空公司不同的机型对不同板箱的重量和高度要求,制订预配舱方案,并为每票货配上运单号。

3. 订舱

航空代理人根据《空运出口货物委托书》向航空公司办理订舱手续,航空公司在订舱单上签字,确认舱位已经订妥后,及时通知发货人备货备单。一般的大宗货物、紧急物资、鲜活易腐物品、危险品以及贵重物品等则需要预订舱位。航空公司根据实际情况安排舱位和航

班。货代在订舱时，可依照发货人的要求选择最佳的航线和承运人，同时为发货人争取最低的、最合理的运价。

4. 制单

制单，是指航空代理人填制航空货运单。航空运出货物委托书，一般用英文填写。如果是直接发运给国外收货人的单票货物，则填开航空公司的航空货运单；如果航空代理人作为集运人收取众多的小票货物，则先为每票货物填开航空货运代理人的分运单，然后再填开航空公司的总运单。

5. 托运人交货交单

出口单位备齐货物和所有的出口单证后送交航空货运代理公司，以便办理报关手续。出口单位所提交的单证应包括发票、装箱单、托运书、外汇核销单、许可证、商检证、进料/来料加工核销本、索赔/返修协议、关封等。

6. 接收货物

接收货物，是指航空货运代理公司把即将发运的货物从发货人的手中接过来并运送到自己的仓库。航空货运代理公司接货时应对货物进行过磅和丈量，并根据发票、装箱单或送货单清点货物，核对货物的数量、品名、合同号或唛头等是否与货运单上所列一致。

7. 出口报关

出口报关，是指发货人或航空货运代理公司向出境地海关办理货物出口申报的行为。出口报关的一般程序为：首先将发货人提供的出口货物报关单的各项内容输入电脑，即电脑预录入。在通过电脑填制的报关单上加盖报关单位的报关专用章，然后将报关单与有关的发票、装箱单和货运单综合在一起，并根据需要随附相关的证明文件；报关单证齐全后，由持有报关证的报关员向海关申报；海关审核无误后，海关关员即在用于发货的运单正本上加盖放行章，同时在收汇核销单和出口报关单上加盖放行章，在发货人用于产品退税的单证上盖验讫章，粘上防伪标志，完成出口报关手续。

8. 装货、待运

外运公司根据航班到外贸公司或工商企业的仓库提取货物送进机场，凭装货单据将货物送到指定舱位待运。

9. 签发运单

货运单在盖好海关放行章后还需要送到航空公司签单后才允许将单、货交给航空公司。

10. 交接发运

交接是承运人向航空公司交单交货，由航空公司安排航空运输。交单就是将随机单据和应由承运人留存的单据交给航空公司。随机单据包括第二联航空运单正本、发票、装箱单、产地证明和品质鉴定证书。

交货即把与单据相符的货物交给航空公司。大宗货、集中托运货，以整板、整箱称重交接；零散小货则按票称重，计件交接。

11. 结汇、提货

出口单位凭航空货运代理公司签发的《分运单》向银行办理结汇。如出口单位向航空公司托运，就凭其签发的《主运单》办理结汇。货到目的地后，航空公司书面通知或电话通知当地的航空货运代理公司或收货人提货。

12. 办理索赔

国际空运索赔中航空运输代理作为货主代理人,应尽力维护货主的利益,在与民航交接货物时,发现货物外包装有破损或件数短少时,应在接货的同时取得民航货运的商务记录,届时凭此向航空公司提出索赔。

(二)国际空运进口货物运输流程

1. 接单和接货

航空货物入境时,与货物相关的单据也随即到达,运输工具及货物处于海关监管之下。货物卸下后,将货物存入航空公司或机场的监管仓库,进行进口货物舱单录入,将舱单上总运单号、收货人、始发站、目的站、件数、重量、货物品名、航班号等信息通过电脑传输给海关留存,供报关用,同时根据运单上的收货人地址寄出取单、提货通知。

2. 理货和仓储

理货时应逐一核对每票件数,再次检查货物破损情况,确有接货时未发现的问题,可向民航提出交涉。仓储时应注意防雨、防潮、防重压;防变形、防温长变质、防暴晒,独立设危险品仓库。

3. 理单和到货通知

理单时应注意集中托运的货物,总运单项下须拆单。到货通知则应尽早、尽快、稳妥地通知货主到货情况。

4. 制单和报关

制单和报关有以下几种情况:货代代办制单、报关、运输;货主自行办理制单、报关、运输;货代代办制单、报关,货主自办运输;货主自行办理制单、报关后,委托货代运输;货主自办制单,委托货代报关和办理运输。

5. 收费和提货

办完报关、报检等手续后,货主须凭盖有海关放行章、动植物报验章、卫生检疫报验章的进口提货单到所属监管仓库付费提货。货代仓库在发放货物前,一般先将费用收妥。收费内容有:到付运费及垫付佣金;单证、报关费;仓储费;装卸、铲车费;航空公司到港仓储费;海关预录入、动植检、卫检报验等代收代付费;关税及垫付佣金。

6. 索赔

根据《华沙公约》的规定,在货物遭受损害的情况下,收货人或有关当事人应于收到货物之日起7天之内提出书面通知。在延迟交货的情况下,收货人应于货物收到日后14天之内提出索赔通知。如在以上规定期限内没有提出,则认为托运人放弃该项索赔。

四、集装箱进出口业务流程

(一)集装箱出口业务流程

集装箱出口业务流程如图4-5所示。

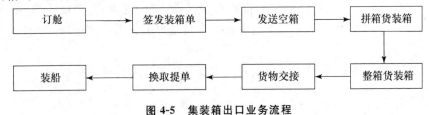

图4-5 集装箱出口业务流程

1. 订舱
出口公司根据贸易合同事先向船公司或其代理人办理订舱手续。
2. 签发装箱单
船公司确认订舱后，签发装箱单，分送集装箱堆场和货运站，据以安排空箱和货运交接。
3. 发送空箱
整箱货运所需的空箱，由船公司送交发货人，拼箱货运所需的空箱一般由货运站领取。
4. 拼箱货装箱
集装箱货运站根据订舱单核收托运货物并签发站场货物收据，经分类整理，然后在站内装箱。
5. 整箱货装箱
发货人收到空箱后，自行装箱并按时运至集装箱堆场。
6. 货物交接
站场收据是发货人发货和船公司收货的凭证。
7. 换取提单
发货人凭站场收据向船公司换取提单，然后向银行结汇。
8. 装船
集装箱堆场根据船舶积载计划，进行装船发运。

（二）集装箱进口业务流程

1. 准备
接到客户的全套单据后，收货人或其代理人要查清该进口货物由哪家船公司承运，哪家作为船舶代理，在哪儿可以换到供通关用的提货单（注意，全套单据包括带背书的正本提单或电报放货副本、装箱单、发票、合同）。
2. 换单
收货人或其代理人凭带背书的正本提单（如是电报放货，可带电报放货的传真件与保函）去船公司或船舶代理部门换取提货单和设备交接单。
3. 报关
收货人或其代理人用换来的提货单第一联或第三联并附上报关单据前去报关。
4. 报检
若是法检商品应办理验货手续。如需商检，则要在报关前，收货人或其代理人拿进口商检申请单（带公章）和两份报关单办理登记手续，并在报关单上盖商检登记章以便通关。验货手续在最终目的地办理。如需动植检，也要在报关前拿箱单、发票、合同、报关单去代理报验机构申请报验，在报关单上盖放行章以便通关，验货手续可在通关后的堆场进行。
5. 交费
收货人或其代理人向大厅内的代理报验机构提供箱单、发票、合同报关单，由他们代理报验。报验后，可在大厅内统一窗口交费并在白色提货单上盖三检放行章。
6. 提货
所有提货手续办妥后，收货人或其代理人可通知事先联系好的堆场提货。

五、国际多式联运的业务流程

(一) 接受托运申请,订立多式联运合同

多式联运经营人根据货主提出的托运申请和自己的运输路线等情况,决定是否接受其申请。如果多式联运经营人接受了申请,在双方协商有关事项后,发货人或其代理人填写场站收据,多式联运经营人在对其进行编号和盖章后留下货物托运联,将其他的单联交还给发货人或其代理人,证明多式联运经营人接受了委托申请,多式联运合同已经订立并开始执行。

(二) 空箱的发放、提取

在国际多式联运中使用的集装箱一般应由经营人提供。如果双方协议由发货人自行装箱,则多式联运经营人应签发提箱单或者将租箱公司或分运人签发的提箱单交给发货人或其代理人到指定的堆场提箱,准备装货。如果是拼箱货,则由多式联运经营人将所用空箱调运至接受货物的集装箱货运站,做好装箱准备。

(三) 出口报关

出口报关事项一般应由发货人或其代理人办理,也可以委托多式联运经营人代为办理。若联运从港口开始,则在港口报关;若联运从内陆地区开始,则应在附近的内陆地海关办理报关。

(四) 货物装箱及交接

由发货人自行装箱的货物,在发货人或其代理人领回空箱后,在海关人员的监管下组织装箱、加封,填写装箱单,将货物运至指定的地点。多式联运经营人验收后在场站收据正本上签章,并将其交给发货人或其代理人。

拼箱货物的发货人应负责将货物送到指定的集装箱货运站,由货运站按多式联运经营人的指示装箱。多式联运经营人在货运站验收货物后在场站收据上签章,并将其交给发货人或其代理人。

(五) 订舱及安排货物运送

多式联运合同订立之后,多式联运经营人应制订该合同涉及的集装箱货物的运输计划,并按照运输计划确定各区段的运输工具,与选定的各实际承运人订立各区段的分运合同。

(六) 办理货物运输保险

发货人自行办理货物运输保险,或者由发货人承担费用,由多式联运经营人作为代理。货物运输保险可以是保全程,也可以分段投保。多式联运经营人则应投保货物责任险和集装箱保险。

(七) 签发多式联运提单,组织完成货物的全程运输

多式联运经营人的代表收取货物后,应向发货人签发多式联运提单,在签发提单之前,应向发货人收取全部应付运费。接收货物后,多式联运经营人要组织各区段实际承运人、各派出机构及代表共同协调工作,完成全程中各区段的运输和各区段之间的衔接工作。

(八) 货物运输过程中的海关业务

货物运输过程中的海关业务主要包括货物及集装箱进口的通关手续、进口国内陆段保税(海关监管)运输手续及结关等内容。如果陆上运输要通过其他国家的海关和内陆运输线路时,还应包括这些国家海关的通关及保税运输手续。这些涉及海关的手续一般多由多式

联运经营人的派出机构或其代理人办理,也可以由各区段的实际承运人作为多式联运经营人的代表代为办理,由此产生的全部费用应由发货人或收货人承担。

(九) 货物到达交付

货物运至目的地后,由目的地的代理人通知收货人提货。收货人付清全部费用后,多式联运经营人收回提单签发提货单(交货记录),收货人凭提货单到指定的地点提取货物。如果是整箱货,收货人要在将货物取出后将集装箱运回指定的堆场,运输合同即告终止。

六、国际货运业务岗位与职责

国际货运业务涉及的岗位众多,如调度员、理货员、单证员等,其中单证员是关键岗位,从业要求高。单证员不仅要掌握外贸业务流程与单证,还要精通货运专业知识,同时要求其具有良好的客户服务意识以及沟通能力、良好的职业道德、规范的职业标准和团队合作精神等。单证员的职责有:(1) 接单、审单;(2) 制单;(3) 交单;(4) 档案。

上述职责任务及相关操作众多,本书将在相关项目、任务中详细介绍。

任务四　国际货物运输的单证业务

运输单据(Transport Documents)是国际贸易的基本单据之一,是指托运人将货物移交给承运人办理装运时,由承运人签发给托运人的书面文书,通常代表了运输中的货物已经付运的证明。目前,主要的单证有出口货物托运单、订舱单、装货单、收货单、装箱单、场站收据、海运提单、提货单、设备交接单、铁路运单、航空主运单和航空分运单等。运输单据在国际货物运输的过程中是不可缺少的手段,每个环节都离不开单证的缮制、处理、交换和传送。单证种类繁多,用途各异,且内容格式也不尽相同,因此熟悉各种单证十分重要。在国际货物运输中,尽管空运、铁路运输发展很快,但是目前国际货物运输仍然以海洋货运为主,因此本节主要介绍托运单、海运提单与相关单证、国际多式联运单证的缮制与流转。

一、托运单

(一) 托运单制作规则

托运单(Shipping Order)是出口商(发货人/托运人)在报关前向船方或其代理人(承运人)申请租船订舱的单据。它是缮制提单的主要背景资料,是船公司制作提单的依据。如果托运单的缮制有差错或延误等,就会影响其他单证的流转。因此,应正确、快速地制单,从而保证安全收汇。

海运托运单共有一式十二联,其各联用途不同,其详细栏目及填制内容如下。

1. 托运人

一般情况下,托运人(Shipper)栏填写出口公司的名称和地址。如果是由中国对外贸易运输(集团)总公司代理货主而办理租船订舱的,此栏应填写"中国对外贸易运输(集团)总公司×××分公司"。

2. 收货人

在信用证支付的条件下,对收货人(Consignee)栏的规定常有以下两种表示方法。

(1) 记名收货人。

记名收货人是直接将收货人的名称、地址完整地表示出来的方法。这时,收货人即是合同的买方。但记名收货人的单据不能直接转让,这给单据的买卖流通设下了障碍,故记名收货人的表示方法不常使用。

(2) 指示收货人。

指示收货人是将收货人以广义的形式表示出来,常用空白指示和记名指示两种。

空白指示,是指指示收货人掩饰了具体的收货人的名称和地址,使单据可以转让。在空白指示(不记名指示)的情况下,单据的持有人可以自由转让单据。在记名指示情况下,记名人有权控制和转让单据。指示收货人的方法补充了记名收货人方法的缺陷,但也给船方通知货方提货带来了麻烦,对此被通知人栏做出了补充。

3. 被通知人

被通知人(Notify Party)栏填写信用证中规定的被通知人的名称和地址。被通知人的选择与确定的权利属于合同的买方或买方的代理人。有时买方确定自己为被通知人,有时买方将自己的代理人或其他与买方联系较密切的人确定为被通知人。被通知人的职责是及时接受船方发出的到货通知并将该通知转告真实的收货人,被通知人无权提货。

在托收支付的条件下,一般合同不规定收货人和被通知人,这时可以有两种填写方法:(1) 空白收货人栏,被通知人栏填写买方的名称与地址;(2) 收货人栏中空白抬头,被通知人栏填写买方的名称和地址。在托收或其他收支方式下,也可能出现与信用证内容相同的情况,此时的填写方法可参照信用证情况下的填写方法。

4. 托运单编号

托运单编号(Number)栏一般填写商业发票的号码。

5. 目的地

目的地(Place of Delivery)栏按信用证的目的港填写。填写时要注意重名港口的现象,一般将目的港所在国家名称填写在这一栏中。如果目的地是一个内陆城市,应该在这一栏填写货物卸下最后一艘海轮时的港口名称。船方或其代理人在计算运费时是根据托运单的本项内容计算航程的。

6. 运输标志

运输标志(Shipping Marks)栏填写信用证或合同都规定的唛头,买卖合同或信用证中没有规定唛头的可填写"N/M",也可以自行选择一个合适的唛头。在选择唛头时,要充分考虑买方提货的方便、买方的利益和买方所在国的要求,包括商业习惯、港口规定、文化传统以及政府的有关政策。

7. 数量

托运单中的数量(Quantity)是指最大包装的件数。

8. 货物说明

货物说明(Description of goods)包括运输标志、重量、货物名称、数量、尺码、商品有关的部分内容。这一栏的内容只允许写大类名称或统称。但是如果同时出口不同的商品,则应分别填写,而不允许只填写其中的一种金额较大的商品。

9. 重量

重量(Gross Weight/Net Weight)应分别计算毛重和净重。毛重,是指包括包装材料在内的货物重量。净重,是指扣除包装材料的货物的实际重量。如果一次装运的货物中有几种不同的包装材料或完全不同的货物,那么在填写这一栏时应先分别计算并填写每一种包装材料或每项货物的毛重或净重,然后合计全部的毛重和净重。在计算重量时,要求使用统一的计量单位,常用的计量单位是公吨或千克。

10. 尺码

尺码(Measurement)栏填写一批货的尺码总数,一般单位为立方米。总尺码不仅包括各件货物尺码之和,还应包括件与件之间堆放时的合理空隙所占的体积。

11. 装运日

装运日(Time of Shipment)栏的表示可以全部使用阿拉伯数字,也可以使用英文与阿拉伯数字一起表示,如 6/5/2012,MAY 06,2012。装运日还可以表示为一段时间,如 2012 年 5—6 月或"装运期不迟于……"。

12. 到期日

到期日(Expiry Date)栏的填写一般按信用证的规定填写。但如果装运期空白不填的话,这一栏可以不填。

13. 存货地

存货地(Goods in...)栏的内容用中文填写。

14. 转船

转船(Transshipment)栏的填写要求与分批栏的填写要求一致,在"允许"(Allowed)或"不允许"(Prohibited)中二者取一。

15. 分批

分批(Partial Shipment)栏按照合同或信用证条款填写,只能限在"允许"(Allowed)或"不允许"(Prohibited)中二者中取一。如果信用证或合同规定分若干批,或对分批有进一步的说明,则不要将这些说明填入本栏,而应将这些说明填入"特别条款类"栏中。

16. 运费

运费(Freight)栏一般不显示具体的运费,只填写"运费到付"(Collet)或"运费预付/已付"(Prepaid)。

17. 托运单日期

托运单日期栏的填写与发票的日期一样的内容,即开立发票的日期。

18. 提单正本份数

提单正本份数一般一式三份,3 份正本提单同时有效。Three Original Bill of Lading 和 Original Bill of Lading in Three 都是指 3 份正本提单。其中,Full Set of Bill of Lading 是指全套提单。按照习惯,一般是指两份以上正本提单。

19. 提单副本的份数

提单副本的份数一般是指出口企业留底份数加上寄单所需份数,再加上信用证对正本提单要求的份数。

20. 特别条款

特别条款即根据信用证要求或合同要求中有关运输方面的特殊条款。

21. 签字

经办人签字,出口企业盖章。其他的项目如船名、提单号码等由船方或其代理人填写。

（二）托运单制作实训

以项目三"单证样本与实例"中信用证 NO. ABC123456 为例，其相应的托运单如下所示。

托运人 SHANDONG JINXIU TEXTILES I&E CO.，LTD	发票编号 JXT-CI071006		贸易方式 一般贸易	收汇方式 信用证
	运输方式 BY SEA		运费方式 预付	
收货人 TO ORDER	货物备妥日期 2007-12-20		杂费支付方式 预付	
	可否转运 YES		可否分批 NO	
通知人 ABC CORPORATION	装运期限 2008-01-14		信用证有效期 2008-01-30	
	装箱方式 自送			
装运港 QINGDAO	卸货港 DUBAI		门到门装箱方式 无	
目的地	提单份数 3/3			
标记唛码	件数及包装样式	货名规格及货号	毛重（公斤）	体积（立方）
ABC S/C no：JXT071006 Style no.：JX102 Port of destination：Dubai Carton no.：1-260	260 CTNS	MEN'S SHIRTS L/C NO.：ABC123456 DATE：NOV. 15, 2007 NAME OF ISSUING BANK：HSBC BANK PLC, DUBAI, UAE	2600KGS	23.712M^3
配载要求： 拼箱 随附文件：合同、信用证、发票、装箱单			联系人和联系方式：××× 1234567890	
			托运人签章：SHANDONG JINXIU TEXTILES I&E CO.，LTD 托运日期：2007-12-25	

二、海运提单

（一）海运提单的有关概念

海运提单（Marine Bill of Lading 或 Ocean Bill of Lading）简称提单（B/L），是由船长或承运人或其代理人签发的，证明收到特定的货物或已装船，且将约定的货物运至特定的目的地，并交付于收货人或提单持有人的物权凭证，也是承运人和托运人之间运输合同的证明。

1. 海运提单的作用

海运提单是承运人或其代理人签发的货物收据，确认承运人已经按海运提单所列内容收到货物。

海运提单是托运人和承运人之间的运输合约，双方必须履行海运提单上所载明的权利和义务。

海运提单是物权凭证。海运提单的持有人对提单上所载明的货物拥有所有权，并可以经过背书进行抵押、转让，受法律保护。

海运提单可以作为收取运费的证明，以及在运输过程中起到办理货物的装卸、发运和交付等方面的作用。

海运提单是向船公司或保险公司索赔的重要依据。

2. 海运提单的关系人

海运提单的关系人包括承运人和托运人两个方面。

承运人亦称船方，可能是船舶的所有人（即船东）或者是租船人。海运提单是承运人收到货物的收据，也是代表货权的凭证。UCP 600 第 23 条对银行接受提单的条件是，提单表面要注明承运人的名称。

托运人亦称货方，可能是发货人，也可能是收货人。

根据海运提单抬头人的不同和背书转让，又出现了以下关系人。

（1）受让人。

受让人是经过背书转让接受海运提单的人，也是海运提单的持有人。受让人有向承运人要求提货的权利，但也承担了托运人在运输合约上的义务。

（2）收货人。

收货人是海运提单的抬头人、受让人（被背书人）、持有人或记名提单载明的特定人。收货人有在目的港凭海运提单向承运人要求提货的权利。

（3）持有人。

持有人是经过正当手续持有海运提单的人。例如，不记名提单经过记名背书转让或者空白背书，经过交付的受让人，可以凭提单领取货物。

（4）被通知人。

被通知人是收货人的代理人，不是海运提单的当事人。空白抬头提单注明被通知人，便于承运人在货到目的港时，通知办理报关提货手续。在信用证方式下，被通知人往往是开证申请人（即买方），但因信用证是由银行开出的，在其未赎单付款前，只能作为被通知人负责照顾货物，而没有所有权。

(二)海运提单的主要内容及种类

1. 海运提单的主要内容

由于海运提单具有收据、合约和物权凭证三种作用,牵涉托运人、承运人和收货人等的责任和权益,所以内容比较多,但其本身仍可分为正面记载和背面印就条款两个部分,即固定部分和可变部分。固定部分是指海运提单背面的运输契约,这部分一般不做更改;可变部分是指海运提单正面的内容。

(1)海运提单正面记载的主要内容。

① 写明"Bill of Lading"(提单)字样。

② 船舶的名称及航班号。

③ 托运人(即出口商)名称及地址。

④ 承运人(即船公司)名称及地址。

⑤ 收货人(即进口商)名称及地址。

⑥ 货物名称、重量、件数、包装和唛头。

⑦ 起运港的名称及地点。

⑧ 目的港的名称及地点。

⑨ 运费条款,可以注明"Freight Prepaid"(运费预付)、"Freight Paid"(运费已付)或"Freight to Collect"(运费待收),也可以注明"Freight Paid as Arranged"(运费按约定条件照付)。因有时卖方不愿让买方获悉其支付运费若干时,可请求船公司在海运提单上运费栏记载上列词句。有的船公司为了避免成为其他的船公司降低运费竞争的根据而以上述词句代替运费率及运费金额的记载。

⑩ 提单号码与份数。

⑪ 提单签发日期和地点。

⑫ 船主或其代理人(轮船公司)签字等内容。

(2)海运提单背面印就的内容。

海运提单背面的印就条款是作为确定承运人和托运人之间、承运人和收货人以及提单持有人之间的权利和义务的主要依据。印就条款的主要内容有:

① 适用法律条款(Law of Suit Clause);

② 承运人的责任条款(Carrier's Responsibly Clause);

③ 承运人的免责条款(Exception Clause);

④ 变更航线条款(Deviation Clause);

⑤ 危险品条款(Dangerous Cargo Clause);

⑥ 交货条款(Delivery Clause);

⑦ 承运人和收货人应共同负担海上风险以及船舶相撞所遭受的损失;

⑧ 索赔条款(Claim Clause)等。

2. 海运提单的种类

海运提单的种类多种多样,各家船公司出的海运提单不尽相同,但是类型大致如下。

(1)根据货物是否装船分为已装船提单和备运提单。

（2）根据承运方式分为直达提单、转船提单和联运提单。
（3）根据货物表明状况有无附加批注分为清洁提单和不清洁提单。
（4）根据收货人抬头分为记名提单、不记名提单和指示提单。
（5）根据轮船公司的经营方式不同分为班轮提单和租船提单。
（6）根据签发的时间分为过期提单、倒签提单和预借提单。

（三）海运提单各个栏目的填写方法

1. 托运人

托运人又叫发货人。托运人是指委托运输的人，在国际贸易中是合同的卖方，一般填写在海运提单的"Shipper"栏时，如信用证无特殊规定，都填写卖方的名称。也有的制单人直接把出口公司的章盖在这一栏中。

UCP 600 规定，除非信用证另有规定，否则银行将接受以信用证受益人以外的一方作为发货人的运输单据。

2. 收货人

收货人（Consignee）这一栏根据信用证要求条款填写，在记名式、不记名式和指示式中选择一个。信用证结算方式中常见的"收货人"栏的制作方法主要有以下三种。

（1）记名式。

即在收货人栏内填写某人或某企业的具体名称。这种提单只能由提单上所指定的收货人提货，而不得转让给他人。这种海运提单在国际贸易中使用不多。信用证中的词句一般为"Full Set of B/L Consigned to ABC Company..."。

（2）不记名式。

即在本栏留空或仅填入"to Bearer"（给持有者）。这样的提单谁持有，谁就可以提货；转让时不必背书，因而风险较大，目前在国际上使用也不多。

（3）指示式。

这种海运提单的使用最为普遍。指示式又可分为记名指示式和不记名指示式两种。

① 记名指示式。

一般有发货人指示式（to Order of Shipper）、银行指示式（to Order of ×××Bank）和收货人指示式（to Order of ABC Company Ltd）三种，一般只要根据信用证的要求在制单时分别填入就行了。

② 不记名指示式。

即在收货人一栏填写"to Order"，然后在提单背面由发货人签字盖章进行背书，以示转让物权。

3. 被通知人

在信用证结算方式下，被通知人（Notify Party）一栏按信用证规定填写。若信用证对此无规定，可将开证申请人作为被通知人。若信用证没有其他规定，这一栏也可以不填。

4. 首程运输

如果货物需转运，在首程运输（Pre Carriage by）栏中填写第一程船的名称；如果货物不需要转运，此栏则空白不填。

5. 收货地点

如果货物需转运,收货地点(Place of Receipt)一栏填写收货的港口名称或地点;如果货物不需要转运,此栏空白。

6. 海运船名及航次

海运船名及航次(Ocean Vessel Voy No.)栏填写该批货物实际装运的船名和航次号。如果货物需转运,则填写第二程船名及航次号。

7. 装运港

装运港(Port of Loading)栏填写该批货物的实际起运港名称,需转运的货物则填写中转港口的名称。

8. 卸货港

卸货港(Port of Discharge)栏填写信用证中的目的港名称。如果货物需要转运,可在目的港之后加注"with Transshipment at ..."例如,从上海港到汉堡,在香港转运。那么就加注"from ShangHai to Hamburg with Transshipment at HongKong。

货物运达目的港后需经内陆转运或利用邻国港口过境,则须在目的港后加注"in Transit to ×××"字样,如"DuBaI in Transit to Saudi Arabia"(目的港迪拜转运沙特阿拉伯)。

9. 交货地点

交货地点(Place of Dilivery 或 Destination)栏填写最终目的地名称。如果货物的目的地就是目的港的话,则该栏空白。

10. 集装箱号

集装箱号(Container Number)栏填写实际的集装箱号码。

11. 封号和唛头

封号和唛头(Seal Number Narks and NOS)栏填写实际的唛头、集装箱号及铅封号等。如无唛头,则填"No Mark"。

12. 商品描述及数量

商品描述及数量(Number and kind of Package、Description of Goods)栏填写件数和包装种类、货物名称。此栏填写的内容必须与发票、装箱单等单据一致,海运提单上的货物名称的描述可以只写总的名称,而不必像发票上描述得那么细致。

填写此栏时应注意以下事项。

(1) 信用证如果没有特别规定,在国际贸易中,商品描述应全部使用英文。

(2) 如果来证要求加注中文或法文等,则应遵守信用证的规定,加注中文或法文等。

(3) 对于海运提单中的包装货物要注意数量和单位。海运提单下面应加大写数量的表示,大、小写数量应相一致。

(4) 如果是裸装货物,应加件数,如一辆客车、一台机器等。

(5) 如果是散装货物,如煤、矿石、原油等,此栏加注"in Bulk",数量可以不用大写了。

(6) 如果是集装箱运输,由托运人装箱的整箱货可只加注集装箱数量,如"two Containers Only"等。如果海关已对集装箱封箱,承运人对箱内的内容和数量不负责任,海运提单内应加注"Shipper's Load & Count"(托运人装货并计数)。如需注明集装箱内小件数量时,则数量前应加注"said to Contain."。

(7) 如果是托盘装运,此栏应填写托盘的数量,同时用括号加注货物的包装件数,如"2 Pallets 20 Cartons)"。海运提单内还应加注"Shipper's Load and Count"。

(8) 如果是两种或多种包装,此栏应填写"five Cartons、five Bales、six Cases"等件数在栏内要逐项列明,同时下面应加注合计数量,如上述包装数量可合计为"16 Packages",在海运提单大写数栏内加注大写合计数量。

(9) 如果在件数栏内注明"20 Cartons",但同时海运提单又批注有"Shut out 2 Cartons"或"Short Loaded 2 Cartons"等字样,表示少装2箱,发票和其他的单据应注"18 Cartons"。

(10) 海运提单上不能加注关于包装状况的描述,例如"新袋"(New Bag)、"旧箱"(Old Cartons)等词语。

13. 毛重

毛重(Gross Weight)栏填写总毛重,并与其他的单据相一致。如果是裸装货物没有毛重只有净重的,则在净重千克数前加注"Net Weight"。

14. 尺码

尺码(Measurement)栏填写总尺码(立方米),即指货物的体积。

15. 运费条款

除非信用证有特别要求,一般的海运提单都不填写运费的数额,而只是表明运费是否已付清或什么时候付清。运费的支付形式主要有:

(1) 运费已付(Freight Paid);

(2) 运费预付(Freight Prepaid);

(3) 运费到付(Freight Payable at Destination);

(4) 运费待付(Freight Collect)。

如果信用证规定要加注运费,一般可加注运费的总金额。如果信用证规定要加注详细的运费,就必须将计算单位、费率等详细列明。

如果是托收结算方式,则按合同所规定的价格条款填写。

16. 大写总件数

大写总件数(Total Packages in Words)栏的大写总计件数要与其他单据以及海运提单的小写总计件数保持一致。

有时承运人在13—18栏左侧规定"Particulars Furnished by Merchants"(各项目由货主提供)文句,意即这些栏的内容和资料由发货人提供,承运人对此不负责任。

17. 签发地点和时间

海运提单的签发地点和时间(Place and Date of Issue)一般为承运人实际装运的地点和时间,货物装运的港口或接受有关方面监管的地方,海运提单必须经装载船只船长签字才能生效。在没有规定非船长签字不可的情况下,船方代理也可以代办。

如果一批货物分几个装运港于同一艘船上运往同一目的港,签发几个不同日期的海运提单时,则以较迟的日期为装运日期。

18. 提单正本的签发份数

海运提单正本的签发份数(Number of Original B/L)栏,承运人一般签发两份正本,也可应收货人的要求签发两份以上。签发的份数应用大写数字来表示（如 TWO、THREE、FOUR 等），在栏内标明。

信用证规定要求出口方提供"全套海运提单"（Full Set or Complete Set of Bill of Lading），按国际习惯，一般是提供3份正本海运提单。这三份正本提单同时有效，如果持票人凭其中的一份提取货物，则其他的两份则自动失效。

19．契约文字

契约文字即提单正面条款，一般包括以下四个方面。

（1）已装船条款。

Shipped on board the Vessel named above in apparent good order and condition(unless otherwise indicated), the goods or packages specified herein and to the discharged at the above mentioned port of discharge or as near hereto as the vessel may safely get and be always afloat.

上述外观状况良好之货物或包装（除另有说明者外），已装上述指定船只，并应在上述卸货港或船只所能安全到达并保持浮泊的附近地点卸货。

（2）内容不知悉条款。

The weight、measure marks、numbers、quality、contents and value, being particulars furnished by the shipper, are not checked by the carrier on loading.

由发货人所提供的重量、尺码、标记、号码、品质、内容及价值各项目，承运人于装船时并未核对。

（3）承认接受条款。

The shipper, consignee and the holder of this bill of lading hereby expressly accept and agree to all printed, written or stamped provisions, exceptions and conditions of this bill of lading, including those on the back hereof.

发货人、收货人及本提单持有人明确表示接受并同意本提单，包括背面所印刷、书写或盖章的一切条款、免责事项和条件。

（4）签署条款。

In witness whereof, the carrier or his agents has signed bill of lading all of this tenor and date, one of which being accomplished, the others to stand avoid.

Shippers are requested to note particularly the exceptions and conditions of this bill of lading with reference to the validity of the insurance upon their goods.

为证明以上各项承运人或其代理人已签署各份内容和日期一样的正本提单，其中一份一经完成提货手续，则其余各份均告失效。要求发货人特别注意本提单中关于该批货物保险效力的免责事项和条件。

20．承运人或其代理人签字

承运人或其代理人签字（Signed for and/or on behalf of the carrier）栏必须表示"承运人"或"代理人"的身份。代理人代表承运人或船长签字或证实时，也必须表明所代表的委托人的名称和身份，即注明代理人是代表承运人或船长签字或证实的。

UCP 600 对港至港运输提单的签字方式作了以下规定，即"表面注明承运人的名称，并

被下列人员签字或用其他方式证实:

——承运人或作为承运人的具名代理人或代表,或

——船长或作为船长的具名代理人或代表。"

承运人或船长的任何签字或证实,必须表明"承运人"或"船长"的身份。代理人代表承运人或船长签字或证实时,也必须表明所代表的委托人的名称和身份,即注明代理人是代表承运人或船长签字或证实的。

因此,作为承运人的代理人签发提单时,签字栏下端一般须加注"As agents for the carrier ×××";承运人签字时,则在上端加注"As carrier"字样。

（四）海运提单的背书

海运提单的背书多种多样,只要收货人一栏不是记名收货人,海运提单一般可以经背书转让。

1. 海运提单背书的类型

当收货人一栏填写凭指示(to Order)时,由托运人(Shipper)背书。

当收货人一栏填写记名指示(to ×××′s Order 或 to Order of ×××),由记名的一方背书。

当收货人一栏填写凭托运人指示时(to Shipper′s Order 或 to Order of Shipper),由托运人背书。

当收货人一栏填写凭申请人或其他商号公司指示时,由申请人或其他商号公司背书。

当收货人一栏填写凭某银行指示时,由该银行背书。

2. 背书方式

（1）空白背书。

空白背书又称不记名背书,即背书人在汇票上只有签名,不写付给某人,即没有被背书人。空白背书的汇票凭交付而转让。即空白背书的第一出让人背书签字后,可多次在市场上流通,直到最后一个受益人,而勿须在汇票背面注明流通过程中的其他出让人和受让人。我国《票据法》规定的票据均为记名票据,不存在空白背书。

（2）记名背书。

记名背书必须以银行或公司为背书人,大都给开证行。记名背书既书写背书人的名称及地址,又书写被背书人(海运提单转让对象)的名称及地址。在日常业务中较少使用。

（3）记名指示背书。

记名指示背书既书写背书人的名称及地址,又书写"TO ORDER OF ＋ 被背书人(海运提单转让对象)的名称及地址。在日常业务中较多使用。

（五）出口货物海运提单制作实训

以项目三"单证样本与实例"中"信用证 No. ABC123456"和本项目中的托运单为例,其相应的海运提单如下所示。

1. Shipper Insert Name, Address and Phone SHANDONG JINXIU TEXTILES IMPORT AND EXPORT CO., LTD 116 SHANDONG ROAD, QINGDAO, P. R. CHINA	B/L No. COSCOHA003189		
2. Consignee Insert Name, Address and Phone TO ORDER	中远集装箱运输有限公司 COSCO CONTAINER LINES TLX: 33057 COSCO CN FAX: +86(021) 6545 8984 ORIGINAL Port-to-Port or Combined Transport BILL OF LADING		
3. Notify Party Insert Name, Address and Phone (It is agreed that no responsibility shall attsch to the Carrier or his agents for failure to notify) ABC CORPORATION. TLX: 33057 COSCO CN FAX: +86(021) 6545 8984	RECEIVED in external apparent good order and condition except as other-Wise noted. The total number of packages or unites stuffed in the container, The description of the goods and the weights shown in this Bill of Lading are Furnished by the Merchants, and which the carrier has no reasonable meansof checking and is not a part of this Bill of Lading contract. The carrier has Issued the number of Bills of Lading stated below, all of this tenor and date, One of the original Bills of Lading must be surrendered and endorsed or sig-Ned against the delivery of the shipment and whereupon any other original Bills of Lading shall be void. The Merchants agree to be bound by the terms And conditions of this Bill of Lading as if each had personally signed this Bill of Lading. SEE clause 4 on the back of this Bill of Lading (Terms continued on the back Hereof, please read carefully). * Applicable Only When Document Used as a Combined Transport Bill of Lading.		
4. Combined Transport * Pre-carriage by	5. Combined Transport * Place of Receipt		
6. Ocean Vessel Voy. No. PUHE, VOY. NO. 246W	7. Port of Loading QINGDAO		
8. Port of Discharge DUBAI	9. Combined Transport * Place of Delivery		
Marks & Nos. Container/Seal No. ABC S/C no.: JXT071006 Style no.: JX102 Port of destination: Dubai Carton no.: 1-260	No. of Containers or Packages 260CARTONS 1 * 20′FCL CN: GATU8544387 SN: 3320757	Description of Goods (If Dangerous Goods, See Clause 20) MEN'S SHIRTS L/C NO.: ABC123456 DATE: NOV. 15, 2007 NAME OF ISSUING BANK: HSBC BANK PLC, DUBAI, UAE	Gross Weight Kgs 2600KGS FREIGHT PREPAID	Measurement 23.712M³
		Description of Contents for Shipper's Use Only (Not part of This B/L Contract)		
10. Total Number of containers and/or packages (in words) TWO HUNDRED SIXTY CARTONS ONLY. Subject to Clause 7 Limitation				
11. Freight & Charges Declared Value Charge	Revenue Tons	Rate	Per	Prepaid	Collect
Ex. Rate:	Prepaid at QINGDAO	Payable at	Place and date of issue QINGDAO DEC. 30, 2007.	
	Total Prepaid	No. of Original B(s)/L THREE(3)	Signed for the Carrier, COSCO CONTAINER LINES * * * * * * * * * * * *	

LADEN ON BOARD THE VESSEL PUHE, VOY. NO. 246W
DATE DEC. 30, 2007   BY COSCO CONTAINER LINES

三、国际多式联运单证及其他运单

(一) 国际多式联运单证的内容

多式联运提单(Multimodal Transport B/L)主要用于成组化的货物,特别是集装箱运输,它把海、陆、空、公路、河流等单一运输方式有机地结合起来,以全程提单来完成一笔跨国进出口货物的运输。国际多式联运单证,是指证明多式联运合同以及证明多式联运经营人接管货物并负责按合同条款交付货物的单据。该单据包括双方确认的取代纸张单据的电子数据交换信息。国际多式联运单证不是多式联运合同,只是多式联运合同的证明,同时是多式联运经营人收到货物的收据和凭其交货的凭证,在实践中一般称为国际多式联运提单。国际多式联运提单的内容应该准确、清楚、完整,以保证货物正常、安全的运输。国际多式联运提单应记载的主要内容有:

(1) 货物的名称、种类、件数、重量、尺寸、外表状况、包装形式;
(2) 危险货物、冷冻货物等特种货物应载明其特性、注意事项;
(3) 多式联运经营人的名称和主营业所;
(4) 发货人、收货人的名称;
(5) 多式联运经营人接管货物的地点和日期;
(6) 交付货物的地点;
(7) 经双方明确协议的交付货物的时间和期限;
(8) 表示该单据为可转让或不可转让的声明;
(9) 多式联运经营人或其授权人的签字及单据的签发日期、地点;
(10) 经双方明确协议有关运费支付的说明;
(11) 有关运输方式、运输路线、转运地点的说明;
(12) 有关声明。

国际多式联运提单一般都应注明上述各项内容,如果缺少其中一项或两项,只要所缺少的内容不影响国际多式联运单证的法律性质,不影响货物运输和各当事人之间的利益,这样的国际多式联运单证仍然有效。如果是国际集装箱多式联运,还应记载有关集装箱的内容,如集装箱箱号、箱型、数量、封志号等。

此外,除按规定内容填制外,还可以根据双方的实际需要和要求,在不违背单证签发目的地法律的情况下加注其他的项目,如有关特种货物的装置说明、对所收到的货物批注说明以及在不同的运输方式下承运人之间的临时洽商批注等。

国际多式联运提单所记载的内容,通常由发货人或货物托运人填写,或由多式联运经营人或其代理人根据发货人所提供的有关托运文件及双方协商的情况填写。如果属于跟单信用证下的贸易,单证上填写的内容应与信用证的内容一致,以保证顺利结汇。

(二) 国际多式联运单证的签发

多式联运经营人在收到货物后,凭发货人提交的收货收据签发国际多式联运提单前,应向发货人收取合同规定的和应由其负担的全部费用,然后可以根据发货人的要求签发可转让或不可转让国际多式联运提单中的任何一种。签发国际多式联运提单时应注意以下事项。

(1) 如果签发可转让的国际多式联运提单,应在收货人栏列明按指示交付或向持票人交付。签发不可转让的国际多式联运提单时,应列明收货人的名称。

(2) 如果多式联运经营人在接收货物时,对货物的实际情况和提单中所注明的货物的种类、数量、重量和标志等有怀疑,但又无适当方法进行核对、检查时,可以在提单中作出保留,注明不符之处及怀疑根据。

(3) 提单上的通知人一般是在最终交货地点由收货人指定的代理人。

(4) 对签发正本提单的数量一般没有规定,但如果应发货人的要求签发一份以上的正本时,在每份正本提单上应注明正本份数。如签发一套一份以上的正本可转让提单时,各正本提单具有同样的法律效力,而多式联运经营人或其代理人如果已按其中的一份正本交货便已履行交货责任,其他的提单自动失效。如果签发任何副本(应要求),每份副本均应注明"不可转让副本"字样,副本提单不具有提单的法律效力。

(5) 国际多式联运提单应由多式联运经营人或经其授权的人签字。如果不违背多式联运经营人所在国的法律,签字可以是手签,手签笔迹的印、盖章、符号可用任何其他的机械或电子仪器打出。

(三) 缮制或审核国际多式联运提单时应注意的问题

在缮制或审核国际多式联运提单时一般应注意以下问题:

(1) 表面上应注明由多式联运经营人、承运人、船长或他们的代理人所签署;

(2) 表明货物已发运,接受监管或装船并有装运日期;

(3) 提交的单据是全套的;

(4) 有货物的接受监管地和最后目的地,并与信用证规定相符;

(5) 在所有的方面均符合信用证的规定,并可以参照海运提单进行缮制或审核。

(四) 几种常用的其他运单

1. 航空运单

航空运单(Airway Bill, AWB)是航空公司及其代理人(即承运人签发给发货人)表示已收妥货物并接受托运的货物收据,航空运单也是承运人与托运人之间的运输合同,但它不是物权凭证,既不能背书转让(即航空运单右上方有"Non Negotiable"字样),也不能凭以提货。

航空运输货物托运要先填写《国际货物托运书》,连同出口明细表、发票、装箱单及海关发票、商检需要的单证办妥报关手续;当货物运抵目的地后,收货人凭航空公司的到货通知及有关证明即可提取货物并在货单上签收。航空运输集中托运流程如图4-6所示。

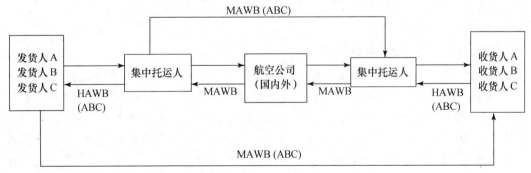

图4-6 航空运输集中托运流程

2. 铁路运单

通过国际铁路办理货物运输时，在发运站由承运人加盖日戳签发的运单叫铁路运单（Railway Bill）。铁路运单一律以目的地收货人作记名抬头，一式两份。正本随货物同行，到目的地交收货人作为提货通知；副本交托运人作为收到托运货物的收据。在货物尚未到达目的地之前，托运人可凭铁路运单副本指示承运人停运，或将货物运给另一个收货人。铁路运单只是运输合约和货物收据，不是物权凭证，但在托收或信用证支付方式下，托运人可凭运单副本办理托收或议付。

3. 邮包收据

邮政运输是一种手续简便、运输范围较广的运输方式。通过邮局邮寄货物时，由邮局签发的货物收据和合同证明就是邮包收据（Parcel Post Receipt）。邮包收据不是物权凭证，不能凭以提货、背书转让，只能做成记名抬头，由经办邮局加盖邮戳后成为有效凭证。邮包内装货物的数量有限，一件邮包货物的重量不得超过 20 千克，长不超过 1 米。因此，邮政运输通常适用于小件货物或样品等运输。

邮包按照运送方式分为普通邮包、航空邮包和保价邮包三种。普通邮包用于海运或陆运，运输时间长，但收费低廉。航空邮包用于空运，运输速度快，但收费高。贵重物品还可以通过付保价费而成为保价邮包。此外，这些年来还出现了"邮政特快专递服务"，诸如 DHL、EMS、FE 等方式，使邮寄货物更快捷、更安全。

同步训练

一、关键名词

国际海洋货物运输　　海运提单　　班轮运输　　租船运输
国际铁路货物运输　　集装箱　　　国际多式联运

二、复习思考题

1. 简述国际海运出口货物的业务流程。
2. 简述国际航空货物运输的组织方法。
3. 简述集装箱进出口业务流程。
4. 简述国际多式联运的业务流程。
5. 海运提单的基本种类有哪些？

三、案例与分析

【案例 4-1】中国远洋物流公司[①]

2002 年 1 月 8 日，中国远洋物流有限公司（以下简称中远物流）在京宣告成立。

中远物流以国际化的远洋船队为依托，以科技创新和管理创新为突破口，加强服务体系建设，在全国建立了包含 300 多个站点的物流服务网络体系，形成了功能齐全的信息系统；拥有营运车辆 1222 辆，其中集卡车 850 多辆，物流车 339 辆，大件运输车 32 组；仓库和堆场 154 万平方米；成功开行了 6 条以"中远号"命名的集装箱"五定班轮"，培养造就了一支现代

---

① 引自中国物流与采购联合会《中国物流配送研究报告》。

物流和船舶代理专业人才队伍。

中远物流整合内部物流资源,成立现代物流公司,为国内外广大客户提供现代物流、国际船舶代理、国际多式联运、公共货运代理、空运代理、集装箱场站管理、仓储、拼箱代理、铁路、公路和驳船运输、项目开发与管理以及租船等服务。

中远物流将把发展重点放在国内,锁定三个目标市场:巩固已有的客户资源;开拓国内大中型跨国企业物流市场;国外物流企业进入中国后需要寻找国内的物流供应商,中远物流利用已经形成的优势和外来公司既合作又进行竞争。

中远物流凭借国际化的网络优势,在细分市场的基础上,重点开拓了汽车物流、家电物流、项目物流、展品物流,为客户提供高附加值服务,建立了长江流域和珠江三角洲流域两大集装箱支线服务体系。作为公共支线承运人,中远物流有力地支持了干线班轮运输业务,以上海、天津和武汉等港口枢纽城市为中心,依托高速公路网,建立比较完整的国内干线配送和城际快运通道,形成了以北京、上海和广州为三大集散中心空港为主体的航空货运代理网络,在欧洲、美洲、日本、韩国、香港等空港建立了空运代理机构,初步建立了全球空运网络。中远物流还在全国所有的开放口岸设有80多家船舶代理机构,在日本、韩国、新加坡、希腊等国家以及中国香港设有多个代表处,主要经营中外籍各类船舶在我国港口、水域和有关地方的各项代理业务,包括办理订舱配载、单证制作、EDI 传输、提单签发、进口放货以及运费收取、海事处理代理等服务,为客户提供航空货运、快件、客票、监管运输及报关、仓储等服务,办理订舱、仓储、中转、集装箱、拼箱拆箱、结算运杂费、报关、报验、保险、相关短途运输以及信息咨询等服务。

> **思考回答**
>
> 1. 成立中远物流有什么意义?
> 2. 中远集团为在国际货运市场保持竞争优势采取了哪些举措?
> 3. 中远物流的业务内容和业务范围是什么?其核心业务是什么?

【案例4-2】卸货港的选择[①]

我某出口公司按CFR条件向日本出口红豆250吨,合同规定卸货港为日本口岸,发货物时,正好有一船驶往大阪,我公司打算租用该船,但在装运前,我方主动去电询问哪个口岸卸货时值货价下跌,日方故意让我方在日本东北部的一个小港卸货,我方坚持要在神户、大阪。双方争执不下,日方就此撤销合同。

> **思考回答**
>
> 1. 我方的做法是否合适?
> 2. 日本商人是否违约?

---

① 2010年国际货运代理考试试题案例题。

单证样本与实例

一、托运单样本

托 运 单　　　　　　　　　　托运单号 NO.：
SHIPPING ORDER

托运人：　　　　　　　　　　　日期：
Shipper：　　　　　　　　　　　Date：
装运港：　　　　　　　　　　　目的港：
Loading Port：　　　　　　　　　Destination：
　　　　　　　　　　　　　　　提单号 B/L No.：

收货人：　　　　　　　　　　　通知人：
Consignee　　　　　　　　　　　Notify

标记	件数	货名	净重	毛重	尺码
Shipping Marks	Quantity	Description of goods	Net Weight	Gross	Weight

Measuremant

Total：

可否分批 Partial Shipment：
正本 Original B/L：
可否转船 Transshipment：
副本 Copy of B/L：
装船期限 Latest Shipment Date：
货存地点 Goods in：
结汇期限 Expiry Date：
发票金额 Amount：
运费缴付方式：
L/C 号：
发票号 Invoice NO.：
合同号 S/C NO.：
货证情况：
运输方式：

运费吨：　　　　　　　　　　　运输费：
运费金额：

特殊条款：

二、场站收据样本

SHIPPER			D/R NO.		抬头
CONSIGNEE			装货单		
NOTIFY PARTY			场站收据副本		
PRE-CARRIAGE BY PLACE OF RECEIPT					
OCEAN VESSEL VOY. NO. PORT OF LOADING					
PORT OF DISCHARGE PLACE OF DELIVERY				FINAL DESTINATION FOR THE MERCHANT'S RETERENCE	
CONTAINER NO.	SEAL NO.	NO. OF CONTAINERS OR PKGS	KIND OF PACKAGES; DESCRIPTION OF GOODS	GROSS WEIGHT	MEASUREMENT
TOTAL NUMBER OF CONTAINERS OR PACKAGES(IN WORDS))			SAY _____ ONLY		
CONTAINER NO.	SEAL NO.		PKGS	CONTAINER NO. SEAL NO. PKGS	
				RECEIVED BY TERMINAL	
FREIGHT & CHARGE	PREPAID AT		PAYABLE AT	PLACE OF ISSUE	
	TOTAL PREPAID		NO. OF ORIGINAL B/L THREE		

三、海运提单样本

Shipper			**BILL OF LADING**

COSCO

Consignee			

Notify Party			

*Pre carriage by	*Place of Receipt	**CHINA OCEAN SHIPPING**

COMPANY

Ocean Vessel Voy.No.	Port of Loading	

ORIGINAL

Port of discharge	*Final destination	Freight payable at	Number original Bs/L

Marks and Numbers	Number and kind of packages;Description	Gross weight	Measurement m3

TOTAL PACKAGES(IN WORDS)

Freight and charges

Place and date of issue

Signed for the Carrier

*Applicable only when document used ad a Through Bill of Loading

四、航空运单样本

Shipper's name and address MATSUDA TELEVISION SYSTEMS CO. LOT5, PRESIAN TENKU APUAN SITE 400 SHA ALAM SELANG DE MALAYSIA						NOT NEGOTIABLE **Air Waybill** Issued by **Beijing kinte world express co., ltd.**		
Consignee's name and address MATSUDA QINGDAO CO., LTD. NO. 128 WUHAN ROAD QINGDAO CHINA						It is agreed that the goods described herein are accepted in apparent good order and condition (except as noted) for carriage SUBJECT TO THE CONDITIONS OF CONTRACT ON THE REVERSE HEREOF, ALL GOODS MAY BE CARRIED BY ANY OTHER MEANS. INCLUDING ROAD OR ANY OTHER CARRIER UNLESS SPECIFIC CONTRARY INSTRUCTIONS ARE GIVEN HEREON BY THE SHIPPER. THE SHIPPER'S ATTENTION IS DRAWN TO THE NOTICE CONCERNING CARIER'S LIMITATION OF LIABILITY. Shipper may increase such limitation of liability by declaring a higher value of carriage and paying a supplemental charge if required.		
Issuing Carrier's Agent Name and City **Beijing kinte world express co., ltd.**								
Agents IATA Code			Account No.					
Airport of Departure (Add. of First Carrier) and Requested Routing K. LUMPUR, MALAYSIA						Accounting Information FREIGHT COLLECT		
to QAO	By first carrier KE	to	by	to	by	Currency USD	Declared Value for Carriage NVD	Declared Value for Customs NVD
Airport of Destination QINGDAO, CHINA		Flight/Date KE855/17JUN		Amount of Insurance		INSURANCE-If carrier offers insurance and such insurance is requested in accordance with the conditions thereof indicate amount to be insured in figures in box marked "Amount of Insurance"		
Handling Information "NOTIFY PARTY-SAME AS CONSIGNEE"								
No. of Pieces	Gross Weight	Rate Class		Chargeable Weight	Rate/Charge		Total	Nature and Quantity of Goods
52	510.00			211	AS ARRANGED			TV-PARTS 12.638M3

续表

Prepaid Weight charge Collect AS ARRANGED	Other Charges
Valuation Charge	
Tax	
Total Other Charges Due Agent	Shipper certifies that the particulars on the face hereof are correct and that insofar as any part of the consignment contains dangerous goods, such part is properly described by name and is in proper condition for carriage by ar according to the applicable Dangerous Goods Regulations. _____ Signature of Shipper or his agent
Total Other Charges Due Carrier	

Total Prepaid	Total Collect AS ARRANGED	JUN. 10,1999　　QINGDAO KEWQAO Executed on _____ at _____ Signature of issuing Carrier or as Agent	
Currency Conversion Rates	CC Charges in des. Currency		
For Carrier's Use Only at Destination	Charges at Destination	Total Collect Charges	AIR WAYBILL NUMBER KEW-51000788

五、装箱单(根据项目三"单证样本与实例"信用证 NO. ABC123456)

SHANDONG JINXIU TEXTILES IMPORT AND EXPORT CO., LTD

116 SHANDONG ROAD, QINGDAO, P. R. CHINA

TEL：0086-532-86739273　　　　　　FAX：0086-532-86739273

PACKING LIST

To： ABC CORPORATION.　　　　　　　Invoice No.： JXT-CI071006
　　　18 KING ROAD, DUBAI, UAE　　　Invoice Date：DEC. 12,2007
　　　　　　　　　　　　　　　　　　　　S/C No.： JYT 071006
　　　　　　　　　　　　　　　　　　　　S/C Date：OCT. 6,2007

From：QINGDAO　　　　　　　　　　　To： DUBAI
Letter of Credit No.：ABC123456　　　Issued By： HSBC BANK PLC, DUBAI, UAE
Date of Issue：NOV. 15,2007

Marks and Numbers	Number and kind of package / Description of goods	Quantity	Package	G.W	N.W	Meas.
ABC S/C no.:JXT071006 Style no.:JX102 Port of destination: Dubai Carton no.:1—26	MEN'S SHIRT SHELL:WOVEN TWILL 100% COTTON STYLE NO. JX102 ORDER NO. 989898 PACKED IN 20PCS/CTN SHIPPED IN 20'FCL	5200PCS	260CTNS	2600KGS	2340KGS	23.712M^3

TOTAL: 5200PCS   260CTNS   2600KGS   2340KGS   23.712M^3

SAY TOTAL: TWO HUNDRED SIXTY CARTONS ONLY.
FOR AND ON BEHALF OF:
SHANDONG JINXIU TEXTILES IMPORT AND EXPORT CO.,LTD
++++++++++ (MANUALLY SIGNED)

六、装运通知(根据项目三"单证样本与实例"中信用证 NO. ABC123456)

SHANDONG JINXIU TEXTILES IMPORT AND EXPORT CO.,LTD

116 SHANDONG ROAD,QINGDAO, P.R. CHINA

TEL:0086-532-86739273   FAX:0086-532-86739273

SHIPPING ADVICE

TO:	ABC CORPORATION. 18 KING ROAD,DUBAI,UAE	ISSUE DATE:	JAN. 2,2008
		S/C NO.:	JXT071006
		L/C NO.:	ABC123456
		DATE:	NOV. 15,2007
		NAME OF ISSUING BANK	HSBC BANK PLC, DUBAI,UAE

Dear Sir or Madam:

We are Please to Advice you that the following mentioned goods has been shipped out, Full details were shown as follows:

Invoice Number:	JXT071006
Bill of loading Number:	COSUSHA003189
Ocean Vessel:	PUHE, VOY. NO. 246W
Port of Loading:	QINGDAO
Date of shipment:	DEC. 30, 2007

续表

Port of Destination:	DUBAI
Estimated date of arrival:	JAN. 15, 2007
Containers/Seals Number:	GATU8544387/3320757
Description of goods:	MEN'S SHIRTS
Shipping Marks:	ABC S/C no.: JXT071006 Style no.: JX102 Port of destination: Dubai Carton no.: 1—60
Quantity:	5200PCS
Gross Weight:	2600KGS
Net Weight:	2340KGS
Total Value:	USD81120.00

Thank you for your patronage. We look forward to the pleasure of receiving your valuable repeat orders. Sincerely yours,

FOR AND ON BEHALF OF:
SHANDONG JINXIU TEXTILES IMPORTS AND EXPORT CO., LTD
刘琦

项目五　国际货物仓储与配送

内容与重点

◎　国际货物仓储的类型与功能。
◎　保税仓库与保税区。
◎　保税货物进库与出库的操作程序。
◎　国际货物仓储业务流程。
◎　国际货物配送业务流程。
◎　保税仓库提货员、保管员与记账员的职责。

任务一　国际货物仓储与配送基础知识

一、国际货物仓储的类型与功能

（一）国际货物仓储的含义

随着国际贸易的迅猛发展，全球经济一体化赋于国际仓储管理新的使命和内容。国际物流业务中的仓库作为国际物流服务的节点，在国际物流系统中主要承担储存、保管、流通加工和增值服务等功能，是国际物流运作的重要环节。

仓储管理就是对仓库以及仓库内的物资所进行的管理。它是仓储机构为了充分利用自己所具有的仓储资源，提供高效的仓储服务所进行的计划、组织、控制和协调过程。具体来说，仓储管理包括仓储资源的获得、仓库管理、经营决策、商务管理、作业管理、仓储保管、安全管理、劳动人事管理和财务管理等一系列管理工作。

国际货物仓储及其管理就是在国际物流中形成的国际货物仓储和仓储管理，它是国际物流系统的支柱性功能要素。随着现代仓储业的发展和供应链管理的实施，国际仓储业的理念与业务范围在不断地创新和扩展。

国际货物仓储的作用主要有：
（1）仓储能够提供运输的整合和配载；
（2）仓储可以进行货物分拣和产品组合；
（3）仓储可以提供疏通加工的场所；
（4）仓储可以平衡生产和保证供货；
（5）仓储可以进行存货控制；
（6）仓储在国际物流成本中的比值高；

（7）仓储是国际物流增值服务功能的实现环节。

（二）国际货物仓储的类型

仓储的基本本质虽然是物品储藏和保管的场所，但由于经营主体的不同、仓储对象的不同、经营方式的不同、仓储功能的不同，从而使得不同的仓储具有不同的特性。

国际物流中仓储的分类有以下三种分类方法。

1. 根据仓储在商品流通中的主要职能进行划分

（1）口岸仓储。

口岸仓储又称周转仓库，是指储存口岸和内地外贸业务部门或其他外贸经营单位收购的待运出口商品和进口待分拨商品的仓库。这种仓库一般都设置在商品集中发运出口的沿海港口城市。口岸仓储的仓储规模大，外贸商品的储存时间短、周转快，来往进出口商品面向全国、全球，流量大，要求及时集散。

（2）中转仓储。

中转仓储又称转运仓库，是指严格按照进出口商品的合理流向，收储、转运本地区和外地区经过口岸出口商品的仓库。这种仓库多设置在商品生产集中的地区或城市以及出运港口之间的铁路、公路、水路交通运输便利的大、中型城市。

（3）加工仓储（工厂）。

加工仓储（工厂），是指对某些出口商品，按照成交合同规定的质量、规格、数量和包装等要求进行加工、挑选、整理、再包装、分装、拼装和改装，以适应国际市场需要的仓库。加工仓储（工厂）的主要特点是将商品的储存与加工业务紧密结合起来。

（4）存储仓库。

存储仓库，是指用于储存那些待销的出口商品、援外的储备物质、进口扶持生产用的物资、包装材料和需要转为内销商品的仓库。存储仓库的主要特点是商品储存期较长，货物来自四面八方。

2. 根据存储商品的性能和技术设备进行划分

（1）通用仓储。

通用仓储又叫普通物品仓储，是指不需要特殊保管条件的物品仓储。通用仓储储存一般的生产物资、普通生活用品和普通工具等杂货类物品，不需要针对货物设置特殊的保管条件，采取无特殊装备的通用仓库或货场存放货物。

（2）特种仓储。

特种仓储又叫特殊物品仓储，是在保管中有特殊要求和需要满足特殊条件的物品仓储，如危险物品仓储、冷库仓储和粮食仓储等。特种仓储一般采取专用仓库，按照物品的物理特性、化学特性、生物特性以及法规规定进行专门的仓库建设和实施管理。

（3）专用仓储。

专用仓储是专门用以存储某一类商品的仓库，其所需仓库具有专用特性，如粮食、水果和肉类等的储存。又如，保温仓库是用于储存对湿度、温度有特殊要求的仓库，包括恒温、恒湿和冷藏库等。这类仓库在建筑上要有隔热、防寒、密封等功能，并配备专门的设备（如空调、制冷机等）。

3. 根据仓储经营主体进行划分

（1）自用仓储。

企业自用仓储包括生产企业和流通企业的自用仓储。它仅仅是为企业的产品生产或商品经营活动服务。相对来说自用仓库的规模小、数量众多、专用性强,而仓储专业化程度低、设施简单。企业自用仓储为自营仓储,不开展商业性仓储经营。

(2) 公用仓储。

公用仓储是仓库经营人以其拥有的仓储设施向社会提供商业性仓储服务的仓储行为。仓库经营人与存货人通过订立仓储合同的方式建立仓储关系,并且依据合同约定提供服务和收取仓储费。公用仓储采用开放式营业,包括采取提供货物仓储服务和仓储场地服务。

(3) 第三方仓储。

第三方仓储企业能够提供专业化的高效、经济和准确的分销服务,从本质上说,第三方仓储表现为生产厂商和仓储企业之间的伙伴关系,它为数量有限的货主提供专门物流服务,包括存储、卸货、拼箱、订货分类、现货库存、在途混合、库存控制、运输安排、信息和货主要求的其他服务。因此,第三方仓储不仅仅提供存储服务,还可以为货主提供一整套物流服务。通过利用第三方仓储服务,客户企业可以将物流活动转包出去,以集中精力搞好生产和销售。

(4) 保税仓储。

保税仓储,是指使用海关核准的保税仓库存放保税货物的仓储行为。保税货物主要是暂时进境后还需要复运出境的货物或者海关批准暂缓纳税的进口货物。保税仓储受到海关的直接监控,虽然说货物也是由存货人委托保管,但保管人要对海关负责,入库或者出库单据均需要由海关签署。保税仓储一般在进出境口岸附近进行。

(三) 国际货物仓储的功能

国际货物仓储作为国际物流管理的核心环节而存在,并在国际物流中发挥着协调作用,同时还成为国际产品制造环节的延伸,其在国际物流中的功能在不断扩展。

1. 存储功能

仓储的存储功能可以细化为保管、运输、集中、拆装和混装等几个主要的方面。其中,保管具有以调整供需为目的的调整时间和调整价格的双重功能。运输可以将货物集中起来,如果货物的供应来源较多,采用建立货物集中地——仓库的方法就更经济一些,这样可以将零星货物集中成较大批量的运输单位,扩大运输批量,从而降低总的运输成本。另外,在仓储期间进行拆装,根据客户的需要通过产品混装以小批量送到客户的手中,可以带来运输中的经济效益。因此,仓库作为进行拆装、混装的场所,可以将不同地点生产的货物通过大批量运输集中到一个地点,然后根据订单组合货物,再将混装后的货物运送给客户。

2. 装卸搬运功能

在国际货物仓储作业过程中,从进货入库开始,即储存保管、拣货、流通加工、出库、卡车装载直到配送到客户,装卸搬运作业所占的比重非常高。装卸搬运活动在物流过程中是不断出现和反复进行的,每次装卸活动花费的时间长短各不相同,所以此项活动往往成为决定物流速度的关键。此外,进行装卸搬运操作时往往需要接触货物,因此该项活动是在物流过程中造成货物破损、散失、损耗、混合等损失和差错的主要环节。因此,国际物流仓储的合理化应先从装卸搬运系统着手,装卸搬运系统是实现物流中心化或仓库效率化的关键因素之一。

3. 信息处理功能

信息处理功能与存储、搬运功能相伴相生,国际货物仓储(库)是国际物流信息系统的重点节点。管理者通过掌握及时和准确的信息有效地控制仓储活动。存货水平、产量水平(仓库流动的货物数量)、存货地点、进货和出货运输、客户数据、设施空间利用情况、人事等信息对于仓储运作经营得成败至关重要。越来越多的企业依赖于运用电子数据交换(EDI)、互联网以及条形码等技术来提高信息传递的速度和准确性。仓储环节所获得的市场信息虽然比销售信息滞后,但更为准确和集中,信息反应快捷。

4. 增值功能

除了经济利益和服务利益外,仓库还必须根据不同客户的特定需求提供增值服务,以保持其竞争能力。仓库可以根据市场对产品消费的偏好,对产品进行最后的加工改造和流通加工,以提高产品的附加值,促进产品的销售,甚至增加收益。最普通的增值服务与包装有关,如货物由大包装改换成小包装。在通常情况下,产品往往是以散装形式或无标志形式装运到仓库里的,所以,这种存货基本上没有什么区别。一旦收到顾客的订单,仓库经营人就要按照客户的要求对产品进行定制和发放。因此,该产品在仓库里存放时是没有区别的,但是客户实际收到的是已经定制化了的产品和包装;仓储的增值功能还可以通过提供仓单抵押业务来实现。仓单抵押,是指仓储物流企业可以其信誉与银行等金融机构进行合作,开展仓单抵押,在获得收入的同时也为客户提供了增值服务。

5. 国际理货

国际理货是对外贸易和国际货物运输中不可缺少的环节。理货(Tally),是指在货物交接过程中按照货物标志进行分喽、验残、计数、制单、编制记录,公正地、实事求是地分清港贸、港航之间的数字和残损责任的一种专业性工作。涉外仓库是国际理货的一个重要场所。

根据性质的不同,理货可分为公证性理货和交接性理货。

公证性理货是由船方申请专业理货人员(外轮理货公司)对船舶实行的强制理货。理货人员代表船方收货或交货。

运输部门为了货物的交接和保管而配备的专职人员或委托理货人员代表运输部门交接货物,这一类的理货就是交接性理货。港口的库场理货是将出口货物交付船方,进口货物接卸入库、保管、转运交付货主。港口在进出口货物交接中对货物的溢短、残损等情况要如实地做好记录,并取得责任方的签认,以此作为向责任方办理索赔的依据。

二、保税仓库和保税区

(一)保税制度

随着国际贸易的不断发展以及外贸方式多样化,世界各国进出口货运量增长很快,出现了如进口原料、配件进行加工,装配后复出口,补偿贸易、转口贸易、期货贸易等灵活的贸易方式。如果在进口时要征收关税,复出口时再申请退税,手续过于烦琐,也不利于发展对外贸易。为了方便进出口,有利于把对外贸易搞活,又使未完税货物仍在海关有效的监督管理之下,保税仓库制度随之出现。保税制度,是指在通关放行前,可暂时免除或延缓课征关税的制度。目前,我国的保税制度包括保税仓库、保税工厂和保税区、保税运输等。

保税仓库,是指专门存放海关核准的保税货物的仓库。这种仓库仅限于存放供来料加工、进料加工复出口的料件、暂时存放之后复运出口的货物和经过海关批准缓办纳税手续进境的货物。例如,转口贸易保税仓库、加工贸易备料保税仓库、寄售维修保税仓库。

保税工厂,是指经过海关批准,并在海关监管之下专门建立的,用免税进口的原材料、零部件、元器件等加工、生产、制造或存放外销产品的专门工厂、车间。

保税区,是指在出入境比较便利的地方,划出一些易于管理的区域,以与外界隔离的全封闭方式,在海关监管下存放和加工保税货物的特定区域。

保税运输的主要功能是为了扩大保税仓库的利用和保税货物的移动。因为保税货物是在没有缴纳关税的情况下移动,故通常需经海关批准后加上关封或用其他简易可行的方法实行监管。

(二) 保税仓库

保税仓库是受海关监督管理,专门存放按海关法令规则和经海关核准缓纳关税的进出口货物的场所。进口的货物可以提前向海关申请存入保税仓库,在规定的仓库期间内原货出口或重整后出口是免税的。国内欲出口的保税货物进入保税仓库储放后,可依规定办理除账;供重整的货物进入保税仓库储放后,在公告退税的项目内,可于出口后办理冲税或退税。这两项存仓的货物在规定存仓期间内,货物所有人或仓单持有人必须申请海关核准于仓库范围内整理、分类、装配或重装。

保税仓库的设立需要专门批准,外国货物的保税期一般最长为两年。在这个时期中,经营者可将其存放在保税仓库中,也可以寻找最适当的销售时机,一旦实现销售,再办理通关手续。如果两年之内未能销售完毕,可再运往其他的国家,保税仓库所在国不收取关税。

1. 保税仓库的类型

世界各国对保税仓库类型的划分各不相同,但就保税存储这一点是共同的。就我国而言,保税仓库大体可以分为以下四种。

(1) 专业性保税仓库。

专业性保税仓库是由有外贸经营权的企业经海关批准而建立的自管自用的保税仓库,如纺织品进出口公司自营的保税仓库,储存进口的纺织品原料和加工复出口的成品的保税仓库,储存寄售、维修进口设备零配件的保税仓库以及储存中外国际航行船舶油料的保税仓库等。

(2) 公用保税仓库。

公用保税仓库是具有法人资格的经济实体,经海关批准建立的综合性保税仓库。这种保税仓库一般不经营进出口商品,它面向社会和国内外保税货物持有者。不论谁的货物,只要符合海关的法令规定,而仓库也有条件储存的,都可以接受。如外运公司经营的保税仓库即属于这一类型。

(3) 保税工厂。

保税工厂是整个工厂或专用车间在海关的监督管理下专门生产来料加工、进口零部件装配复出口的工厂。

(4) 海关监管仓库。

我国的海关监管仓库与外国的保税区域的功能有类似之处,主要存放货物以及行李物品进境而所有人未来提取,或者无证到货、单证不齐、手续不完备以及违反海关章程,海关不予放行,需要暂存海关监管仓库听候海关处理的货物。还有一种类型是出口监管仓库,专门存储已对外成交并已结汇,但海关批准暂不出境的货物。这种仓库现在基本上交由专营的仓储企业经营管理,海关行使行政监管职能。存放在海关监管仓库的货物有两个期限,如储存超过14天,海关要征收滞纳金;超过3个月仍不提取的,便视为放弃货物,按照《中华人民共和国海关法》(以下简称《海关法》)的规定变卖,款项交归国库。

2. 保税仓库的申请与审批

保税仓库的设立申请应具备以下条件。

(1) 经工商行政管理部门注册登记,具有企业法人资格。其中,申请公用型保税仓库的企业,其经营范围中必须有仓储业务。

(2) 注册资本最低限额为300万人民币。

(3) 具备向海关缴纳税款的能力。

(4) 具有专门存储保税货物的营业场所。

(5) 申请经营特殊许可商品存储的,应当持有规定的特殊许可证件。

(6) 申请经营备料保税仓库的加工贸易企业,年出口额最低为1000万美元。

(7) 申请设立的保税仓库应符合海关对保税仓库布局的要求。

(8) 具备符合海关监管要求的安全隔离设施、监管设施和办理业务必需的其他设施。

(9) 具备符合海关监管要求的保税仓库计算机管理系统并与海关联网。

(10) 具备符合海关监管要求的保税仓库管理制度、符合《中华人民共和国会计法》要求的会计制度。

(11) 符合国家土地管理、规划、交通、消防、安全、质检、环保等方面法律、行政法规及有关规定。

(12) 申请设立公用保税仓库的,面积最低为2000平方米。

(13) 申请设立寄售维修保税仓库的,面积最低为2000平方米。

(14) 法律、行政法规、海关规章规定的其他条件。

具体申请时应向海关递交相应文件。主管海关在审核有关申请文件后,应派员到仓库实地验库、检查仓储设施和核定仓储面积。对符合海关监管条件的,则区别不同类型的保税仓库分别办理审批手续。

对设立公用型保税仓库的,由直属海关审核同意后报海关总署审批;对设立加工贸易备料保税仓库的,由直属海关负责审批,并报海关总署备案。

经批准设立的保税仓库,应由海关颁发保税仓库登记证书。

3. 保税仓库允许存放的货物范围

保税货物,是指经海关批准未办理纳税手续进境,在国内储存、加工、装配后复出境的货物。这类货物如果在规定的期限内复运出境,经海关批准核销;如果转为内销,进入国内市场,则必须事先提供进口许可证和有关证件,正式向海关办理进口手续并缴纳关税,货物才能出库。

就我国现行的法律制度来说,我国的保税仓库所允许存放的货物范围如下。

(1) 缓办纳税手续的进口货物。

缓办纳税手续的进口货物包括进口国工程、生产等需要和由于种种原因的预进口货物,储存在保税仓库内,随需随提,并办理通关手续,剩余的货物免税;还包括因进口国情况变化、市场变化而暂时无法决定去向的货物,或是无法作出最后处理的货物,这些货物都需要暂时存放一段时间。如果条件发生变化,需要实际进口,再缴纳关税和其他的税费,这就使进口商将纳税时间推迟到货物实际内销的时间,节省了流动资金的占用。

(2) 来料加工后复出的货物。

为了鼓励国际贸易的发展,减少在进出口过程中的物流成本,对有些来料加工,又是在保税区或保税仓库完成的,加工后该货物复出口,则可以存放于保税仓库。

(3) 需做进口技术处置的货物。

有些货物到货后,由于不适合在进口国销售,需要更换包装、贴标签或做其他的加工处理,则可以进入保税仓库进行技术处理,完成符合进口国对商品要求的加工后再内销完税,不符合的则免税退返。

(4) 不内销而过境转口的货物。

一些货物因内销无望而转口,或者在该区域存放有利于转口,或者无法向第三国直接进口而需转口,也可以存放于保税仓库中。

需要特别指出的是,保税仓库在国际物流中,不仅适用于进口货物,而且也适用于出口货物。

4. 海关监管保税仓库的有关制度

保税仓库同一般的仓库不同,其最大的不同点在于保税仓库及其所有的货物受海关的监督管理,非经海关批准,货物不得入库和出库。保税仓库的经营者既要向货主负责,又要向海关负责。我国海关对保税仓库的监管主要包括以下九个方面。

(1) 保税仓库对所存放的货物,应有专人负责,要求于每月的前5日内将上月所存货物的收、付、存等情况列表报送当地海关核查。

(2) 在保税仓库中不得对所存货物进行加工,如需改变包装、加刷唛码,必须在海关监管下进行。

(3) 海关认为必要时,可以会同保税仓库的经理人,双方共同加锁,即实行连锁制度。海关可以随时派员进入保税仓库检查货物的储存情况和有关账册,必要时要派员驻库监管。

(4) 货主在保税仓库所在地以外的其他口岸进口货物,应按海关对转口运输货物的规定办理转口手续。货物运抵后再按上述规定办理入库手续。

(5) 存放在保税仓库的保税货物要转为国内市场销售,货主或其代理人必须事先向海关申报,递交进口货物许可证、进口货物报关单和海关需要的其他单证,并缴纳关税和产品(增值)税或工商统一税后,由海关核准并签印放行。保税仓库凭海关核准单证发货,并将原进口货物报关单注销。

(6) 对用于中、外国际航行船舶的保税油料和零配件以及用于保税期限内免税维修有关外国产品的保税零配件,海关免征关税和产品(增值)税或工商统一税。

(7) 海关对提取用于来料加工、进料加工的进口货物,按来料加工、进料加工的规定进行管理并按实际加工出口情况确定免税或补税。

(8) 保税仓库所存货物储存期限为1年。如因特殊情况可向海关申请延期,但延长期最长不得超过1年。保税货物储存期满既不复运出口又未转为进口的,由海关将货物变卖,所得价款按照《海关法》第21条的规定处理,即所得价款在扣除运输、装卸、储存等费用和税款后,尚有余款的,自货物变卖之日起1年内,经收货人申请,予以发还,逾期无人申请的,上缴国库。

(9) 保税仓库所存货物在储存期间发生短少,除因不可抗力的原因外,其短少部分应当由保税仓库经理人负缴纳税款的责任,并由海关按有关规定处理。保税仓库经理人如有违反海关上述规定的,要按《海关法》的有关规定处理。

海关代表国家监督管理保税仓库及其所存的保税货物,执行行政管理职能。保税仓库的经营者具体经营管理保税货物的服务工作,可以说是海关和经营者共同管理保税仓库。经营者要依靠海关办好保税仓库,因此必须充分协作配合,保税仓库经营者要严格执行海关的法令规定,在这个前提下,海关力求简化手续、提供方便,共同把保税仓库办好,以充分发挥保税仓库的优越性,为发展对外经济贸易服务。

5. 保税货物进库与出库的操作程序

(1) 直接报关进区的货物的操作程序。

① 保税货物进库前,货主应尽可能提前将预备进保税仓库的货物发票和装箱单复印件或传真件交仓储部,以便仓储部经理安排仓位和相关资源。

② 货物进库时,有纸报关的,送货人须将经卡口海关工作人员确认的备案清单复印件交仓库保管员;无纸报关的,送货人须将经卡口海关工作人员确认的《放行通知书海关验放联》和《货主留存联》以及此货物的发票和装箱单交仓库保管员。

③ 货物抵库后,仓库保管员向送货人索要上述单证并核对货物的数量、唛头和包装是否吻合,如果发现货物的数量、唛头有任何不符合应立即上报仓储部经理并与客户联系,及时处理。如果发现货物外包装破损时,应及时联系客户,并在原地拍照取证。

④ 货物验收完毕后,仓库保管员应将货物堆放整齐,及时填写入库理货记录,做好《三级台账》。将《入库理货记录》签字后连同单据移交给单证管理员,并将桩脚卡挂好;单证管理员接到单据后,根据仓库保管员的《入库理货记录》,将数据录入海关仓储管理系统,作入库处理,将单据归档。无纸报关的,还须将《放行通知书海关验放联》交清关部或客户向通关科交单。

(2) 先进区再报关出口的货物(视同出口或结转)的操作程序。

① 货物进库前,货主应尽可能提前将预备进保税仓库的货物发票和装箱单复印件或传真件交仓储部,以便仓储部经理安排仓位和相关资源。

② 货物进库时,送货人在海关卡口需填写《非保税货物进区登记单》,详细填写入库货物的品名、数量、重量、金额以及核销单号等,经卡口海关工作人员核对签字、盖章带回。

③ 货物抵达仓库后,仓库保管员凭送货人带回的已经卡口海关工作人员核对签字、盖章的《非保税货物进区登记单》收货(无此凭证,仓库保管员有权拒收此货),核对无误后填写《入库理货记录》,连同《进区登记单》交单证管理员。

④ 单证管理员接到《入库理货记录》和《非保税货物进区登记单》后,将《非保税货物进区登记单》和相关报关资料交指定的报关公司报关。

⑤ 报关完毕后,单证管理员在收到海关电子数据后,根据《入库理货记录》并比对海关电子数据:如数据一致的,在海关保税仓储系统中作入库处理;如不一致的,须在查明原因后再处理,否则不作入库处理。入库后单证管理员须打印《进库清单》,传真《进库清单》给客户后与正本进境备案清单一并归档。

⑥ 仓库管理员将桩脚卡挂好,填写《入库台账》。

(3) 保税货物出库程序。

① 将客户传来的数据录入海关仓储管理系统生成《出库提货单》,交客户或报关员

报关。

② 报关完毕后,将提货单和报关单原件等交回仓储部,单证管理员将报关单号输入海关保税仓储系统后,发送电子数据给海关,并接收海关电子放行通知。

③ 接客户货物出库指令后,仓储部经理按此指令制定《出库通知》,将其交仓库保管员,由仓库保管员按《出库通知》要求,组织叉车驾驶员和仓库出货人员,将待发货物挑选出来并摆放在待发区或装上指定的承运工具上。

④ 货物装上指定的承运工具,收货人对货物数量和包装情况签署意见,仓库保管员将收货人证件复印件、客户货物出库指令、仓储部经理的《出库通知》和收货人的《收货意见表》一起交单证管理员,单证管理员根据上述资料,将出库数据录入海关保税仓储系统,并生成《已核对通过出库提货单》,交收货人。

⑤ 提货人到仓库提货。提货人提货需提交下列有效资料文件:海关盖放行章的提货单(仓库核销联)等海关放行单证(已提供的不再提供);客户正本出库指令或与仓储合同所示委托方传真号一致的传真件正本的出库指令;与出库指令一致的收货人身份证明原件,否则仓库不予发货。

⑥ 仓库保管员在提货人提货后,登记桩脚卡,填写出库台账。

(三) 保税区

1. 保税区的功能与特征

我国的保税区又称保税仓库区,是指在出入境比较便利的地方,划出一些易于管理的区域,以与外界隔离的全封闭方式,在海关监管下存放和加工保税货物的特定区域。国务院已经批准在上海、天津、大连、青岛、宁波、厦门、深圳、广州、福州、海口、张家港、汕头和珠海等若干城市设立保税区。这些保税区与国际上的自由贸易区和自由港类似,设在区内的企业可以享受规定的进出口税收优惠,如区内的企业进口自用的生产设备等免征关税和增值税,进口加工出口产品所需的原材料、零部件等可以保税。

保税区是我国目前开放度和自由度最大的经济区域,其功能定位为"保税仓储、出口加工、转口贸易"三大功能。根据现行有关政策,海关对保税区实行封闭管理,境外货物进入保税区,实行保税管理;境内其他地区的货物进入保税区,视同出境;同时,外经贸、外汇管理等部门对保税区也实行较保税区外相对优惠的政策。保税区具有进出口加工、国际贸易、保税仓储商品展示等内容,享有"免证、免税、保税"政策,实行"境内关外"运作方式,是中国对外开放程度最高、运作机制最便捷、政策最优惠的经济区域之一。

保税区能便利转口贸易,增加有关费用的收入。运入保税区的货物可以进行储存、改装、分类、混合、展览以及加工制造,但必须处于海关监管范围内。外国商品存入保税区,不必缴纳进口关税,尚可自由出口,只需交纳存储费和少量费用,但如果要进入关境则需缴纳关税。各国的保税区都有不同的时间规定,逾期货物未办理有关手续,海关有权对其进行拍卖,拍卖后扣除有关费用后,余款退回货主。

保税区都具有"进出自由"、"关税豁免"的特点,具体特点包括:

(1) 设立在关境之外,设立标志或实行隔离措施;

(2) 符合规定的商品可以自由进出;

(3) 外国商品进入时免缴关税,但从自由贸易区转入关境时需要报关并缴纳关税;

(4) 进入自由贸易区的外国商品可自由加工、混合后再出口。

2. 保税区的分类

根据设立保税区的主要目的和功能,我国的保税区大致可分为以下三种类型。

(1) 贸易型保税区。

贸易型保税区主要为扩大对外贸易服务,如天津港保税区和大连保税区。

(2) 工业型保税区。

工业型保税区主要为扩展出口加工服务,如深圳沙头角保税区。

(3) 综合型保税区。

综合型保税区集贸易功能、出口加工、金融服务、经济信息功能于一体,如上海外高桥保税区。

3. 保税区的特殊政策

境外进入保税区的货物,其进口关税和进口环节税,除法律、法规另有规定外,按照下列规定办理。

(1) 保税区内生产性的基础设施建设项目所需的机器、设备和其他基建物资,予以免税。

(2) 保税区内企业自用的生产、管理设备和自用合理数量的办公用品及其所需的维修零配件、生产用燃料,建设生产厂房、仓储设施所需的物资、设备,予以免税。

(3) 保税区行政管理机构自用合理数量的管理设备和办公用品及其所需的维修零配件,予以免税。

(4) 保税区内的企业为加工出口产品所需的原材料、零部件、元器件和包装物件,予以保税。

上述规定范围以外的货物或者物品从境外进入保税区,应当全部纳税。转口货物和在保税区内储存的货物按照保税货物管理。

保税区与境外之间进出口的货物,由货物的收货人、发货人或其代理人向海关备案。对上述货物除实行出口被动配额管理者外,不实行进出口配额、许可证管理。

三、国际货物配送的类型与策略

(一) 国际货物配送的类型

配送,是指按照用户的订货和配送计划进行分拣、加工和配货等作业后,将货物在规定的时间内安全、准确地送交需求用户的物流活动。

作为客户服务的综合物流活动,配送可谓是仓储业功能的扩大化和强化。随着社会分工的不断深入,市场精细化发展,急需组织提供系列化、一体化和多项目的物流服务。许多经济发达国家的仓库业开始调整内部结构,扩大业务范围,转变经营方式,以适应市场变化对仓储功能提出的新需求。很多老式仓库转变成配送中心,其功能由货物"静态储存"转变为"动态储存",其业务活动由原来的单纯保管、储存货物变成了向社会提供多种服务,并且把保管、储存、加工、分类、分拣和输送等连成了一个整体。

国际货物配送是为跨国经营服务的,一般是以仓储保管为基础为客户提供一整套的综合服务,如报检通关、流通加工、订单管理与统计、结算、送达服务等。国际货物配送管理必须规划既经济又有时效性的国际运输,合理设置适宜全球的配送中心的地点与网络,这样才能有效地满足货主全球性配送的需求。

全球配送中心的配置有以下四种类型。

1. 传统配送系统

传统配送系统,是指以国家为单位,各自建立配送中心,满足该国的配送需求。

2. 转运配送系统

转运配送系统,是指由全球或洲际配送中心负责存货功能,而各国只建立进口后的转运中心,以满足该国的需求。

3. 直接配送系统

直接配送系统,是指直接由制造出口国针对各国的零售商,执行配送补货功能。

4. 多国发货中心系统

多国发货中心系统,是指全球或洲际配送中心负责存货,并对洲内多国的零售商执行配送补货功能。

过去因许多的国际贸易管制尚未解除,为了满足各个国家的特殊规定与需求,致使许多国际性企业在其运营的国家内均各自设立了配送中心,从而导致配送的环节增加,使得跨国配送在时效性上无法满足消费者的要求。在企业运营国际化加上运输解除管制后,设置区域配送中心或全球配送中心成为国际性企业考虑的重点,以有效降低配送成本并减少配送时间。

全球配送中心区位配置的决定因素包括仓储存货、长途运输、短程配送以及可能缺货所造成的营收损失。全球性解除运输管制,一方面降低了各国间的运输成本,另一方面允许运输业多种化经营,涉足仓储业提供全方位的第三方专业物流服务。因此,全球配送中心区位的建立已逐渐走向多国配送中心系统。也即国际性企业在各洲内构建洲内多国发货中心,利用便捷的洲内航空与陆地综合运输,在有效的时间内满足顾客的需求。同时各洲内单一的配送中心可以降低国与国之间需求的波动风险。

(二) 全球配送策略

从制造商到最终顾客的国际货物配送服务常会使用以下三种不同的配送策略。

1. 直接配送策略

直接配送策略,是指商品不经过仓库和发货中心,直接由制造商或供应商将商品运送到零售点或消费者的手中。这种配送策略的优点是顾客订货的前置时间变短,且可以降低制造商设立配送中心的需求,进而减少设立配送中心的成本。它的缺点是运输成本增加,因为必须使用小运量的运输工具将产品运送到更多的需求地点。

2. 越库作业配送策略

在越库作业配送策略中,由制造商或原材料供应商共同管理库存,配送中心成为产品汇合点,当商品从制造商或供应商送达配送中心后,随即按照零售商的订单加以分类处理并迅速装运送出,以尽量减少商品在配送中心内停留的时间。虽然此策略能够因为减少在配送中心停留的时间而降低储存成本、节省订货前置时间,但是必须要在信息系统完善、信息迅速的前提下才能运作,否则商品无法快速地在配送中心内分装处理完毕。另外,销售量不大的零售渠道或物流不适合采用这种策略。

3. 典型仓储配送策略

典型仓储配送策略是最典型的配送策略,即由仓储点(配送中心)储存且保管存货,并在顾客需求的订单发生时,将产品配送运输到顾客的手中。

任务二　国际货物仓储业务流程与岗位

一、国际货物仓储业务流程

国际货物仓储运作范围广泛、复杂性强,不仅担负着进出口商品保管、存储的任务,而且还承担着进出口货物的加工、挑选、理货、刷唛、备货、组装和发运等一系列工作。在国际货物仓储活动中,仓储经营者与货物的存货人之间是通过订立仓储合同确立双方之间的权利和义务关系的。根据《中华人民共和国合同法》(以下简称《合同法》)第385条的规定,仓储合同有效成立后,在存货人交付仓储货物时,仓储经营者(保管人)应当给付仓单,并在仓单上签名或盖章。仓单是保管人在收到仓储货物时向存货人签发的表示收到一定数量的仓储物的有价证券,可以通过背书转让。仓单的主要内容包括存货人,仓储物的品种、数量、质量、包装、件数和标记,仓储物的损耗标准、存储场所、存储期间,仓储费,保险情况,填发人等。

国际货物仓储业务的基本流程如图 5-1 所示。

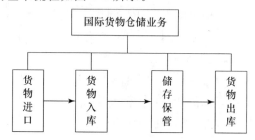

图 5-1　国际货物仓储业务的基本流程

(一)保税仓库货物进口

保税仓库货物进口主要有本地进货与异地进货两种情况。

1. 本地进货

当进口货物在保税仓库所在地进境时,应由货主或其代理人向入境所在地海关申报,填写《进口货物报关单》,在报关单上加盖"保税仓库货物"戳记并注明"存入××保税仓库",经入境地海关审查验放后,货主或其代理人应将有关货物存入保税仓库,并将两份《进口货物报关单》随货带交保税仓库。保税仓库经营人应在核对报关单上申报进口货物与实际入库货物无误后,在有关报关单上签收,其中一份报关单(连同保税仓库货物入库单据)交回海关存查,另一份报关单则由保税仓库留存。

2. 异地进货

进口货物在保税仓库所在地以外的其他口岸入境时,货主或其代理人应按海关进口货物转关运输管理规定办理转关运输手续。货主或其代理人应先向保税仓库所在地主管海关提出将进口货物转运至保税仓库的申请,主管海关核实后,签发《进口货物转关运输联系单》,并注明"货物转运存入××保税仓库"。货主或其代理人凭此联系单到入境地海关办理转关运输手续,入境地海关核准后,将进口货物监管运至保税仓库所在地,货物抵达目的地后,货主或其代理人应按上述"本地进货"手续向主管海关办理进口申报和入库手续。

(二)货物入库

物品入库作业,按照工作顺序大体包括入库前的准备工作、确定货位、检验货物、入库交接和登记等四大部分。

1. 入库前的准备工作

(1)入库前仓库保管员应根据仓储合同或入库单、入库计划及时地进行库场准备,以便货物能按时入库,保证入库过程顺利地进行。仓库的入库准备需要由仓库的业务部门、仓库管理部门和设备作业部门分工合作。

(2)熟悉入库货物。仓库保管员应认真查阅入库货物资料,必要时向存货人进行询问,掌握入库货物的品种、规格、数量、包装状态、单件体积、到库确切时间、货物存期、货物的理化特性和保管的要求等,据此进行准确、妥善的库场安排、准备。

(3)掌握仓库库场情况。仓库保管员要掌握在货物入库期间、保管期间仓库的库容、设备、人员的变动情况,以便安排工作。

(4)制订仓储计划。仓库业务部门根据货物情况、仓库情况和设备情况,制订仓储计划,并将任务下达到各相应的作业单位、管理部门。

(5)妥善安排货位。仓库业务部门根据入库货物的性能、数量和类别,结合仓库分区、分类保管的要求,核算货位大小,根据货位使用原则,妥善安排货位、验收场地,确定堆垛方法、苫垫方案。

(6)做好货位准备。仓库保管员要及时地进行货位准备,彻底清洁货位,清除残留物,清理排水管道(沟),必要时安排消毒除虫、铺地。

(7)准备苫垫材料、作业用具。

(8)验收准备。仓库理货人员根据货物情况和仓库管理制度,确定验收方法,准备验收所需的点数、称量、测试、开箱装箱、丈量、移动照明等工具和用具。

(9)装卸搬运工作准备。仓库装卸员根据货物、货位、设备条件和人员等情况,科学合理地制订卸车搬运工作方案以保证作业效率。

(10)文件单证准备。仓库记账员对货物入库所需的各种报表、单证、记录簿等(如入库记录、理货检验单、料卡、残损单等)预填妥善,以备使用。

由于不同仓库、不同货物的性质不同,入库准备工作会有所差别,仓库部门与岗位需要根据具体实际和仓库制度做好充分准备。

2. 确定货位

仓库货位是仓库内具体存放货物的位置。库场除了通道、机动作业场地外就剩下存货的货位。为了使仓库管理有序、操作规范,存货位置能准确表示,人们根据仓库的结构、功能,按照一定的要求将仓库存货位置进行分块分位,从而形成货位。每一个货位都用一个编号表示,以便进行区别。货位确定并进行标识后,一般不随意改变。货位可大可小,有大致几千平方米的散货货位,有小至仅有零点几平方米的橱架货位,应根据具体所存货物的情况确定。

选择货位的原则体现在以下六个方面:

(1)根据货物的尺寸、数量、特性和保管要求选择货位;

(2)保证先进先出、缓不围急;

(3) 出入库频率高的货物要使用方便作业的货位;

(4) 小票集中,大不围小,重近轻远;

(5) 方便操作,所安排的货位要能保证搬运、堆垛、上架的作业方便,有足够的机动作业场地,能使用机械进行直达作业;

(6) 作业分布均匀,尽可能地避免仓库内或者同条作业线路上多项作业同时进行,相互妨碍。

3. 检验货物

货物的检验是货物入库前的重要环节,对货物的数量、外表状况应在入库时进行检验,对入库货物实施数量和质量检验的方式分为全查和抽查:原则上应采用全查的方式,对于大批量、同包装、同规格、较难损坏、质量较高、可信赖的货物可以采用抽查的方式检验;但是在抽查中发现不符合要求之处较多时,应扩大抽查范围,甚至全查。

货物质量检验的方法依据仓储合同的约定。仓储合同没有约定的,按照货物的特性和仓库的习惯确定。有的货物可以通过视觉、听觉、触觉、嗅觉和味觉等感官进行检验,有的货物则必须通过仪器测试、试运行等手段进行检验。

4. 入库交接和登记

入库货物经过点数、查验之后,可以安排卸货、入库堆码,表示仓库接收货物。卸货、搬运、堆垛作业完毕,与送货人办理交接手续,并建立仓库台账。入库交接和登记包括办理交接手续、登账、立卡、建档四个步骤。

(1) 办理交接手续。

交接手续,是指仓库对收到的货物向送货人进行的确认,表示已接收货物。办理完交接手续,意味着划清了运输部门、送货部门和仓库的责任。

完整的交接手续包括以下三个方面。

① 接收货物。

仓库以送货单为依据,通过理货、查验货物,将不良货物的剔出、退回或者编制残损单证等明确责任,确定收到货物的确切数量、货物表面状态良好。

② 接收文件。

接收送货人送交的货物资料、运输的货运记录、普通记录等,以及随货的在运输单证上注明的相应文件(如图纸、准运证等)。

③ 签署单证。

仓库与送货人或承运人共同在送货人交来的送货单、交接清单上签署和批注,并留存相应单证。仓库管理员和记账员提供相应的入库单、查验单、理货单、残损单证、事故报告,由送货人或承运人签署。

(2) 登账。

仓库应建立详细反映物资仓储的明细账,登记货物进库、出库、结存的详细情况,用以记录库存货物的动态和出入库过程。

登账的主要内容有物资的名称、规格、数量、累计数或结存数、存货人或提货人、批次、金额,注明货位号或运输工具、接(发)货经办人。

(3) 立卡。

货物入库或上架后,将货物的名称、规格、数量或出入状态等内容填在料卡上,称为立卡。料卡又称货卡、货牌，插放在货物下方的货架支架上或摆放在货垛正面的明显位置。

（4）建档。

仓库应对所接收的货物或者委托人建立存货档案或者客户档案，以便于货物管理和保持客户联系，也为将来可能发生的争议保留凭证。同时这也有助于总结和积累仓库保管经验，研究仓储管理规律。

存货档案应一货一档设置，将该货物入库、保管、交付的相应单证、报表、记录、作业安排、资料等的原件或者附件、复制件存档。存货档案应统一编号，妥善保管，长期保存。存货档案的内容包括货物的各种技术资料、货物运输单据、入库通知单、保管期间的检查等直接操作记录等。

（三）储存保管

货物入库后便进入了储存管理阶段，它是仓储业务的重要环节，其内容包括货物的存放、保管、检查与盘点等。

1. 存放

存放，是指在储存区内，全托盘装载的物品被分配到预定的托盘位置上。一般来说，有两种常用的货位分配方法，即可变的货位和固定的货位。

2. 保管

仓库保管的一般原则有以下六个方面：

（1）面向通道进行保管；

（2）尽可能地向高处码放，以提高保管效率；

（3）根据出库频率选定位置；

（4）同一品种在同一地方保管；

（5）根据物品的重量安排保管的位置；

（6）依据形状安排保管方法。

除上述一些问题以外，保管还应有温度、湿度管理，防尘、防臭、防虫、防鼠、防盗等问题。

3. 检查

在对货物保管的过程中，仓库保管员应对货物进行经常的和定期的检查，以确保在库货物的质量完好、数量准确。

检查的内容包括数量检查、质量检查、保管条件检查和安全检查等。

检查的方式主要有日常检查、定期检查和临时性检查等。

在检查过程中，如果仓库保管员发现货物发生变质或有变质迹象、数量有出入、货物出现破损等情况，应及时查明原因，通知存货人或仓单持有人及时采取措施进行处理，并对检查结果和问题作出详细的检查记录。

4. 盘点

货物的盘点对账，是指定期或临时核对库存货物的实际数量与货物保管账上的数量是否相符，检查有无残缺和质量问题等。盘点的目的在于通过盘点，可以使各类货物的实存数量、种类、规格随时得到真实反映；可以掌握各类货物的保管情况；查明各类货物的储备和利用情况；了解验收、保管、发放、调拨、报废等各项工作是否按规定办理。

（1）货物盘点的内容。

① 检查货物的账目数量与实物数量是否相符。

② 检查货物的收发情况以及有无不按"先进先出"的原则发放货物的情况。
③ 检查货物的堆放和维护情况。
④ 检查各种货物有无超储积压、损坏变质的情况。
⑤ 检查对不合格货物和废弃货物的处理。
⑥ 检查安全设施及其安全情况。

（2）货物盘点的方法。

对货物的盘点一般采用实地盘点法。在盘点时应注意：仓库保管员必须在场，协助盘点人员做好盘点工作；按盘点计划有步骤地进行，防止出现重复盘点或漏盘。盘点过程一般采用点数、过秤、量尺、技术推算等方法来确定盘点数量。

（3）货物盘点结果的处理。

货物盘点后应根据造成差异的不同原因分别进行调整和处理，制定相应的解决办法。例如，依据管理绩效，对分管人员进行奖惩。对废次品、不良品减价的部分应视为盘亏。存货周转率低、占用资金较大的货物应设法降低库存量。

货物因为盘点产生数量的盈亏和有些储存货物因为价格所产生的增减，这些差异要及时经主管审核后，进行相应的处理。

（四）货物出库

1. 货物出库后的流向

对于存入保税仓库的货物其出库的流向较为复杂，一般可分为储存后原物复出口、加工贸易提取后加工成品出口、向国内销售或使用等三种情况。

（1）储存后原物复出口。

存入保税仓库的货物在规定期限内复运出境时，货主或其代理人应向保税仓库所在地主管海关申报，填写《出口货物申报单》，并提交货物进口时的经海关签章确认的《进口货物报关单》。经主管海关审核后予以验放有关货物，或按转关运输管理办法，将有关货物监管运至出境地海关验放出境。办理复出境手续后，海关在一份《出口报关单》上加盖印章退还货主或其代理人，以此作为保税仓库核销依据。

（2）加工贸易提取后加工成品出口。

经营加工贸易的单位首先按进料加工或来料加工的程序办理，向外经贸部门申请加工贸易合同审批，再持有关批件到主管海关办理合同登记备案，并在指定银行开设加工贸易银行保证金台账后，由主管海关核发《加工装配和中小型补偿贸易进出口货物登记手册》（以下简称《登记手册》）。经营加工贸易的单位持海关核发的《登记手册》向保税仓库所在地主管海关办理保税仓库提货手续，填写进料加工或来料加工专用《进口货物报关单》和《保税仓库领料核准单》。经海关审核后，在《保税仓库领料核准单》上加盖放行章，其中一份由经营加工贸易单位凭此向保税仓库提取货物，另一份由保税仓库留存，作为保税仓库货物的核销依据。

（3）向国内销售或使用。

存入保税仓库的货物需转为进入国内市场销售时，货主或其代理人应事先报主管海关核准并办理正式进口手续，填写《进口货物报关单》，特殊货物还需提交有关进口许可证或其他证件，并缴纳进口关税和进口环节增值税、消费税。上述进口手续办妥后，海关在《进口货物报关单》上加盖放行章，其中一份由经营加工贸易单位凭以向保税仓库提取货物，另一份由保税仓库留存,以此作为保税仓库货物的核销依据。

2. 货物出库的步骤

货物出库的一般步骤如图 5-2 所示。

图 5-2 出库的一般步骤

(1) 审核仓单。

仓库接到存货人或仓单持有人的出库通知后,必须对仓单进行核对,因为存货人取得仓单后可以通过背书的方式将仓单转让给第三人,也可以分割原仓单的货物,填发两份以上新仓单,将其中一部分转让给第三人。根据仓储合同的规定,存货人转让仓储物提取权的,应当经保管人签字或盖章。

(2) 核对登账。

仓单审核后,仓库财务人员要检查货物的品名、型号、规格、单价和数量等有无错误,收货单位、到站、银行账号等是否齐全和准确,单证上书写的字迹是否清楚,有无涂改痕迹,是否超过了规定的提货有效期等。核对无误后,仓库财务人员可登入商品保管账,核销储存量,收回仓单,签发《仓库货物出库单》。

(3) 配货备货。

仓库保管员接到《货物出库单》并经复核无误后,可按出库凭证上所列项目内容(即批注)进行配货。货物从货垛上搬下后,应堆放在备货区,以便刷唛、复核、交付等备货作业。备货作业主要有包装整理、标志重刷、零星货物组合、根据要求装托盘或成组、转到备货区备运等。

(4) 复核查对。

备货后仓库保管员应立即进行复核,以确保出库货物不出差错。复核的形式有仓库保管员自行复核、保管员互核、专职人员复核、负责人复查等。复核的内容主要包括:认真审查正式出库凭证填写的项目是否齐全,出库凭证的抬头、印鉴、日期是否符合要求,复核商品的名称、规格、等级、产地等是否正确;根据正式出库凭证所列项目,与备好的货物相对照,逐项复核、检查,看其是否与出库凭证所列完全相符;检查包装;需要计重、计尺的货物,要与提货人一起过磅,或根据货物的具体情况抽磅,或理论换算重量,一起检尺;复核结余的商品数量或重量是否与保管账目、货物保管卡片结余数相符,发现不符时应立即查明原因。

(5) 出库交接。

备齐货物经复核无误后,仓库保管员必须当面与提货人或运输承运人按单逐件点交清楚,分清责任,办好交接手续。

(6) 填单销账。

货物点交后,仓库保管员应在出库单上填写"实发数"、"发货日期"等内容并签名,然后将出库单及相关联证件资料即时交送货主,以便货主办理货款结算。

二、国际货物仓储业务岗位与职责

国际货物仓储业务岗位与职责如图 5-3 所示。

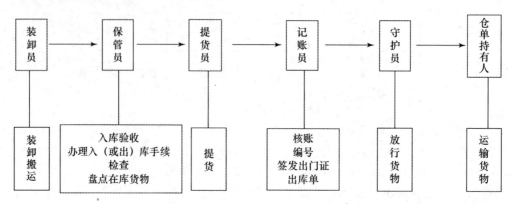

图 5-3　国际货物仓储岗位与职责

（一）保税仓库提货员的职责

保税仓库提货员的职责主要是从保税仓库提取货物用于进料加工、来料加工项目加工生产成品，按照进料加工、来料加工的申请程序，办理有关手续。

（二）保税仓库保管员的职责

保税仓库保管员负责仓库的物料保管、验收、入库、出库等工作，具体体现在以下六个方面。

（1）严格执行保税仓库的保管制度及其细则规定，防止收发货物出现差错。入库要及时登账，手续检验不合要求不准入库；出库时手续不全不发货，特殊情况须经有关领导签批。

（2）负责仓库区域内的治安、防盗、消防工作，发现事故隐患及时上报，对意外事件即时处置。

（3）合理安排物料在仓库内的存放次序，保持库区的整洁。

（4）负责将物料的存储环境调节到最适条件。

（5）负责定期对仓库物料盘点清仓，做到账、物、卡三者相符，协助物料主管做好盘点、盘亏的处理以及调账工作。

（6）负责仓库管理中的入库单、出库单、验收单等原始资料、账册的收集、整理和建档工作。

（三）保税仓库记账员的职责

保税仓库记账员的职责包括：

（1）接受并传递仓库保管员所传递的各种出入库单据；

（2）配合仓库保管员的检查与盘点工作；

（3）认真核对仓单和出库凭证，进行核对登账，并制作相应的财务报表；

（4）做好出入库商品归档工作。

任务三　国际货物配送业务流程与岗位

一、国际货物配送业务流程

国际货物配送业务的基本流程如图 5-4 所示。

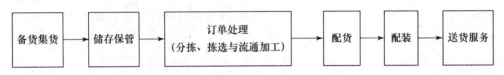

图 5-4　国际货物配送业务的基本流程

（一）备货集货

备货是国际货物配送业务的首要环节，包括筹集货源、订货或购货、集货以及有关的质量检查、结算、交接等。在国际货物仓储配送业中，不同类型的配送备货是不同的，但一般是从客户开发、仓储代理协议与服务合同签署或购货活动开始，这些取决于国际货物仓储配送组织的战略及具体的市场客户战略。

（二）储存保管

配送中的储存有储备和暂存两种形态。储备是按一定时期的配送经营要求形成的对配送资源的保证。一些仓储配送组织有时在配送中心附近单独设库，以解决配送的资源保证。另一种储存形态是暂存，是仓储配送组织具体执行配送时，按分拣配货要求，在理货场地所做的少量储存准备。

（三）订单处理（分拣、拣选与流通加工）

配送业务活动是以客户订单发出的订货信息作为其驱动源。配送中心根据订单信息，对客户的分布，所订商品的品名、商品特性和订货数量，送货频率和送货要求等资料进行汇总和分析，以此确定所要配送的货物的种类、规格、数量和配送的时间，最后由调度部门发出配送信息（如拣货单、出货单等）。

国际货物配送业务的订单处理，往往还需要配套分拣、拣选、流通加工、报检通关等作业。分拣与拣选是国际货物配送成败的一项重要支持性工作，它对配送效率与服务水平有重要影响；流通加工这一功能要素在国际货物配送业务中不具有普遍性，但是往往是有重要作用的功能要素，可以大大提高客户的满意程度，其内容与形式众多，如货物的分割、再包装、贴标签、刷唛等。

（四）配货与配装

根据客户订单的要求，完成配送之前的货物准备工作称为配货，它是国际货物配送成败的又一项重要支持性工作；配装是指根据不同的配送要求，选择合适的配送工具进行配载，以达到提高利用率与降低成本的目的。

（五）送货服务

送货服务在国际货物配送业务中具有特殊作用，是客户服务的重要环节。货物输送到客户还不算配送工作的完结，这是因为送达货和客户接货往往还会出现不协调，要圆满地实现运到之货的移交，并有效地、方便地处理相关手续并完成结算，还应讲究卸货地点、卸货方式等。

二、国际货物配送业务岗位

国际货物仓储配送中心的岗位设置由其规划、市场战略和作业流程来决定，一般可以设置以下部门与岗位。

（一）市场部

市场部主要负责市场的调研、客户与供应商的开发管理，包括仓储合同、代理仓储协议与合同、采购合同及其他物流管理合同的管理，具体执行订货、采购、进货等业务操作，同时负责对货物的验收工作。

（二）储存保管部

储存保管部负责货位安排、堆码，货物的保管、拣取、养护等作业环节及其管理。

（三）流通加工部

流通加工部负责按照客户的要求对货物进行包装、加工。

（四）运输部

运输部负责按照客户的要求制订合理的运输方案，将货物送交客户，同时对配送进行确认。

（五）配货部

配货部负责对配送货物的拣选和组配作业进行管理。

（六）营业部

营业部负责接收和传递客户的订单信息、送达货物的信息，处理客户的投诉。

（七）财务部

财务部负责核对配送完成表单、出货表单、进货表单、库存管理表单，协调、控制、监督整个配送中心的货物流动，同时负责管理各种收费和物流收费统计、配送费用结算等工作。

（八）事故处理部

在接到营业部处理的退货信息后，事故处理部负责安排车辆回收退货，再集中到仓库的退货区，重新清点整理并根据事故原因妥善处理。

以上岗位设置是一般国际配送组织的主要部门与岗位。在实际工作中，由于国际配送组织的服务内容、货物对象、规模的不同，其具体的岗位设置也不尽相同。

任务四　国际货物仓储单证业务——仓单

一、仓单的性质与内容

（一）仓单的概念

所谓仓单，是仓储保管人应存货人的请求而签发的一种有价证券。它表示一定数量的货物已由存货人交付仓储保管人，是仓单持有人依仓单享有对有关仓储物品的所有权的法律凭证。仓单既是仓储合同存在的证明，也是仓储合同的组成部分。有价证券是表示或证明一定财产权利的证书。

（二）仓单的性质

1. 仓单是提货的凭证

在提取仓储物时，存货人必须出示仓单并在货物提出后将仓单交还仓储保管人注销。没有仓单存货人不能直接提取仓储物。

2. 仓单是储存物所有权的法律文书

仓储保管人收到存货人的物品时，经过检验后向存货人开具的仓单说明此时仓储物的所有权是属于存货人的，存货人只是将仓储物的储存保管责任转交给仓储保管人。

3. 仓单是有价证券

仓单经过存货人背书和仓储保管人的签署后可以转交给任何人，任何持有仓单的人都可以向仓储保管人要求给付仓储物。因此，从性质上而言，仓单是一种有价证券，它代表着和仓储物等价值的财产权利。

（三）仓单的形式

仓单为一式两联，由仓储保管人提供：第一联为仓单，在签发后交给存货人；第二联为存根，由仓储保管人保存，以便核对仓单。

（四）仓单的内容

根据我国《合同法》的相关规定，仓储保管人制作仓单应分为两个部分。首先由仓储保管人记载有关事项，其次由仓储保管人在已经载明权利义务的仓单上签字或盖章，其内容具体包括：存货人的名称和住所；仓储物的品种、数量、质量、包装、件数和标记；仓储物的耗损标准；储存场所；储存期间；仓储费用；保险事项记载；填发人、填发地和填发日期。

一份有效的仓单可以包含以上所有内容和其他仓储保管人认为必要的内容，也可以是默认一些内容。只要仓单的内容能充分表达出仓储物的所有权、保管人的责任、仓单持有人提取仓储物的权利，此仓单就应该有效。反之，缺乏仓储保管人、存货人、仓储物、仓储保管人签字盖章等事项的仓单显然是无效的。

二、仓单有关业务

（一）仓单的签收

当存货人将仓储物交给仓储保管人时，仓储保管人应对仓储物进行验收，确认仓储物的状态,在全部仓储物入库后,填制签发仓单。仓储保管人在填制仓单时,必须将所有接受的仓储物的实际情况如实地记录在仓单上,特别是对仓储物的不良状态更是要准确描述,以便到期时能按仓单的记载交还仓储物。仓单经仓储保管人签署后才能生效。根据《合同法》的相关规定,仓储保管人只签发一式两份仓单:一份为正式仓单,交给存货人;另一份为存根,由仓储保管人保管。仓单副本则根据业务需要复制相应份数,但须注明为"副本"。

（二）仓单的分割

存货人将一批仓储物交给仓储保管人时,因为转让的需要,要求仓储保管人签发分为几份的仓单,或者仓单持有人要求仓储保管人将原先的一份仓单分拆成多份仓单,以便向不同人转让,这种类型的业务被称为仓单的分割。分割后的各份仓单所载的仓储物总和数应与仓储物实际总数相同。如果仓储保管人对已经签发的仓单进行了分割,必须将原仓单收回。

（三）仓单转让

仓单持有人需要转让仓储物时,可以采用背书转让的方式进行。仓单转让生效的条件为背书完整且经过仓储保管人签字盖章。背书转让的出让人为背书人,受让人为被背书人。

背书的格式为:

兹将本仓单转让给×××（被背书人的完整名称）

×××（背书人的完整名称）

背书经办人签名、日期

仓单可以进行多次背书转让,第一次背书的存货人为第一背书人。在第二次转让时,第一次被背书人就成为第二背书人,因而背书过程是衔接的完整过程,任何参与该仓单转让的人都要在仓单的背书过程中进行记载。值得注意的是,如果仓单中明确记载了不得背书的,则仓单持有人即使作了背书,也不能发生转让提取仓储物权利的效力。

（四）凭单提货

在仓储期满或经仓储保管人同意的提货时间,仓单持有人向仓储保管人提交仓单并出示身份证明,经核对无误后,仓储保管人给予办理提货手续。

（五）仓单灭失的提货

原则上,提货人不能提交仓单的,仓储保管人不能交付货物,无论对方是仓储合同的订立人还是其他人。因为仓储保管人签发出仓单就意味着其对仓单承担交货的责任,不能向仓单持有人交付存储物就需要给予赔偿。在实际业务操作过程中会出现仓单因故损毁和灭失、无单提货的情况。仓单灭失的提货方法一般有两种。一是通过人民法院的公示催告使仓单失效。当60天公示期满无人争议,人民法院可以判决仓单无效,申请人可以向仓储保管人要求提取仓储物。二是提供担保提货。提货人向仓储保管人提供仓储物的担保后提货,由仓储保管人掌握担保财产,将来另有人出示仓单而不能交货赔偿时,仓储保管人使用担保财产进行赔偿。该担保在可能存在的仓单的失效后方可解除担保。

同步训练

一、关键名词

国际货物仓储　保税仓储　保税仓库　保税区　保税工厂　海关监管仓库

国际理货　　　　国际货物仓储配送　　　　仓单

二、复习思考题

1. 国际货物仓储的类型与功能是什么？
2. 保税仓库允许存放货物的范围有哪些？
3. 简述保税货物进库和出库的操作程序。
4. 保税区的功能和特征是什么？
5. 保税仓库货物的流向有哪些？
6. 简述国际货物仓储业务流程。
7. 简述国际货物仓储提货员、保管员与记账员的职责。
8. 简述国际货物配送的业务流程。
9. 简述仓单操作的主要内容。

三、案例与分析

【案例 5-1】赤湾港的散装化肥、粮食的仓储管理

赤湾港是中国重要的进口散装化肥灌包港口和集散地之一，每年处理进口化肥灌包量均在 100 万吨以上。赤湾港涉及对化肥多品种、多形式的港口物流拓展，涵盖散装灌包、进口保税、国际中转、水路、铁路、公路配送等多项服务。

赤湾港从国外进口化肥的装运采用散装方式，到达港口以后，通过门式起重机的抓斗，卸货到漏斗，通过漏斗输送到灌包房，灌包房设有散货灌包机 28 套。利用灌包机将散装化肥灌成每包 50 公斤装的袋装肥料再进行销售。

赤湾港的散粮钢板筒仓采用美国齐富技术（容量 5.2 万立方米）和德国利浦技术（容量 7 万立方米）建造，两大系统功能互享，最大限度上对粮谷的装卸、输送、计量、储存、灌包、装船、装车、倒仓、通风、除尘、清仓、灭虫等进行科学有效的控制，将进出仓的合理损耗控制在严格的范围内。港运粮食码头对小麦、大麦、大豆、玉米等农产品多品种的分发操作积累了专业技术优势和仓储保管经验。

思考回答

请你结合以上案例回答：(1) 商品保管包括哪几方面的任务？(2) 在仓库商品保管中应遵循哪些原则？

【案例 5-2】中华广东公司的仓储物流业务

一、中化广东公司和保税仓储业务

中化集团公司是国务院国资委监管的国有重要骨干企业，2007 年中国企业 500 强排名第 11 位，2007 年美国《财富》杂志全球 500 强企业排名第 299 位。中化广东公司成立于 1950 年，历经 60 多年的发展，公司已完成从传统外贸企业向市场经济新型企业的转型，成为集进出口、内贸、仓储物流等多种经营活动于一体，业务范围涉及石油、化工品、基建材料等领域的高度市场化的分销服务商，为全球 100 多个国家和地区的供应商和客户提供专业服务，在国内外同行业中享有很高的声誉。

保税仓储业务是中化广东公司的业务之一，已有几十年的历史。第三方物流自主管理的保税仓储业务是依据海关总署高效的保税货物进出口报关和完税的新管理模式于近年新推出的保税物流业务。在这种新管理模式下，保税仓库可以设在保税区外，海关下放部分操作程序，由第三方物流自主管理保税仓库，海关对保税仓库只起监管作用，但可以随时查看保税仓库的库存情况。保税仓库每月向海关申报一次货物进出口清单，并与海关系统核对保税货物的库存，一次完税，大大简化了进出关的手续，加快了通关速度。此种管理模式特别适用于对时间响应和库存要求很高的维修备件的保税库存业务，在备件物流供应链中有重要的作用，受到国外厂商的欢迎。

保税仓库中储存了许多高单价的备件和专用设备，这些备件和设备的储存、保管都有很高的要求，因此自主管理的保税仓储物流服务有较高的附加值，通过保税物流业务，物流企业可获得更高的物流服务回报。

自主管理的保税仓储物流企业，必须通过海关的严格审核才能营运。首先，自主管理的保税仓储物流企业必须有很好的管理体系，还要有很好的诚信度，确保国家关税的征收，绝不偷税漏税，保税货物的物流过程必须符合中国海关的管理规范，严格执行海关进出口报关规则。其次，自主管理的保税仓储物流企业必须能为货主提供高质量的、符合要求的物流服务，其中包括能严格按照货主的要求进行备件的保管、存储、包装、配送、回收和退换，保证维修备件能正确、快捷、准时、保质地送达货主的手中。

目前，中化广东公司的第三方物流保税仓储业务在海关的大力支持下保持很好的发展势头，客户数和业务量都在快速增长，目前已有几十家客户（货主），其中包括多家跨国大型公司，维修备件以高单价的电子备件为主，平均库存备件金额高达数千万美金，备件保税仓储业务的物流服务收入成为中化广东公司新的利润增长点。公司总部大力扶植保税业务的快速发展，规范而严格的自主管理备件保税业务服务得到了海关总署的好评，其保税仓库已被海关总署树立为自主管理保税仓储的标杆企业，向全国推广。

二、工欲善其事，必先利其器

由于中化广东公司的保税仓库严格按照海关的规定进行保税备件的进、出、存、退、换管理，并按时代理通关完税。另外，保税仓库严格按照货主对备件的保管、包装、配送、退换、回收等物流管理要求，提供快速的响应和优良的物流服务，中化广东公司的第三方物流自主管理的备件保税仓库的管理得到海关和客户的高度认可。

在海关的有力支持下，中化广东公司的保税仓库业务得到快速发展。随着客户（货主）的不断增加，备件种类不断扩大，服务地域不断延伸，不同货主备件物流管理模式各不相同，物流费用结算不仅名目繁多而且规则各异，货主对物流服务的要求也在不断提高……原有的备件保税物流作业系统已不能满足公司业务发展的要求，而第三方物流管理信息系统是货主、海关和物流服务商之间业务处理和信息交换的极其重要的工具和手段。工欲善其事，必先利其器，中化广东公司高层决定招标选择有丰富的综合性第三方物流业务经验，有可拓展的、先进的技术架构，有稳定团队和良好售后服务，有成熟解决方案和成功案例的供应链物流软件开发商作为公司物流信息管理现代化的长期战略合作伙伴，解决业务发展中信息化瓶颈的困扰。

中化广东公司希望物流信息化管理合作伙伴能帮助其实现如下管理要求：

新建一套一体化的第三方物流保税仓储管理系统，既能满足海关对保税物品进、出、存、退、换和完税的管理需求，又能满足不同货主对其保税备件仓储、保管、包装、配送、退货和回收的相异的物流管理要求；

  能适应多组织架构物流公司的管理和多仓库统一管理的要求；

  能满足多货主的不同备件保税/完税物流管理的需求；

  能满足货主业务发展的需要，进行不同区域的快速配送服务；

  系统能快速调整和适应因货主备件物流管理过程的变化要求；

  对协作的承运商进行管理，包括费用的按期结算；

  系统能设定各种物流费用（包括各种关税和海关代收增值税），系统按业务量自动结算物流费用和各种税收，也可手工调整和补录特殊费用；

  货主随时可以查询订单执行情况、库存和物流费用结算情况等；

  海关随时掌控保税仓库保税备件的进、出、存、退、换情况和完税情况；

  系统支持仓库使用 RF 和条码设备，对仓库的库位、备件实现条码管理，在仓库中使用 RF 进行在线作业，提高效率，降低出错率，降低物流成本；

  要有数据接口，将不同货主的订单自动导入物流系统；

  对备件的价格、批号、序列号等管理；

  对备件可实现全程跟踪查询；

  按货主要求的报表格式产生货主索要的各类报表；

  未来能顺利拓展相关功能，实现报关管理、货代管理和运输管理等，并且是一体化的，初始数据在各模块中共享；

  提供各类分析报表，给管理提供数据的依据，不断改进管理，提高服务质量，提高客户满意度。

思考回答

请你结合以上案例分析国际保税仓储物流业务的前景及其发展趋势。

单证样本与实例

一、仓储合同范例

甲方：_____

地址：_____

乙方：_____

地址：_____

双方就下表所列物资储存事宜协商如下：

（1）储存物资表。

品　名	规　格	单　件	数　量	交货日期	储存仓库	附　注

（2）储存期间：_____
（3）甲方负责物资的质量检验，乙方负责物资的外观、数量检验。
（4）入库后发生物资损坏、缺少由乙方负责。
（5）乙方负责运输，运输中发生物资损坏、缺少由乙方负责。
（6）物资的验收、发货，乙方凭甲方的入库单、出库单办理。
（7）费用：
入库费：_____。
仓租：_____。
出库费：_____。
运输费：_____。
（8）本合同_____年_____月_____日于_____市_____区签订。
甲方：_____（公章）　　乙方：_____（公章）
法定代表人：_____（签章）　法定代表人：_____（签章）

二、进口料件申请备案清单

金额单位：美元

序　号	商品编码	商品名称	规格型号	单　位	数　量	单　价	总　值	原产国

三、保税仓库出入库审批表

仓库名称及海关编号：	
送审人签字：　　　　　　　送审时间：　　　年　　　月　　　日	
随附单据	1. 进口（出口）报关单　　　　　　　　[ ] 2. 出入库申请　　　　　　　　　　　　[ ] 3. 合同、发票　　　　　　　　　　　　[ ] 4. 提单、装箱单　　　　　　　　　　　[ ] 5. 备案手册或征免税证明　　　　　　　[ ] 6. 仓储协议、变更协议　　　　　　　　[ ] 7. 海关认为有必要提供的其他单证　　　[ ]
经办关员意见	签名：　　　　　　　　　　　年　　　月　　　日
科长意见	签名：　　　　　　　　　　　年　　　月　　　日
关长意见	签名：　　　　　　　　　　　年　　　月　　　日
备注	

四、保税仓库货物入出库核销单

保税仓库货物入出库核销单

编号:

保税仓库名称:			编号:				
	日期	报关单号	经营单位	货名及规格	数量	货值	货物流向
入库事项							
出库事项							
核销申请	送审人签名:　　　　　年　月　日 （单位公章）							
单证核销情况	初审意见: 　　　　　　签名:　　　　　年　月　日							
	科长审批: 　　　　　　签名:　　　　　年　月　日							
	处长(关长)审批: 　　　　　　签名:　　　　　年　月　日							
备注							

五、保税仓库入/出库核准单

保税仓库入/出库核准单

海关编号：

经营单位			合同编号		
保税仓库名称及地址			报关单编号		
入/出库情况					
名称	规格	件数	重量	金额	海关监管批注签印

报关审单人_____　　　保税仓库经理人_____　　　经办关员签字_____
日期_____　　　　　　日期_____　　　　　　　日期_____

项目六　国际货物报检与通关

内容与重点

◎ 自理报检单位和代理报检单位的法律规定。
◎ 报检员的权利与义务。
◎ 海关的权力。
◎ 报检业务的流程及各环节内容。
◎ 报关员的权利与义务。
◎ 进出口货物的转关制度。
◎ 一般进出口和保税进出口通关制度与程序。

任务一　国际货物报检与通关基础知识

一、国际货物检验检疫

（一）国际货物检验检疫的含义

国际货物检验检疫，是指在国际贸易活动中，商品检验检疫机构对卖方拟交付货物或已交付货物的品质、规格、数量、重量、包装、卫生和安全等项目所进行的检验、鉴定和管理工作，在国际贸易活动中通常称为商检工作。

在国际贸易中，买卖双方通过商检可以确定交货品质、数量和包装条件是否符合合同规定。如果发现问题，可分清责任，向有关方面进行索赔。商检工作最重要的是取得商品检验检疫机构出具的各种证书、证明，其主要作用具体表现为：

（1）是出入境货物报关验放的重要凭证；
（2）是海关征税的依据；
（3）是计算运输、仓储等费用的依据；
（4）是办理索赔的重要凭证；
（5）是买卖双方结算货款的依据；
（6）是明确责任的重要凭证；
（7）是经济诉讼、仲裁的重要凭证。

目前，国务院设立的国家质量监督检验检疫总局（以下简称国家质检总局）主管全国出入境商品检验检疫、动植物检疫、国境卫生检疫工作。国家质检部门设在全国各地的直属检验检疫局、商检机构、办事处管理所辖地区进出口商品检验检疫工作。

图6-1为中国出入境检验检疫徽标,图6-2为中国出入境检验检疫机构名称文字标,二者均代表中国出入境检验检疫机构和出入境检验检疫事业。

图6-1　中国出入境检验检疫徽标　　图6-2　中国出入境检验检疫机构名称文字标

为了确保出入境检验检疫报检工作的顺利进行,加强对检验检疫报检工作的管理,使出入境货物、人员以及运输工具检验检疫报检/申报工作规范化、制度化,根据《中华人民共和国进出口商品检验法》及其实施条例、《中华人民共和国进出境动植物检疫法》(以下简称《进出境动植物检疫法》)及其实施条例、《中华人民共和国国境卫生检疫法》(以下简称《国境卫生检疫法》)及其实施细则、《中华人民共和国食品卫生法》(以下简称《食品卫生法》)和《出入境检验检疫报检规定》的要求,从事出入境检验检疫报检工作的自理报检单位和代理报检单位在首次报检时须先办理备案登记手续,取得报检单位代码,方可办理相关检验检疫报检/申报手续。

在国际上活跃着众多性质不同的检验检疫机构,如美国食品药物管理局(FDA)、美国动植物检疫署、美国担保人实验室(UL)、日本通商省检验所、英国劳埃氏公证行和瑞士日内瓦通用鉴定公司(SGS)等。

(二)自理报检单位的法律规定

自理报检,是指办理本单位检验检疫事项的行为。从事自理报检业务的单位称为自理报检单位。自理报检单位获取了国家质检总局颁发的自理报检单位备案登记证明书后方可从事自理报检业务。

1. 自理报检单位的范围

(1) 有进出口经营权的国内企业。

(2) 进口货物的收货人或其代理人。

(3) 出口货物的生产企业。

(4) 出口货物运输包装及出口危险货物运输包装生产企业。

(5) 中外合资企业、中外合作企业、外商独资企业。

(6) 国外(境外)企业、商社常驻中国代表机构。

(7) 进出境动物隔离饲养和植物繁殖生产单位。

(8) 进出境动植物产品的生产、加工、存储、运输单位。

(9) 对进出境动植物、动植物产品进行药剂熏蒸和消毒服务的单位。

(10) 有进出境交换业务的科研单位。

(11) 其他报检单位。

2. 备案登记的申请和审核

凡纳入自理报检单位范围的单位,在首次办理报检业务时,须持有关证件向当地检验检

疫机构申请办理备案登记手续,领取并填写登记申请表,并交验下列证明文件:
(1)《自理报检单位备案登记申请表》;
(2) 加盖企业公章的《企业法人营业执照》复印件并交验原件;
(3) 加盖企业公章的组织机构代码证复印件,同时交验原件;
(4) 其他有关证明文件(如进出口经营权的批准证书复印件等);
(5) 检验检疫机构要求的其他相关材料。

3. 自理报检单位备案登记

自理报检单位持《自理报检单位备案登记表》,并交付证明性文件,经检验检疫机构审查合格,给予办理备案登记。办理备案登记时,自理报检单位须带单位公章或公章印模以领取《自理报检单位备案登记证明书》。

(三) 代理报检单位的法律规定

代理报检单位,是指经国家质检总局注册登记,受出口货物生产企业的委托或受进出口货物发货人、收货人的委托,或受对外贸易关系人等的委托,依法代为办理出入境检验检疫报检/申报事宜的,在工商行政管理部门注册登记的境内企业法人。

1. 代理报检单位的资格审核

国家质检部门对代理报检单位实行注册登记制度。申请从事代理报检的企业应向所在地检验检疫机构办理代理报检注册登记手续,经各地直属出入境检验检疫机构初审、国家质检总局审核获得许可、登记,并取得该局颁发的《代理报检单位注册登记证书》后,方可在规定的区域内从事代理报检业务。各地的检验检疫机构不受理未经注册登记的代理报检单位的代理报检业务。

申请代理报检单位注册登记的企业应当具备以下条件:
(1) 取得工商行政管理部门颁发的《企业法人营业执照》;
(2) 注册资金人民币 100 万元以上;
(3) 有固定场所及办理代理报检业务所需的设施;
(4) 有健全的企业内部管理制度;
(5) 有不少于 5 名经检验检疫机构考试合格并取得《报检员资格证》的拟任报检员。

2. 代理报检单位注册登记需要提交的文件

(1) 代理报检单位办理登记时需填写《代理出入境检验检疫报检单位注册登记申请书》,并由企业法定代表人署名、加盖单位公章。
(2) 提供上级主管部门批准成立的文件。
(3) 工商行政管理部门颁发的《企业法人营业执照》,该执照经营范围中应列明有代理报检或与之相关的经营权,经验证后交付其复印件备案。
(4) 提交代理报检单位的保证书。
(5) 提交代理报检单位报检时使用的印章印模和法人代表签名手迹备查。
(6) 货代须提供交通主管部门的批准文件。

3. 代理报检单位注册登记程序

(1) 申请从事代理报检业务的代理报检单位应向所在地辖区的直属检验检疫局提出申请并提交相关材料。
(2) 接受申请的直属检检验检疫局对申请单位的申请进行初审。

(3) 经直属检验检疫局初审后,符合条件的上报国家质检总局审核,经国家质检总局审核合格,颁发《代理报检单位注册登记证书》,取得《代理报检单位注册登记证书》的代理报检单位,应当在国家质检总局批准的区域内从事代理报检业务。

4. 对代理报检单位的管理

所在地的直属检验检疫局对已注册登记的代理报检单位的代理报检行为实施监督管理。

二、海关监管与海关的权力

（一）海关的概念

海关是依法执行进出关境监督管理的国家行政机关,是对进出关境货物、运输工具、物品执行监督管理和稽征关税的国家行政机构。海关是国家主权的象征,其性质体现在以下两个方面。

1. 海关是国家的监督管理机关

海关体现的是国家的权力与意志,对外维护国家的主权和利益,对内体现国家、全社会的整体利益。

2. 海关监管的范围是进出关境活动

关境通常是指适用同一海关法或实行同一关税制度的领域。因此,关境可以大于或小于国境。海关监督管理进出境活动的职能具体体现在海关监管、海关征税、海关缉私和海关统计等四大任务中。据此,一切进出口货物必须经由设有海关的海港、空港、车站、国际邮件交换站或国界通道进出,并应按海关规定办理申报以便海关进行监管,征收关税和编制海关统计。货物只有在办完报关手续经海关查验与申报内容相符后方予以放行,进口货物才能动用,出口货物才能运出。如果不按规定申报,故意逃避海关监管,即为走私,海关对走私行为将予以严厉打击。货代及其从业人员应遵纪守法并熟悉海关的各项有关规定。

（二）海关的权力

海关的权力,是指国家通过海关行政法规而赋予海关对运输工具、进出境货物、物品的监督管理权。海关的权力属于行政权,因此除具有其本身的特定性外,还具有独立性和强制性的特点,并接受法律和社会的监督。

海关的权力的具体内容如下。

1. 许可审批权

许可审批权包括海关对企业报关权以及从事海关监管货物的仓储、转关运输货物的境内运输、保税货物的加工等业务的许可审批,对报关员的报关从业审批等。

2. 税费征收及减免权

即海关依法对进出口货物、物品征收关税及其他税费。根据法律、行政法规以及有关规定,海关有权对特定地区、特定企业或有特定用途的进出口货物减征或免征关税。

3. 行政强制权

行政强制权是海关保证其行政管理职能得到履行的基本权力。

(1) 检查权。

海关有权检查进出境运输工具,检查有走私嫌疑的运输工具和有藏匿走私货物、物品嫌疑的场所，检查走私嫌疑人的身体。海关对进出境运输工具的检查不受海关监管区域的限制，对走私嫌疑人身体的检查应在海关监管区和海关附近沿海沿边规定地区内进行。对于有走私嫌疑的运输工具和有藏匿走私货物、物品嫌疑的场所，在海关监管区和海关附近沿海沿边规定地区内，海关工作人员可以直接检查；超出这个范围，在调查走私案件时，须经直属海关关长或者其授权的隶属海关关长批准，才能进行检查，但不能检查公民的住处。

（2）查验权。

查验权，是指海关有权查验进出境货物、物品。

（3）查阅、复制权。

查阅、复制权包括海关有权查阅进出境人员的证件，查阅、复制与进出境运输工具、货物、物品有关的合同、发票、账册、单据、记录、文件、业务函电、录音录像制品和其他有关资料。

（4）查问权。

海关有权对违反《海关法》或者其他有关法律、行政法规的嫌疑人进行查问，调查其违法行为。

（5）查询权。

海关在调查走私案件时，经直属海关关长或者其授权的隶属海关关长批准，可以查询案件涉嫌单位和涉嫌人员在金融机构、邮政企业的存款、汇款。

（6）扣留权。

海关在下列情况下可以行使扣留权。

① 对违反《海关法》或者其他有关法律、行政法规的进出境运输工具、货物和物品以及与之有关的合同、发票、账册、单据、记录、文件、业务函电、录音录像制品和其他资料，可以扣留。

② 在海关监管区和海关附近沿海沿边规定地区，对有走私嫌疑的运输工具、货物、物品和走私犯罪嫌疑人，经直属海关关长或者其授权的隶属海关关长批准，可以扣留；对走私犯罪嫌疑人，扣留时间不得超过 24 小时，在特殊情况下可以延长至 48 小时。

③ 在海关监管区和海关附近沿海沿边规定地区以外，对其中有证据证明有走私嫌疑的运输工具、货物、物品，可以扣留。海关对查获的走私罪案件，应扣留走私罪嫌疑人，移送走私犯罪侦查机构。

（7）滞报、滞纳金征收权。

海关对超过规定期限报关的货物征收滞报金，对于逾期缴纳进出口税费的，征收滞纳金。

（8）提取货样、提取货物变卖、先行变卖权。

根据《海关法》的相关规定，海关查验货物认为必要时，可以径行提取货样；进口货物超过 3 个月未向海关申报，海关可以提取依法变卖处理；进口货物收货人或其所有人声明放弃货物的，海关有权提取依法变卖处理；海关依法扣留的货物、物品不宜长期保留的，经直属海关关长或其授权的隶属海关关长批准，可以先行依法变卖等。

（9）强制扣缴和变价抵缴关税权。

进出口货物的纳税义务人、担保人超过规定期限未缴纳税款的，经直属海关关长或者其

授权的隶属海关关长批准,海关可以:

① 书面通知其开户银行或者其他的金融机构从其存款内扣缴税款;

② 将应税货物依法变卖,以变卖所得抵缴税款;

③ 扣留并依法变卖其价值相当于应纳税款的货物或者其他财产,以变卖所得抵缴税款。

(10) 抵缴、变价抵缴罚款权。

根据《海关法》的相关规定,当事人逾期不履行海关处罚决定又不申请复议或者向人民法院提起诉讼的,海关可以将其保证金抵缴或者将其被扣留的货物、物品、运输工具依法变价抵缴。

(11) 连续追缉权。

进出境运输工具或者个人违抗海关监管逃逸的,海关可以连续追至海关监管区和海关附近沿海沿边规定地区以外,将其带回处理。这里所称的逃逸,既包括进出境运输工具或者个人违抗海关监管,自海关监管区和海关附近沿海沿边规定地区向内(陆地)一侧逃逸,也包括向外(海域)一侧逃逸。海关追缉时需保持连续状态。

(12) 稽查权。

自进出口货物放行之日起3年内或者在保税货物、减免税进口货物的海关监管期限内及其后的3年内,海关可以对与进出口货物直接有关的企业、单位的会计账簿、会计凭证、报关单证以及其他有关资料和有关进出口货物实施稽查。根据《中华人民共和国海关稽查条例》的相关规定,海关进行稽查时,可以行使下列职权:询问被稽查人的法定代表人、主要负责人和其他有关人员与进出口活动有关的情况和问题;检查被稽查人的生产经营场所;查询被稽查人在商业银行或者其他金融机构的存款账户;封存有可能被转移、隐匿、篡改、毁弃的账簿、单证等有关资料;封存被稽查人有违法嫌疑的进出口货物等。

4. 行政处罚权

行政处罚权,是指海关对尚未构成走私罪的违法当事人处以行政处罚。行政处罚权包括对走私货物、物品以及违法所得处以没收,对有走私行为和违反海关监管规定行为的当事人处以罚款,对有违法情况的报关单位和报关员处以警告以及处以暂停或取消报关资格的处罚等。

5. 佩带和使用武器权

海关为履行职责,可以配备武器。海关工作人员佩带和使用武器的规定,由海关总署会同公安部制定,报国务院批准。

6. 其他行政处理权

(1) 行政命令权。

行政命令权,例如,对违反海关有关法律规定的企业责令限期改正、责令退运等。

(2) 行政奖励权。

即对举报或者协助海关查获违反《海关法》案件的有功单位和个人给予精神的或者物质的奖励的权力。

(3) 行政裁定权。

即海关可以根据对外贸易经营者提出的书面申请,对拟进口或者拟出口的货物预先作出商品归类等行政裁定。

除以上行政处理权外,在进出境活动的监督管理领域,海关还有行政立法权和行政复议权。行政立法权是指海关总署根据法律的授权有制定、发布海关行政规章的权力,行政复议权是指有权复议的海关(海关总署、各直属海关)对行政相对人不服海关行政行为可进行复议的权力。

三、通关与报关单位

（一）通关的概念

通关,是指进出口货物收发货人、进出境运输工具负责人、进出境物品的所有人或者他们的代理人向海关办理货物、物品或运输工具进出境手续和相关海关事务的过程。根据我国《海关法》的相关规定,进出境运输工具、货物、物品,必须通过设立海关的地点进境或出境。因此,由设关地进出境并办理规定的海关手续是运输工具、货物、物品进出境的基本规则,也是进出境运输工具负责人、进出口货物收发人、进出境物品的所有人应履行的一项基本任务。

在进出境活动中经常使用"报关"这一概念。通关与报关既有联系又有区别。通关与报关都是针对运输工具、货物、物品的进出境而言的。报关是从海关管理相对人的角度,仅指向海关办理有关手续;而通关不仅包括海关管理相对人向海关办理有关手续,还包括海关对进出境运输工具、货物、物品依法进行监督管理,核准其进出境的管理过程。

（二）报关单位

《海关法》将报关单位划分为两种类型,即进出口货物收发货人和报关企业。

进出口货物收发货人,是指依法直接进行进口或者出口货物的中华人民共和国关境内的法人、其他组织或者个人。进出口货物收发货人经向海关注册登记后,只能为本单位进出口货物报关。

报关企业,是指按照规定经海关准予注册登记,接受进出口货物收发货人的委托,以进出口货物收发货人的名义或者自己的名义,向海关办理代理报关业务,从事报关服务的境内企业法人。

目前,我国的报关企业有两类:一类是主营代理报关业务的专业报关企业(又称报关行);另一类是经营国际货物运输代理等业务,兼营进出口货物代理报关业务的国际货物运输代理公司。

所有的报关单位在办理注册的同时,应确定专人(即报关员,其必须是报关单位的正式职员)负责办理报关事宜。同时,报关单位应对报关员的一切报关行为负法律责任。《进出口货物报关单》上必须盖有报关单位和报关员的印章或签字,否则海关不予受理。报关员不得同时兼任两个或两个以上报关企业的报关工作,更不得挂靠于某个报关企业进行报关活动。

任务二　国际货物报检业务流程与岗位

一、报检

报检也称报验,是指申请人按照法律、法规或规章的规定向出入境检验检疫机构报请检验检疫工作的手续。凡属法定检验检疫范围内的进出口商品都必须报检。

（一）报检范围

(1) 国家法律、行政法规或规章规定的应检对象。

(2) 有关国际公约规定须经出入境检验检疫机构检验检疫的对象。

(3) 输入国有规定或与我国有协议/协定,必须凭出入境检验检疫机构出具有关证书（明）方准入境的对象。

(4) 对外贸易合同规定由出入境检验检疫机构出证的出入境对象。

（二）报检时效

根据国家出入境检验检疫的有关规定,各地出入境检验检疫机构的检务部门是受理报验或申报、计费、签证、放行、证单印章等工作的统一管理部门。出境货物最迟应于报关或装运前一周报检,对于个别检测周期较长的货物,应留有相应的实验室工作时间。报检后30天内未联系检验检疫事宜的,做自动撤销报检处理。

（三）报检时必须提供的单证

1. 入境报检

入境报检时,应填写《入境货物报检单》并提供合同、发票和提单等有关单证。下列情况报检时应按要求提供有关文件。

(1) 凡实施安全质量许可、卫生注册或其他需审批审核的货物,应提供有关证明。

(2) 品质检验的还应提供国外品质证书或质量保证书、产品使用说明书以及有关标准和技术资料；凭样成交的,须加附成交样品；以品级或公量计价结算的,应同时申请重量鉴定。

(3) 报检入境废物时,还应提供国家环保部门签发的进口废物批准证书和经认可的检验机构签发的装运前检验合格证书等。

(4) 申请残损鉴定的还应提供理货残损单、铁路商务记录、空运事故记录或海事报告等证明货损情况的有关单证。

(5) 申请重(数)量鉴定的还应提供重量明细单、理货清单等。

(6) 货物经收、用货部门验收或其他单位检测的,应随附验收报告或检测结果以及重量明细单等。

(7) 入境的国际旅行者,应填写入境检疫申明卡。

(8) 入境的动植物及其产品,在提供贸易合同、发票、产地证书的同时,还必须提供输出国家或地区官方的检疫证书；需办理入境检疫审批手续的,还应提供入境动植物检疫许可证。

(9) 过境动植物及其产品报检时,应持货运单和输出国家或地区官方出具的检疫证书;运输动物过境时,还应提交国家检验检疫局签发的动植物过境许可证。

(10) 报检入境运输工具、集装箱时,应提供检疫证明,并申报有关人员健康状况。

(11) 入境旅客、交通员工携带伴侣动物的,应提供入境动物检疫证书及预防接种证明。

(12) 因科研等特殊需要,输入禁止入境物时,必须提供国家质检总局签发的特许审批证明。

(13) 入境特殊物品的,应提供有关的批件或规定的文件。

2. 出境报检

出境报检时,应填写《出境货物报检单》并提供对外贸易合同(销售确认书或函电)、信用证、发票、装箱单等必要的单证。下列情况报检时应按要求提供有关文件。

(1) 凡实施质量许可、卫生注册或需经审批的货物,应提供有关证明。

(2) 出境货物须经生产者或经营者检验合格,并加附检验合格证或检测报告;申请重量鉴定的,应加附重量明细单或磅码单。

(3) 凭样成交的货物,应提供经买卖双方确认的样品。

(4) 出境人员应向检验检疫机构申请办理国际旅行健康证明书及国际预防接种证书。

(5) 报检出境运输工具、集装箱时,还应提供检疫证明,并申报有关人员健康状况。

(6) 生产出境危险货物包装容器的企业,必须向检验检疫机构申请包装容器的性能鉴定。生产出境危险货物的企业,必须向检验检疫机构申请危险货物包装容器的使用鉴定。

(7) 报检出境危险货物时,必须提供危险货物包装性能鉴定结果和使用鉴定结果。

(8) 申请原产地证明书和普惠制原产地证明书的,应提供商业发票等资料。

(9) 出境特殊物品的,根据法律法规规定应提供有关的审批文件。

(四) 重新报检

凡具有下列情况之一的,应重新报检,交还原签发的证书或单证,并按规定交纳检验检疫费。

(1) 超过检验检疫有效期限或逾期报运出境的。

(2) 更改不同输入国或地区并有不同检疫要求的。

(3) 出境改换包装或重新拼装的。

(4) 报检后在 30 日内未联系检验检疫事宜或自动撤销报检的。

二、收费

出入境检验检疫收费办法及收费标准是由原国家计委、财政部联合制定的。其收费对象是向出入境检验检疫机构申请检验、检疫、鉴定等业务的货主及其代理人。检验检疫收费包括:出入境检验检疫费;考核、注册、认可认证、签证、审批、查验费;出入境动植物实验室检疫项目费;鉴定业务费;检疫处理费等。

检验检疫收费基本上是以货物总值为基础,按费率计收或以重量、数量、检验检疫或鉴定项目为基础按定额计收。

计费时根据不同的申请类别,不同的货物类别,不同的检验检疫内容,不同的检验检疫项目,采取不同的费率和定额。然后再根据检验检疫、鉴定的结果,检验检疫方式,货物的性质,检验检疫鉴定费金额大小(检验内容的相关性)、贸易方式以及签证要求,对照规定计算出最后的收费金额。

收费基本上采取预收费或月底结算两种方式。对预收费者,申请人取证(单)时,根据检验检疫结果,采取多退少补的补救措施。

检验检疫机构必须严格按照《出入境检验检疫收费管理办法》的规定执行,不得擅自变更收费项目、提高或降低收费标准。

三、抽样及制样

(一) 抽样

(1) 凡需检验检疫并出具结果的出入境货物,均需检验检疫人员到现场抽取样品。

(2) 样品必须按有关规定抽取,方法分为以下三种。

① 单随机抽样。

单随机抽样是对整批同类商品不经过任何分组、划类、排序,直接从中按照随机原则抽取检验样品的抽样方法。从理论上讲,它最符合随机的原则。

② 分层随机抽样。

分层随机抽样是将整批同类商品按主要标志分成若干个组,然后从每组中随机抽取若干样品,最后将各组抽取的样品放在一起作为整批商品的检验样品的抽样方法。它是目前使用最多最广的一种抽样方法。

③ 系统随机抽样。

系统随机抽样是先将整批同类商品按顺序编号,并随机决定某一个数为抽样的基准号码,然后按确定的"距离"机械的抽取样品的抽样方法。但当被检商品质量问题呈周期性变化时,易产生较大的偏差。

(二) 制样

(1) 凡需对所抽取样品经过加工方能进行检验的称为制样(样品制备)。

(2) 样品制备的一般方法。

① 按部位制取的,如纸张、面料性能检测。

② 按几何形状制取的,如金属材料的拉力等性能检测。

③ 按分析要求的化学成分制样的,如粮谷、矿产品和铁合金等类的化学成分检验,需经粉碎—缩分—再粉碎—再缩分,直至全部通过规定目数的筛下物用于检验检疫。

(3) 制样场地。

① 在检验检疫机构实验室内制样。

② 无条件的可在社会认可的实验室制样。

(三) 样品的封识及留存

样品及制备的小样经检验检疫后重新封识,超过样品保存期后销毁;需留中间样品的,按规定定期保存。

四、检验检疫

检验检疫是对出入境应检对象,通过感官的、物理的、化学的和微生物的方法进行检验检疫,以判定所检对象的各项指标是否符合合同以及买方所在国官方机构的有关规定。检验检疫的方法包括感官检验、物理检验、化学检验和生物检验。

(一) 感官检验

感官检验,是指检验检疫人员用人体的感觉器官对货物的外观和内在品质进行检验检疫,如眼看、耳听、鼻嗅、口尝、手摸等方法。

(二) 物理检验

物理检验,是指检验检疫人员利用力学、电学、光学和声学等仪器仪表对货物进行物理方面的检验检疫。

(三) 化学检验

化学检验,是指检验检疫人员利用化学分析方法对货物的化学成分和有害元素含量进行检验检疫。

(四) 生物检验

生物检验,是指检验检疫人员利用生物学的方法对货物中的细菌、致病菌和微生物进行检验检疫。

五、卫生除害处理

按照《国境卫生检疫法》《食品卫生法》《进出境动植物检疫法》及其实施条例的有关规定,检验检疫机构所涉及的卫生除害处理的范围和对象是非常广泛的,包括出入境的货物、动植物、运输工具、交通工具的卫生除害处理以及公共场所、病源地和疫源地的卫生处理等。

(一) 对出入境的货物、集装箱的卫生除害处理

对出入境的货物、集装箱具有下列情形之一的,应实施卫生除害处理。

(1) 来自检疫传染病疫区的。

(2) 被检疫出传染病污染的。

(3) 发现与人类健康有关的啮齿动物或者病媒虫,超过国家卫生标准的。

(4) 装载的废旧物品或可能携带致病微生物对人类健康造成危害的其他物品。

(5) 对在到达本口岸前的其他口岸已实施卫生处理的货物、集装箱,但有下列情形之一的应进一步实施卫生处理:

① 在运载过程中发生流行病学上有重要意义事件的;

② 经卫生检查判定原卫生处理没有实际效果的。

(6) 经检验不符合进口食品卫生标准的。

(7) 来自动植物疫病流行国家或地区以及装载动物、动物产品的集装箱。

(二) 对出入境的动植物及其产品和其他检疫物的卫生除害处理要求

(1) 输入的动物检出中国政府规定的一类传染病、寄生虫病的,其阳性动物及与其现群的其他动物全群扑杀,并销毁尸体;检出中国政府规定的二类传染病、寄生虫病的,其阳性动物退回或扑杀。

(2) 输入的动植物、动植物产品和其他检疫物,经检疫发现危险性病虫害,无有效除害处理方法的,作退回或销毁处理。

(3) 输入的动植物、动植物产品和其他检疫物，经发现危险性病虫害，有有效除害处理方法的，作卫生除害处理。

(4) 输入的动植物、动植物产品和其他检疫物，经检疫发现一般性病虫害超过规定标准的，作卫生除害处理。

(5) 输入的动植物产品、动植物性包装、铺垫材料，必要时进行外包装消毒处理。

(6) 出境动植物、动植物产品和其他检疫物，经检疫不合格，可通过除害处理达到出口要求的，作卫生除害处理。

（三）实施卫生除害处理的方法

卫生除害处理的方法主要包括：

(1) 物理方法，如超声波、紫外线照射、加热处理、冷冻处理、扑杀、焚烧、深埋等；

(2) 化学方法，如药物熏蒸除害、药物表面喷洒。

另外，人为措施有禁止入出境、禁止过境和予以封存等。

（四）卫生除害处理的标准和效果

(1) 病媒昆虫成虫全部死亡。

(2) 啮齿动物全部死亡或未发现。

(3) 货物表面和集装箱内表面根据流行病学的原则，不得检出检疫传染病或监测传染病的病原体。

六、签证与放行

签证与放行是检验检疫机构进行检验检疫工作的最后一个环节。

（一）检验检疫的签证与放行

凡法律、行政法规、规章或国际公约规定须经检验检疫机构检验检疫的出境货物，经检验检疫合格的，签发《出境货物通关单》作为海关核放货物的依据；同时，国外有要求签发有关检验检疫证书的，检验检疫机构根据对外贸易关系人的申请，经检验检疫合格的，签发相应的检验检疫证书；经检验检疫不合格的，签发《出境货物不合格通知单》。

凡法律、行政法规、规章或国际公约规定须经检验检疫机构检验检疫的入境货物，检验检疫机构接受报检后，先签发《入境货物通关单》，海关据以验放货物。然后，经检验检疫机构检验检疫合格的，签发《入境货物检验检疫情况通知单》；不合格的对外签发检验检疫证书，供有关方面对外索赔。需异地实施检验检疫的，口岸检验检疫机构办理异地检验检疫手续。

（二）出入境鉴定业务的检验检疫签证

1. 出境货物

检验检疫机构凭对外贸易关系人的委托，按照合同、信用证的要求，对外签发各种相应的检验检疫证书。对检验检疫鉴定不合格的出境货物，对内签发不合格通知单。其他的鉴定业务按照有关规定办理。

2. 入境货物

检验检疫机构根据有关合同和报检人的申请，对货物的品质、卫生和重量等项目进行检验检疫鉴定，对外签发相应的检验检疫证书。凭检验检疫机构的检验检疫结果进行结算的入境货物,检验检疫机构签发检验检疫证书。其他的鉴定业务按照有关规定办理。

（三）国内外委托的检验检疫签证

国内外委托的检验检疫,委托检验检疫机构进行检验检疫,并由检验检疫机构签发委托检验检疫结果单。

（四）签证的领取

报检人领取证书时应如实签署姓名并遵守领证时间,对证书应妥善保管。各类证书应按其特定的范围使用,不得混用。

目前,我国的检验检疫机构可对外出具各类商检证书如下。

(1) 品质证书(Inspection Certificate of Quality);

(2) 数量或重量证书(Inspection Certificate of Weight/Quantity);

(3) 卫生证书或健康证书(Inspection Certificate of Sanitization/Inspection Certificate Of Health);

(4) 消毒证书(Inspection Certificate of Disinfection);

(5) 货载重量检验证书(Inspection Certificate on Cargo Weight & Measurement);

(6) 熏蒸证书(Inspection Certificate of Fumigation);

(7) 价值证书(Certificate of Value);

(8) 测温证书(Inspection Certificate of Temperature);

(9) 兽医证书(Inspection Certificate of Veterinary)。

综上所述,完整的国际进出口货物在物流运输过程中从报检到放行的流程如图 6-3 所示。

图 6-3　国际货物报检业务程序

七、报检员

（一）报检员的条件

报检员是报检单位的一个重要岗位,出入境检验检疫机构对出入境检验检疫报检实行报检员凭证报检制度。

报检单位或代理报检单位在向出入境检验检疫机构进行备案或注册登记时指派的报检员,须经国家质检总局统一考试合格取得《报检员资格证》,并在《报检员资格证》有效期内向其所在地辖区的检验检疫机构注册登记,取得出入境检验检疫《报检员证》后持证上岗,方可从事报检业务。同时,报检单位对其指派的报检员的报检行为负法律责任。因此,企业向检验检疫机构推荐报检员时必须选择具有良好政治修养、较强的法律意识和工作责任心的人,其要求是：

(1) 年满18周岁,具有完全民事行为能力,品行良好;

(2) 具有高中或中等专业学校毕业以上学历,有相关的英文水平和计算机应用能力;

(3) 具有出入境检验检疫、国际贸易、运输、银行、保险、海关知识和商品学知识;

(4) 具有知法、学法、懂法、守法的意识，能严格遵守出入境检验检疫法律法规，接受出入境检验检疫机构的培训和业务指导；

(5) 明了出入境检验检疫法律法规，熟悉出入境检验检疫报检程序，能认真办理报检事项。

报检员在接受检验检疫法律法规、相关知识的培训或自学后，经国家质检总局统一考试合格者，将取得报检员资格。要成为正式的报检员，应由其服务单位向所在地检验检疫机构申请，提交《报检员注册申请书》，经审核发给《报检员证》，获得《报检员证》者方可从事出入境检验检疫报检工作，并应在报检时主动出示其《报检员证》。

（二）报检员的管理

报检员在取得《报检员证》后即可从事出入境检验检疫报检工作，同时亦须接受出入境检验检疫机构的监督和管理。

(1) 出入境检验检疫机构负责对报检员的培训、资格考试、考核、发证、管理等工作。

(2)《报检员证》的有效期为2年，期满之日前60天，报检员应当向发证检验检疫机构提出审核申请，同时提交审核申请书。检验检疫机构结合日常报检工作记录对报检员进行审核。经审核合格的，其《报检员证》的有效期延长2年。经审核不合格的，报检员应当参加检验检疫机构组织的报检业务培训，经考试合格后，其《报检员证》的有效期延长2年。未申请审核或者经审核不合格且未通过培训考试的，《报检员证》和《报检员资格证》同时失效。

(3) 根据需要，对已取得报检员资格的人员进行不定期培训，以便传达有关出入境检验检疫新的规定、通告等信息。

(4) 报检员不再从事报检工作时，应以书面形式向原注册登记的出入境检验检疫机构办理注销手续，同时交回《报检员证》，不能交回被终止的《报检员证》的，应办理登报声明作废手续。

(5)《报检员证》如有遗失，应办理登报声明作废手续，并向原发证的出入境检验检疫机构申请补办。

(6)《报检员证》是报检员办理报检业务的凭证，不得转借、涂改。

(7) 报检员不得同时兼任两个或两个以上报检单位的报检工作。

(8) 检验检疫机构对报检员日常的报检行为实施差错登记管理制度。

对报检员在从事出入境报检活动中有逃避检验检疫或违反检验检疫有关规定行为的，检验检疫机构将依照有关法律法规，追究报检单位及相关报检员的法律责任。

（三）报检员的权利

(1) 对于进境货物，报检员在出入境检验检疫机构规定的时间和地点内办理报检，并提供抽样、检验的各种条件后，有权要求检验检疫机构在对外贸易合同约定的索赔期限内检验完毕，并出具证明。如果由于检验检疫工作人员玩忽职守造成货物超过索赔期而丧失索赔权的，报检员有权追究有关当事人的责任。

(2) 对于出境货物，报检员在出入境检验检疫机构规定的地点和时间，向检验检疫机构办理报检，并提供必要的工作条件，交纳检验检疫费后，有权要求在不延误装运的期限内检验完毕，并出具证明。如因检验检疫工作人员玩忽职守而耽误装船结汇，报检员有权追究有关当事人的责任。

(3) 报检员对出入境检验检疫机构的检验检疫结果有异议时,有权根据有关法律规定,向原机构或其上级机构申请复验。

(4) 报检员如有正当理由需撤销报检时,有权按有关规定办理撤销报检手续。

(5) 报检员在保密情况下提供有关商业单据和运输单据时,有权要求检验检疫机构及其工作人员予以保密。

(6) 对出入境检验检疫机构的检验检疫工作人员滥用职权、徇私舞弊、伪造检验检疫结果的,报检员有权依法追究有关当事人的法律责任。

(四) 报检员的义务

(1) 报检员负责本企业的进出口货物报检申请事宜。

(2) 报检员有义务向本企业的领导传达并解释出入境检验检疫有关法律法规、通告以及管理办法。

(3) 报检员须依法按规定向出入境检验检疫机构履行登记或报检所必需的程序和手续,做到报检的期限和地点符合出入境检验检疫机构的有关规定,申请证单填写正确、详细,随附证单齐全。

(4) 报检员有义务向出入境检验检疫机构提供进行抽样和检验、检疫、鉴定等必要的工作条件,例如必要的工作场所、辅助劳动力以及交通工具等,配合检验检疫机构为实施检验检疫而进行的现场验(查)货、抽(采)样以及检验检疫处理等事宜;并负责传达和落实检验检疫机构提出的检验检疫监管措施和其他有关要求。

(5) 报检员有义务对经检验检疫机构检验检疫合格放行的出口货物加强批次管理,不得错发、漏发致使货证不符。对入境的法检货物,未经检验检疫或未经检验检疫机构的许可,不得销售、使用或拆卸、运递。

(6) 报检员申请检验、检疫、鉴定工作时,应按规定交纳检验检疫费。

(7) 报检员必须严格遵守有关法律法规和有关行政法规的规定,不得擅自涂改、伪造或变造检验检疫证(单)。

(8) 对于进境检疫物报检必须做到:经批准后提供隔离场所;办理检疫审批;配合检疫进程,了解检疫结果;适时做好除害处理;对不合格货物按检疫要求配合检验检疫机构做退运、销毁等处理。

(9) 对于出境检疫物报检员必须做到:配合检验检疫机构,掌握输入国家(地区)必要的检疫规定等有关情况;进行必要的自检;提供有关产地检验资料,帮助检验检疫机构掌握产地疫情,了解检疫结果;领取证书。

(10) 对于入境不合格货物,应及时向出入境检验检疫机构通报情况,以便整理材料、证据对外索赔。对于出境货物要收集对方对货物的反应(尤其是有异议的货物),以便总结经验或及时采取对策,解决纠纷。

(11) 报检员办理报检业务须出示《报检员证》,出入境检验检疫机构不受理无证报检业务。

(五) 报检员的变更

报检员调往其他企业从事报检业务的,应持调入企业的证明文件,向发证检验检疫机构办理变更手续。调往异地从事报检业务的,应向调出地检验检疫机构办理注销手续,并持检验检疫机构签发的注销证明向调入企业所在地检验检疫机构重新办理注册手续。经核准的,检验检疫机构予以换发新的《报检员证》。

(六)代理报检单位报检员的其他规定

(1)代理报检单位指派的报检员,只允许办理本代理报检单位所承揽的代理报检业务,不允许办理其他法人或组织代理的代理报检业务。

(2)代理报检单位指派的报检员,在出入境检验检疫机构从事报检事项,属该代理报检单位的公务活动,并负有一切法律责任。

(3)注册登记的代理报检单位,如需撤换本代理报检单位已注册的报检员,应向原注册登记的出入境检验检疫机构办理书面注销手续,并交回被撤换人员的《报检员证》。

(4)对于代理报检单位的报检员,如有以下行为取消其代理报检资格,并注销其企业登记:

① 违反国家质检总局有关代理报检规定的;

② 不向企业如实反映检验检疫收费标准,借代理报检名义向企业收取高额费用的;

③ 不能按照有关规定认真履行代理报检职责,被企业投诉经查实的;

④ 其他欺诈行为。

任务三　国际货物通关业务流程与岗位

一、一般进出口通关流程

(一)一般进出口通关制度

一般通关制度是一种基本的通关制度,主要用以与其他的通关制度相区别,它适用于下列情况:

(1)以一般贸易方式成交的进出口货物;

(2)以易货、补偿、寄售等方式成交的进出口货物;

(3)原本以加工、储存为目的临时进出口货物,后因故改为实际进出口的货物;

(4)进口捐赠物资,超过限额的经贸往来赠品,加工贸易中对方有价提供的机器设备等。

(二)一般进出口通关程序

1. 申报前看货取样

根据《海关法》第27条的规定,在向海关申报前,为了确定货物的品名、型号和规格等,进口货物收货人经海关同意可以看货取样。需要依法检疫的货物,应在检疫合格后提取货样。

2. 如实申报,交验单证

进口货物的收货人、出口货物的发货人或其代理人应按规定的方式(纸质报关单或电子数据报关单),真实、准确、完整地填报与货物有关的各项内容并随附各种有关单证。

进出口商向海关报关时,必须提交以下"七证"。

(1) 进出口货物报关单。

一般进口货物应填写《进出口货物报关单》一式二份。需要由海关核销的货物(如加工贸易货物和保税货物等),应填写专用报关单一式三份。货物出口后需国内退税的,应另填一份退税专用报关单。

(2) 货物发票。

货物发票要求的份数比报关单少一份,对货物出口委托国外销售,结算方式是待货物销售后按实销金额向出口单位结汇的,出口报关时可准予免交。

(3) 陆运单、空运单和海运进口的提货单以及海运出口的装货单。

(4) 货物装箱单。

《货物装箱单》的份数与货物发票的份数相同。但是散装货物或单一品种且包装内容一致的件装货物可免交。

(5) 出口收汇核销单。

一切出口货物报关时,应交验外汇管理部门加盖"监督收汇"章的出口收汇核销单,并将核销编号填在每张出口报关单的右上角处。

(6) 海关认为必要时,还应交验贸易合同、货物产地证书等。

(7) 其他有关单证。

① 经海关批准准予减税、免税的货物,应交海关签章的减免税证明,北京地区的外资企业需另交验海关核发的进口设备清单。

② 已向海关备案的加工贸易合同进出口的货物,应交验海关核发的《登记手册》。

报关单是最重要的,进口报关单一式五联,即:海关作业联;海关留存联;企业留存联;海关核销联;进口付汇证明联。出口报关单一式六联,即:海关作业联;海关留存联;企业留存联;海关核销联;出口收汇证明联;出口退税证明联。

进口货物应自运输工具进境之日起 14 日内办理申报,如逾期申报,则自第 15 日起按到岸价,每日征收 0.5‰ 的滞纳金;如果超过 3 个月仍未申报,海关即行变卖货物,在扣除各种费用后,余款上缴国库。

出口货物应在货物运抵海关监管区内于装运前 24 小时办理申报,申报一经海关接受,报关单的内容不得修改或撤销,有正当理由并经海关同意者除外。

报关企业在准备好报关材料后,先进行电子报关单的填写,称为电子数据预录入。目前,中国很多的海关都开设了海关预录入系统,方便对报关材料和报关企业的资格进行初步审核。电子报关单填好后企业将电子文档提交给海关。每个在海关注册的报关企业都会领到一个 IC 卡,企业凭 IC 卡进入预录入报关系统进行电子申报。

3. 查验货物

查验地点一般在海关监管区内的进出口口岸码头、车站、机场、邮局或海关的其他监管场所进行。对进出口大宗散货、危险品、鲜活商品、落驳运输的货物,经进出口收发货人或其代理人申请,海关也可以结合装卸环节,在作业现场予以查验。在特殊情况下,经进出口收发货人或其代理人申请,海关审核同意后,也可以派员到规定的时间和场所以外的工厂、仓库或施工工地查验货物。查验的方法大体上分为以下三种。

(1) 彻底查验。

彻底查验是对货物逐件开箱(包)查验,对货物的品种、规格、数量、重量、原产地和货物状况逐一与申报的报关单详细核对。

(2) 抽查。

抽查是按一定比例对货物有选择地开箱(包)查验,并对开箱(包)查验的货物的品种、规格、数量、重量、原产地和货物状况等逐一与申报的报关单详细核对。

(3) 外形查验。

外形查验是对货物的包装和唛头等进行核对,包括货物的外包装有无开拆、破损等痕迹以及有无反动、黄色文字图像等。

海关查验进出口货物时,报关员必须在场,并按照海关的要求负责搬移货物、开拆和重封货物的包装,并应随时答复海关查验人员提出的问题或提供海关需要的相关单证,积极配合海关的查验监管活动。在必要时,海关也可径行开验、复验或提取样品。对海关因查验进出口货物造成损坏的,报关员应向负责查验的海关提出赔偿要求并办理有关手续。

4. 计征税费

征收关税是海关的任务之一,进口货物的收货人、出口货物的发货人、进出境物品的所有人是依法缴纳关税的义务人。海关根据"依率计征、依法减免、正确估价、科学归类、严肃退补、及时入库"的征税原则对所申报进出境的货物逐笔审定完税价格。

进口货物一般以 CIF 价格作为完税价格。如 CIF 价格经海关审查不能确定的,依次以下列价格为基础估定完税价格:

(1) 进口货物成交价格;

(2) 相同货物成交价格;

(3) 类似货物成交价格;

(4) 倒扣价格;

(5) 计算价格;

(6) 合理方法。

计算进口关税的基本公式为:

$$进口关税税额 = 完税价格 \times 关税税率$$

$$完税价格 = CIF\ 价格 = (FOB + 运费)/(1 - 保险费率)$$

出口货物以海关审定的货物售予境外的离岸价格(FOB 价)扣除出口关税作为完税价格。FOB 价格不能确定的,其完税价格由海关估定。

计算出口关税的基本公式为:

出口关税税额＝完税价格×出口税税率

完税价格＝FOB价格/(1＋出口税税率)

另外，根据《海关法》第65条的规定，在进口环节由海关代征的国内间接税有消费税和增值税。

计算进口消费税的基本公式为：

从价消费税额＝(关税完税价格＋关税税额)×消费税税率/(1－消费税税率)

从量消费税额＝应税消费品数量×消费税单位税额

计算进口增值税的基本公式为：

进口增值税额＝(关税完税价格＋关税税额＋消费税额)×增值税税率

税款一经确定，海关即填发税款缴纳证交纳税义务人。纳税义务人应自海关开出税单的次日起15日内向指定银行缴纳税款。逾期缴纳的应按税额的0.5‰，按日征收滞纳金，星期日、节假日亦不能除外，均应按日计数，其计算公式为：

滞纳金金额＝(关税税额＋增值税＋消费税)×滞纳天数×0.5‰

5. 签印放行

进出口货物经过申报、查验和交纳税费后，海关便在有关单据上(进口为提货单或运单，出口为装货单或运单)签印放行。收发货人凭盖有放行印章的单据到监管仓库提取进口货物或将出口货物装上运输工具运离关境。对于一般进出口货物，放行即为结关。对于保税、减免税和暂准(时)进出口货物，海关虽予放行，但并未办理海关手续，也就是放行未结关仍需接受海关的后续管理。

保税货物，须俟原货或加工成成品复运出境并由海关予以核销，或向海关补办正式进口的补证、纳税后，才能办结海关手续(即结关)。减免税货物，须俟海关监管年限期满或向海关办理补证、补税后，才能办结海关手续(即结关)。

暂准(时)进出口货物须俟原货复运出境或复运入境，或补办正式进口或出口的补证、纳税后，才能办结海关手续(即结关)。

6. 担保放行

根据《海关法》第29条、第59条和第66条的规定，海关在收发货人缴纳相当于税款的保证金或相应的担保后可对下述情况的货物予以放行：

(1) 海关归类、估价不明确，要求提前放行的货物；

(2) 正向海关申请减免税手续，而货已运抵口岸，急待提取或发运的货物；

(3) 应税货物，请求缓纳税款，先期放行的；

(4) 进出口货物不能在报关时交验有关单证(如发票、合同、装箱单、许可证件等)，而货物已运抵口岸急待提取或发运，要求海关先予放行，后补有关单证的；

(5) 暂时进出口货物(包括ATA单证册项下进出口货物)；

(6) 经海关同意，将未放行的货物暂时存放于海关监管区以外场所的；

(7) 进口保税的货物；

(8) 除法律、行政法规另有规定外，有违法嫌疑，但依法不应予以没收的进出口货物，当事人请求先予放行的。

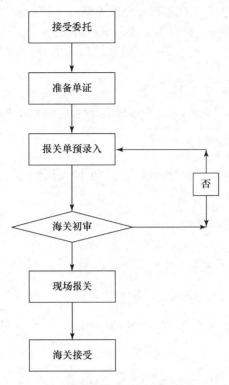

图 6-4　国际货物报关业务程序

综上所述,图 6-4 完整地展示了国际进出口货物在物流运输过程中报关业务的流程。

二、保税进出口通关流程

（一）保税进出口通关制度

根据《海关法》第 100 条的规定,保税货物是指经海关批准未办理纳税手续进境,在境内储存、加工、装配后复运出境的货物。据此,保税通关制度只适用经营目标是在境内储存、加工、装配后复运出境的货物,亦即海关放行时,其通关手续并未完结,货物仍在海关监管的范围之内,报关人仍须继续承担办理结关的义务。

保税通关制度下的监管时限：进口料件应自进口之日起 1 年内加工成成品返销出口（或复出口）；出口加工贸易的出口料件应自出口之日起 6 个月内加工成成品复运进口。

（二）保税进出口通关程序

保税进出口通关程序由以下四个阶段组成。

1. 加工贸易合同的登记备案

此阶段报关员的主要任务是持合同、批件向所在地海关申请办理登记备案手续,由海关确认贸易性质、经营条件后取得进出口的《登记手册》。

2. 申报进口

此阶段报关员的主要任务是在保税加工或储存货物实际进境时持海关核发的保税加工的《登记手册》或保税仓库的《登记手册》及其他的报关单证向海关申报,办理加工料件或保税储存的进口手续。

3. 按最终去向申报出口或办理其他的海关手续

此阶段报关员的主要任务是根据加工成品、保税储存货物的复运出口或转为内销、结转二次保税等最终去向,分别向海关办理出口或其他相应的海关手续。

4. 报核与核销

此阶段报关员的主要任务是核对保税加工货物进、出数量和实耗,核对保税储存货物进库和最终去向的数据后,在规定的时限内,向所在地海关报核,经海关审核确认后,注销保税管理。

三、进出口货物的转关制度

转关,是指进出口货物在海关的监管下,从一个设关地转运至另一个设关地办理某项海关手续的行为。

（一）转关货物的类型

1. 进口转关货物

进口转关货物,是指凡进境地入境,向海关申请转关,运往另一个设关地点办理进口海关手续的货物。

2. 出口转关货物

出口转关货物,是指在启运地已办理出口海关手续,运往出境地,由出境地海关监管放行的货物。

3. 境内转关货物

境内转关货物,是指从境内一个设关地点运往境内另一个设关地点,需经海关监管的货物。

（二）转关的方式及其适用

1. 提前报关方式

提前报关方式,是指在指运地或启运地海关提前以电子数据录入的方式申报进出口,待计算机自动生成《进出口转关货物申报单》,并传输至进境地海关或货物启运地海关监管现场后,办理进口或出口转关手续。

2. 直转方式

直转方式,是指在进境地或启运地海关以直接填写《转关货物申报单》的方式办理转关手续。

3. 中转方式

中转方式,是指在收发货人或其代理人向指运地或启运地海关办理进口报关手续后,由境内承运人或其代理人统一向进境地或启运地海关办理进口或出口转关手续。

4. 转关方式的适用

具有全程提运单,须换装境内运输工具的进出口中转货物应当用中转方式办理转关手续,其他进口转关、出口转关以及境内转关的货物可以采用提前报关方式或直转方式办理转关手续。

（三）转关的条件及当事人的义务

1. 转关的条件

（1）转关货物的指运地或启运地应当设有经海关批准的监管场所。转关货物的存放、装卸、查验应在该场所内进行。因特殊情况需在监管场所以外场所存放、装卸、查验的货物,应事先向海关提出申请。

(2) 转关货物应由已在海关注册登记的承运人承运。承运人应按海关对转关路线范围和途中运输时间所作的限定,将货物运抵指定的场所。

2. 当事人的义务

(1) 海关派员押运,货物的收发货人或其代理人、承运人应当按规定向海关交纳规费并提供方便。

(2) 转关货物未经海关许可,不得开拆、提取、交付、发运、调换、改装、抵押、留置、转让、更换标记、移作他用或进行其他处置。

(3) 转关货物在运输途中因交通意外等原因需要更换运输工具或驾驶员的,承运人或驾驶员应通知附近的海关,经核实同意后,方可在海关监管下换装运输工具或驾驶员。

(4) 转关货物在境内储运途中发生损坏、短少、灭失等情况时,除不可抗力外,承运人、货物所有人、存放场所负责人应承担短损税赋责任。

(四) 转关货物的申报

1. 申报的期限

(1) 进口转关的申报期限。

进口转关的货物应自运输工具申报进境之日起 14 日内向进境地海关办理转关手续,在海关限定期限内运抵指运地海关之日起 14 日内,向指运地海关办理报关手续。否则,逾期海关将征收滞报金。

(2) 采用提前报关方式转关的申报期限。

提前报关的进口转关货物应在电子申报起 5 日内向进境地海关办理转关手续,超过期限仍未到进境地海关办理转关手续的,指运地海关撤销提前报关的电子数据;提前报关的出口转关货物应在电子申报之日起 5 日内,运抵启运地海关监管场所,向启运地海关办理出口转关手续,超过期限未办理转关手续的,启运地海关撤销提前报关的电子数据。

2. 申报的效力及修改或撤销

转关货物申报的电子数据与书面单证具有同等的法律效力。对确因填报或传输错误,有正当理由并经海关同意的,可作修改或撤销。对已决定查验的货物则不允许修改或撤销所申报的内容。

(五) 转关的手续

1. 进口转关的手续

提前报关的进口转关货物,在收货人或其代理人未向进境地海关办理转关手续前应先向指运地海关录入《进口货物报关单》电子数据,以示申报。指运地海关提前受理电子申报后,计算机系统自动生成《进口转关货物申报单》并传输至进境地海关;转关货物收货人或其代理人向进境地海关呈报《进口转关货物申报单》编号,并持海关规定的单证办理货物的进境及转关手续。

直转的进口转关货物,由收货人或其代理人在进境地海关直接录入转关申报的电子数据,并持《进口转关货物申报单》等单证直接办理进境及转关手续,待货物运达指运地后向指运地海关办理货物的进口报关手续。

具有全程提运单,须换装境内运输工具的中转转关货物,由收货人或其代理人向指运地海关办理进口报关手续,由境内承运人或其代理人持《进口转关货物申报单》等单证向进境地海关办理货物转关手续。

进口转关货物,按货物运抵指运地海关之日的税率和汇率征税。提前报关的,则适用指运地海关所接收的由进境地海关传输的转关放行之日的税率和汇率。如果货物运输途中税率和汇率发生重大调整,以转关货物运抵指运地海关之日的税率和汇率计算。

2. 出口转关的手续

出口提前报关方式的转关货物,在货物未运抵启运地海关监管场所前,由货物发货人或其代理人向启运地海关录入《出口货物报关单》电子数据,以示申报。启运地海关提前受理电子申报,计算机系统自动生成《出口转关申报单》数据,传输至出境地海关。货物运抵启运地海关监管场所后,发货人或其代理人持海关规定的单证向启运地海关办理出口转关手续。出口转关货物运抵出境地后,发货人或其代理人向出境地海关办理转关货物的出境手续。

出口直转方式的转关货物与前述出口提前报关的转关手续的区别在于:出口直转货物运抵启运地海关监管现场后,发货人或其代理人才向海关填报录入《出口货物报关单》的电子数据,以示申报;其余的手续均与出口提前报关的转关方式一致。

具有全程提运单须换装境内运输工具的出口中转货物,发货人或其代理人向启运地海关办理出口报关手续后,由承运人或其代理人持《出口转关货物申报单》等单证向启运地海关办理出口转关手续;启运地海关核准后,签发《出口货物中转通知书》,承运人或其代理人凭以办理中转货物的出境手续。

3. 境内转关手续

从一个设关地运往另一个设关地的海关监管货物(即境内转关货物),除另有规定外,按进口转关货物的规定办理转关手续。

四、退运进出口货物和出口退关货物的通关制度

(一)退运进口通关手续

原出口货物退运进境时,原发货人或其代理人应填写《进口货物报关单》向进境地海关申报,并提供原货物出口时的出口报关单以及保险公司证明、承运人溢装、漏卸的证明等有关资料。原出口货物海关已出具出口退税报关单的,应交回原出口退税报关单或提供主管出口退税的税务机关出具的《出口商品退运已补税证明》,经海关核实无误后,验放有关货物进境。

原出口货物退运进口,经海关核实后不予征收进口税款,但原出口时征收的出口税亦不予退还。

(二)退运出口通关手续

因故退运出口的境外进口货物,原收货人或其代理人应填写《出口货物报关单》申报出境,并提供原货物进口时的进口报关单以及保险公司、承运人溢装、漏卸的证明等有关资料,经海关核实无误后,验放有关货物出境。

原进口货物退运出口时,经海关核实后可免征出口税,但已征收的进口税不予退还。

(三)出口退关货物的通关制度

出口退关,是指出口货物经海关放行后,因故未能装上出境的运输工具,发货人或其代理人要求将货物退关不再出口的行为。

对于出口退关货物,发货人或其代理人应当在得知出口货物未装上运输工具之日起3日内向海关申请退关,经海关核准且撤销其出口申报后方能将货物运出海关监管场所。

已缴纳出口税的可以在缴纳税款之日起1年内提出书面申请退税。

五、报关员的权利与义务

报关员是经海关批准注册,代表所属报关企业向海关办理进出口货物报关纳税等通关手续并以此为职业的人员。

认证报关员执业资格必须通过报关员资格全国统一考试,取得《报关员资格证书》。《报关员资格证书》由海关总署统一颁发,在全国范围内有效,是报关员从事报关工作的专业技术资格证明。海关对报关员实行注册及年度审核制度。

(一)报关员的权利

(1)报关员应在所在地关区内办理本企业授权的报关业务。

(2)报关员对海关的行政处罚和进出口货物的征税、减税、补税或者退税决定不服的,有权向海关申请复议或向人民法院起诉。

(3)报关员有权根据国家法律、法规对海关工作进行监督,并对海关工作人员的违法、违纪行为进行检举揭发和控告。

(4)报关员有权拒绝办理单证不真实、手续不齐全的报关业务。

(5)报关员有权举报报关活动中的违规走私行为。

(二)报关员的义务

(1)遵守海关法律、法规、规章,熟悉所申报货物的基本情况。

(2)办理报关业务时,应对本企业负责,接受海关的指导和监督。

(3)完整、准确地填制进出口货物报关单,向海关递交合法、齐全、有效的报关单证。

(4)海关查验进出口货物时,应按时到场,负责搬移货物、开拆和重封货物的包装。

(5)办理交纳所报进出口货物的各项税费的手续、海关罚款手续和销案手续。

(6)配合海关对走私违规条件的调查。

(7)协助本企业完整保存各种原始报关单证、签据、函电等资料。

(8)参加海关召集的有关业务的会议或培训。

(9)承担海关规定报关员办理的与报关业务有关的工作。

任务四　国际货物报检与通关的单证业务

一、出入境货物报检单及缮制

报检员要认真填写出入境货物报检单,所列各栏必须填写完整、准确、清晰,没有内容填写的栏目应以斜杠"/"表示,不得涂改,不得留空,且中英文内容一致,并加盖单位公章。现就报检单上的主要栏目及填制时应注意的问题简介如下。

(一)编号

编号由检验检疫机构报检受理人员填写,前6位为检验检疫机构代码,第7位为报检类代码,第8位和第9位为年代码,第10位至第15位为流水号。实行电子报检后,该编号可在受理电子报检的回执中自动生成。

(二)报检单位

本栏填写报检单位的全称,并加盖报检单位的印章。

（三）报检单位登记号

本栏填写报检单位在检验检疫机构备案或注册登记的代码。

（四）联系人

本栏填写报检员的姓名。

（五）电话

本栏填写报检员的联系电话。

（六）报检日期

报检日期,是指检验检疫机构实际受理报检的日期,由检验检疫机构报检受理人员填写。

（七）收货人(中/外文)

本栏填写进口贸易合同中的买方,其中英译文应一致。

（八）发货人(中/外文)

本栏填写进口贸易合同中的卖方,其中英译文应一致。

（九）货物名称(中/外文)

本栏填写本批货物的品名,应与进口贸易合同和国外发票的名称一致,如为废旧货物应注明。

（十）H.S编码

本栏填写本批货物的商品编码,以当年海关公布的商品税则编码分类为准,一般为8位数或10位数编码。

（十一）原产国(地区)

本栏填写本批货物生产/加工的国家或地区。

（十二）数/重量

本栏填写本批货物的数/重量,应与进口贸易合同和国外发票上所列的货物数/重量一致,并应注明数/重量单位。

（十三）货物总值

本栏填写本批货物的总值及币种,应与进口贸易合同和国外发票上所列一致。

（十四）包装种类及数量

本栏填写本批货物实际运输包装的种类及数量,应注明包装的材质。

（十五）运输工具名称及号码

本栏填写装运本批货物的运输工具名称及号码。

（十六）合同号

本栏填写本批货物的进口贸易合同号或订单、形式发票的号码。

（十七）贸易方式

本栏填写本批进口货物的贸易方式。根据实际情况选填一般贸易、来料加工、进料加工、易货贸易、补偿贸易、边境贸易、无偿援助、外商投资、对外承包工程进出口货物、出口加工区进出境货物、出口加工区进出区货物、退运货物、过境货物、保税区进出境仓储、转口货物、保税区进出区货物、暂时进出口货物、暂时进出口留购货物、展览品、样品、其他非贸易性物品和其他贸易性货物等。

（十八）贸易国别（地区）

本栏填写本批进口货物的贸易国家或地区名称。

（十九）提单/运单号

本栏填写本批进口货物的海运提单号或空运单号，有二程提单的应同时填写。

（二十）到货日期

本栏填写本批进口货物到达口岸的日期。

（二十一）启运国家（地区）

本栏填写本批进口货物的启运国家或地区名称。

（二十二）许可证/审批号

本栏需办理进境许可证或审批的进口货物应填写有关许可证号或审批号，不得留空。

（二十三）卸毕日期

本栏填写本批进口货物在口岸卸毕的实际日期。

（二十四）启运口岸

本栏填写装运本批进口货物启运口岸的名称。

（二十五）入境口岸

本栏填写装运本批进口货物交通工具进境首次停靠的口岸名称。

（二十六）索赔有效期至

本栏按进口贸易合同规定的日期填写，特别要注明截止日期。

（二十七）经停口岸

本栏填写本批进口货物在到达目的地前中途曾经停靠的口岸名称。

（二十八）目的地

本栏填写本批进口货物最后到达的交货地。

（二十九）集装箱规格、数量及号码

进口货物若以集装箱运输，本栏应填写集装箱的规格、数量及号码。

（三十）合同订立的特殊条款以及其他要求

本栏填写在进口贸易合同中订立的有关质量、卫生等特殊条款，或报检单位对本批货物检验检疫的特别要求。

（三十一）货物存放地点

本栏填写本批进口货物存放的地点。

（三十二）用途

本栏填写本批进口货物的用途。根据实际情况选填种用或繁殖、食用、奶用、观赏或演艺、伴侣动物、实验、药用、饲用、其他。

(三十三) 随附单据

在检验检疫机构提供的实际单据名称前的"□"内打"√"。如没有,在"□"后补填其名称。

(三十四) 标记及号码

本栏填写进口货物的标记及号码,应与进口贸易合同和国外发票等有关单据保持一致。若没有标记及号码,则填"N/M"。

(三十五) 外商投资财产

本栏由检验检疫机构报检受理人员填写。

(三十六) 报检人郑重声明

本栏由报检员亲笔签名报检人郑重声明。

(三十七) 检验检疫费

由检验检疫机构计费人员填写检验检疫费。

(三十八) 领取单证

本栏由报检员在领取单证时填写实际领证日期并签名。

报检单缮制举例(根据项目三"单证样本与实例"信用证 NO. ABC123456)如下。

中华人民共和国出入境检验检疫

出境货物报检单

报检单位(加盖公章):山东锦绣纺织品进出口有限公司　　　　*编　号_____
报检单位登记号:12345678　联系人:张三　电话:　报检日期:2007年11月8日

发货人	(中文)	山东锦绣纺织品进出口有限公司					
	(外文)	SHANDONG JINXIU TEXTILES IMPORT AND EXPORT CO., LTD					
收货人	(中文)	ABC 公司					
	(外文)	ABC CORPORATION					
货物名称(中/外文)		H.S.编码	产地	数/重量	货物总值	包装种类及数量	
全棉男式衬衫		6211.3290	青岛	2340 千克	81120.00 美元	260 纸箱	
运输工具名称号码		PUHE, VOY. NO. 246W		贸易方式	一般贸易	货物存放地点	大华仓库
合同号		JXT071006		信用证号	ABC123456	用途	
发货日期		2008年1月14日	输往国家(地区)	阿联酋	许可证/审批号		
启运地		青岛	到达口岸	迪拜	生产单位注册号		
集装箱规格、数量及号码				1 * 20' GATU8544387			

续表

合同、信用证订立的检验检疫条款或特殊要求	标 记 及 号 码	随附单据（画"√"或补填）	
	ABC S/C no.：JXT071006 Style no.：JX102 Port of destination： Dubai Carton no.：1-260	☐ 合同 ☐ 信用证 ☐ 发票 ☐ 换证凭单 ☐ 装箱单 ☐ 厂检单	☐ 包装性能结果单 ☐ 许可/审批文件 ☐ ☐ ☐ ☐

需要证单名称（画"√"或补填）		* 检验检疫费	
☐ 品质证书　　＿正＿副 ☐ 重量证书　　＿正＿副 ☐ 数量证书　　＿正＿副 ☐ 兽医卫生证书　＿正＿副 ☐ 健康证书　　＿正＿副 ☐ 卫生证书　　＿正＿副 ☐ 动物卫生证书　＿正＿副	☐ 植物检疫证书　＿正＿副 ☐ 熏蒸/消毒证书　＿正＿副 ☐ 出境货物换证凭单　＿正＿副 ☐ ☐ ☐ ☐	总金额 （人民币元）	
		计费人	
		收费人	

报检人郑重声明： 　1. 本人被授权报检。 　2. 上列填写内容正确属实，货物无伪造或冒用他人的厂名、标志、认证标志，并承担货物质量责任。 　　　　　　　　签名：＿＿＿＿＿＿	领取证单
	日期
	签名

注：有"＊"号栏由出入境检验检疫机关填写　　　　　　　　◆国家出入境检验检疫局制
[1-2（2000.1.1）]

二、进出口货物报关单及其缮制

进出境货物的收发货人或其代理人向海关申报时必须向海关递交进口货物或出口货物的报关单，申请人在填制时必须做到真实（即单证相符、单货相符）、准确、齐全、清楚。

进出口货物报关单各栏目的填制规范如下。

（一）预录入编号

预录入编号，是指申报单位或预录入单位对该单位填制录入的报关单的编号，用于该单位与海关之间引用其申报后尚未批准放行的报关单。

报关单录入凭单的编号规则由申报单位自行决定。预录入报关单及 EDI 报关单的预录入编号由接受申报的海关决定编号规则，计算机自动打印。

（二）海关编号

海关编号，是指海关接受申报时给予报关单的编号。

海关编号由各海关在接受申报环节确定，应标识在报关单的每一联上。

报关单海关编号为 9 位数码，其中前两位为分关（办事处）编号，第 3 位由各海关自行定义，后 6 位为顺序编号。各直属海关对进口报关单和出口报关单应分别编号，并确保在同一公历年度内能按进口和出口唯一地标识本关区的每一份报关单。

各直属海关的理单岗位可以对归档的报关单另行编制理单归档编号。理单归档编号不得在部门以外用于报关单标识。

（三）进口口岸/出口口岸

进口口岸/出口口岸，是指货物实际进（出）我国关境口岸海关的名称。

本栏应根据货物实际进出口的口岸海关选择填报《关区代码表》中相应的口岸海关名称及代码。

加工贸易合同项下货物必须在海关核发的《登记手册》（或分册，下同）限定或指定的口岸，与货物实际进出境口岸不符的，应向合同备案主管海关办理《登记手册》的变更手续后填报。

进口转关运输货物应填报货物进境地海关名称及代码，出口转关运输货物应填报货物出境地海关名称及代码。按转关运输方式监管的跨关区深加工结转货物，出口报关单填报转出地海关名称及代码，进口报关单填报转入地海关名称及代码。

其他未实际进出境的货物，填报接受申报的海关名称及代码。

（四）备案号

备案号，是指进出口企业在海关办理加工贸易合同备案或征税、减税、免税审批备案等手续时，海关给予《进料加工登记手册》、《来料加工及中小型补偿贸易登记手册》、《外商投资企业履行产品出口合同进口料件及加工出口成品登记手册》（以下简称《登记手册》）、《进出口货物征免税证明》（以下简称《征免税证明》）或其他有关备案审批文件的编号。

一份报关单只允许填报一个备案号。

本栏的具体填报要求如下。

（1）加工贸易合同项下的货物，除少量低价值辅料按规定不使用《登记手册》的外，必须在报关单备案号栏目填报《登记手册》的12位编码。

加工贸易成品凭《征免税证明》转为享受减免税进口货物的，进口报关单填报《征免税证明》编号，出口报关单填报《登记手册》编号。

（2）凡涉及减免税备案审批的报关单，本栏填报《征免税证明》编号，不得为空。

（3）无备案审批文件的报关单，本栏免予填报。

备案号的长度为12位，其中第一位是标记代码。备案号的标记代码必须与"贸易方式"及"征免性质"栏相协调，例如，贸易方式为来料加工，征免性质也应当是来料加工，备案号的标记代码应为"B"。

（五）进口日期/出口日期

进口日期，是指运载所申报货物的运输工具申报进境的日期。本栏填报的日期必须与相应的运输工具进境日期一致。

出口日期，是指运载所申报货物的运输工具办结出境手续的日期。本栏供海关打印报关单证明联用。预录入报关单和EDI报关单均免于填报。

无实际进出境的报关单填报办理申报手续的日期。

本栏为6位数，顺序为年、月、日各两位。

（六）申报日期

申报日期，是指海关接受进出口货物的收发货人或其代理人申请办理货物进出口手续的日期。

预录入报关单和EDI报关单填报向海关申报的日期，与实际情况不符时，由审单关员按实际日期修改批注。

本栏为6位数，顺序为年、月、日各两位。

（七）经营单位

经营单位，是指对外签订并执行进出口贸易合同的中国境内企业或单位。

本栏应填报经营单位名称和经营单位编码。经营单位编码为10位数字，是指进出口企业在所在地主管海关办理注册登记手续时，海关给企业设置的注册登记编码。

特殊情况下确定经营单位的原则如下：

(1) 援助、赠送、捐赠的货物，填报直接接受货物的单位；

(2) 进出口企业之间相互代理进出口或没有进出口经营权的企业委托有进出口经营权的企业代理进出口的，填报代理方；

(3) 外商投资企业委托外贸企业进口投资设备、物品的，填报外商投资企业。

（八）运输方式

运输方式，是指载运货物进出关境所使用的运输工具的分类。

本栏应根据实际运输方式按海关规定的《运输方式代码表》选择填报相应的运输方式。

特殊情况下运输方式的填报原则如下：

(1) 非邮政方式进出口的快递货物，按实际运输方式填报；

(2) 进出境旅客随身携带的货物，按旅客所乘运输工具填报；

(3) 进口转关运输货物，按载运货物抵达进境地的运输工具填报，出口转关运输货物，按载运货物驶离出境地的运输工具填报；

(4) 无实际进出境的，根据实际情况选择填报《运输方式代码表》中的运输方式"0"（非保税区运入保税区和保税区退仓）、"1"（境内存入出口监管仓库和出口监管仓库退仓）、"7"（保税区运往非保税区）、"8"（保税仓库转内销）或"9"（其他运输）。

（九）运输工具名称

运输工具名称，是指载运货物进出境的运输工具的名称或运输工具编号。

本栏填制内容应与运输部门向海关申报的载货清单所列相应内容一致。

一份报关单只允许填报一个运输工具名称。

本栏具体填报要求如下：

(1) 江海运输填报船舶呼号（来往港澳小型船舶为监管簿编号＋"/"＋航次号）；

(2) 汽车运输填报该跨境运输车辆的国内行驶车牌号码＋"/"＋进出境日期（8位数字，即年年年年月月日日，下同）；

(3) 铁路运输填报车次（或车厢号）＋"/"＋进出境日期；

(4) 航空运输填报航班号＋进出境日期＋"/"＋总运单号；

(5) 邮政运输填报邮政包裹单号＋"/"＋进出境日期；

(6) 进口转关运输填报转关标志"@"＋转关运输申报单编号，出口转关运输只需填报

转关运输标志"@";

(7) 其他运输填报具体运输方式名称,如管道、驮畜等;

(8) 无实际进出境的加工贸易报关单按以下要求填报:

加工贸易深加工结转及料件结转货物,应先办理结转进口报关,并在结转出口报关单中本栏填报转入方关区代码(前两位)及进口报关单号,即"转入××(关区代码)××××××(进口报关单号)"。按转关运输货物办理结转手续的,按上列第6项规定填报。

加工贸易成品凭《征免税证明》转为享受减免税进口货物的,应先办理进口报关手续,并在出口报关单中本栏填报进口方关区代码(前两位)及进口报关单号。

上述规定以外无实际进出境的,本栏为空。

(十) 提运单号

提运单号,是指进出口货物提单或运单的编号。

本栏填报的内容应与运输部门向海关申报的载货清单所列相应内容一致。

一份报关单只允许填报一个提运单号,一票货物对应多个提运单时应分单填报。

海运提单的具体填报要求如下:

(1) 江海运输填报进口提单号或出口运单号;

(2) 汽车运输免于填报;

(3) 铁路运输填报运单号;

(4) 航空运输填报分运单号,无分运单的填报总运单号;

(5) 邮政运输免于填报;

(6) 无实际进出境的,本栏为空。

进出口转关运输免于填报。

(十一) 收货单位/发货单位

收货单位,是指已知的进口货物在境内的最终消费、使用单位,包括:

(1) 自行从境外进口货物的单位;

(2) 委托有外贸进出口经营权的企业进口货物的单位。

发货单位,是指出口货物在境内的生产或销售单位,包括:

(1) 自行出口货物的单位;

(2) 委托有外贸进出口经营权的企业出口货物的单位。

本栏应填报收发货单位的中文名称或其海关的注册编码。

加工贸易报关单的收、发货单位应与《登记手册》的"货主单位"一致。

(十二) 贸易方式(监管方式)

本栏应根据实际情况并按海关规定的《贸易方式代码表》选择填报相应的贸易方式简称或代码。

一份报关单只允许填报一种贸易方式。

加工贸易报关单在特殊情况下的填报要求如下。

(1) 少量低值辅料(即5000美元以下,78种以内的低值辅料)按规定不使用《登记手册》的,辅料进口报关单填报"低值辅料"。使用《登记手册》的,按《登记手册》上的贸易方式填报。

(2) 三资企业按内外销比例为加工内销产品而进口的料件或进口供加工内销产品的料件,进口报关单填报"一般贸易"。

三资企业为加工出口产品全部使用国内料件的出口合同,成品出口报关单填报"一般贸易"。

(3) 加工贸易料件结转或深加工结转货物,按批准的贸易方式填报。

(4) 加工贸易料件转内销货物(及按料件补办进口手续的转内销成品)应填制进口报关单,本栏填报"(来料或进料)料件内销";加工贸易成品凭《征免税证明》转为享受减免税进口货物的,应分别填制进出口报关单,本栏填报"(来料或进料)成品减免"。

(5) 加工贸易出口成品因故退运进口及复出口以及复运出境的原进口料件退换后复运进口的,填报与《登记手册》备案相应的退运(复出)贸易方式简称或代码。

(6) 备料《登记手册》中的料件结转入加工出口《登记手册》的,进出口报关单均填报为"进料余料结转"。

(7) 保税工厂加工贸易进出口货物,根据《登记手册》填报相应的来料或进料加工贸易方式。

(十三)征免性质

征免性质,是指海关对进出口货物实施征税、减税、免税管理的性质类别。

本栏应按照海关核发的《征免税证明》中批注的征免性质填报,或根据实际情况按海关规定的《征免性质代码表》选择填报相应的征免性质简称或代码。

加工贸易报关单中本栏应按照海关核发的《登记手册》中批注的征免性质填报相应的征免性质简称或代码。在特殊情况下的填报要求如下:

(1) 保税工厂经营的加工贸易,根据《登记手册》填报"进料加工"或"来料加工";

(2) 三资企业按内外销比例为加工内销产品而进口料件,填报"一般征税"或其他相应征免性质;

(3) 加工贸易转内销货物,按实际应享受的征免性质填报(如一般征税、科教用品、其他法定等);

(4) 料件退运出口、成品退运进口货物填报"其他法定";

(5) 加工贸易结转货物本栏为空。

一份报关单只允许填报一种征免性质。

(十四)征免比例/结汇方式

征免比例仅用于"非对口合同进料加工"贸易方式下(代码"0715")进口料、件的进口报关单,填报海关规定的实际应征税比率,例如5%填报5,15%填报15。

出口报关单应填报结汇方式,即出口货物的发货人或其代理人收结外汇的方式。本栏应按海关规定的《结汇方式代码表》选择填报相应的结汇方式名称或代码。

(十五)许可证号

应申领进出口许可证的货物,必须在本栏填报外经贸部及其授权发证机关签发的进出口货物许可证的编号,不得为空。

一份报关单只允许填报一个许可证号。

(十六)起运国(地区)/运抵国(地区)

起运国(地区),是指进口货物起始发出的国家(地区)。

运抵国(地区),是指出口货物直接运抵的国家(地区)。

对发生运输中转的货物,如中转地未发生任何商业性交易,则起、抵地不变,如中转地发生商业性交易,则以中转地作为起运国(地区)/运抵国(地区)填报。

本栏应按海关规定的《国别(地区)代码表》选择填报相应的起运国(地区)/运抵国(地区)中文名称或代码。

无实际进出境的,本栏填报"中国"(代码"142")。

(十七)装货港/指运港

装货港,是指进出口货物在运抵我国关境前的最后一个境外装运港。

指运港,是指出口货物运往境外的最终目的港,最终目的港不可预知的,可按尽可能预知的目的港填报。

本栏应根据实际情况按海关规定的《港口航线代码表》选择填报相应的港口中文名称或代码。

无实际进出境的,本栏填报"中国境内"(代码"0142")。

(十八)境内目的地/境内货源地

境内目的地,是指已知的进口货物在国内的消费、使用地或最终运抵地。

境内货源地,是指出口货物在国内的产地或原始发货地。

本栏应根据进口货物的收货单位、出口货物生产厂家或发货单位所属国内地区,并按海关规定的《国内地区代码表》选择填报相应的国内地区名称或代码。

(十九)批准文号

进口报关单本栏用于填报《进口付汇核销单》编号。

出口报关单本栏用于填报《出口收汇核销单》编号。

(二十)成交方式

本栏应根据实际成交价格条款按海关规定的《成交方式代码表》选择填报相应的成交方式代码。

无实际进出境的,进口填报 CIF 价,出口填报 FOB 价。

(二十一)运费

本栏用于成交价格中不包含运费的进口货物或成交价格中含有运费的出口货物,应填报该份报关单所含全部货物的国际运输费用。运费可按运费单价、总价或运费率三种方式之一填报,同时注明运费标记,并按海关规定的《货币代码表》选择填报相应的币种代码。

运、保费合并计算的,运、保费填报在本栏。

运费标记"1"表示运费率,"2"表示每吨货物的运费单价,"3"表示运费总价。例如,

5%的运费率填报为 5;

24 美元的运费单价填报为 502/24/2;

7 000 美元的运费总价填报为 502/7 000/3。

（二十二）保险费

本栏用于成交价格中不包含保险费的进口货物或成交价格中含有保险费的出口货物，应填报该份报关单所含全部货物国际运输的保险费用。保险费可按保险费总价或保险费率两种方式之一填报，同时注明保险费标记，并按海关规定的《货币代码表》选择填报相应的币种代码。

运、保费合并计算的，运、保费填报在运费栏中。

保险费标记"1"表示保险费率，"3"表示保险费总价。例如，

3‰的保险费率填报为 0.3；

10 000 港元保险费总价填报为 110/10 000/3。

（二十三）杂费

杂费，是指成交价格以外的、应计入完税价格或应从完税价格中扣除的费用，如手续费、佣金、回扣等，可按杂费总价或杂费率两种方式之一填报，同时注明杂费标记，并按海关规定的《货币代码表》选择填报相应的币种代码。

应计入完税价格的杂费填报为正值或正率，应从完税价格中扣除的杂费填报为负值或负率。

杂费标记"1"表示杂费率，"3"表示杂费总价。例如，

应计入完税价格的 1.5% 的杂费率填报为 1.5；

应从完税价格中扣除的 1% 的回扣率填报为 —1；

应计入完税价格的 500 英镑杂费总价填报为 303/500/3。

（二十四）合同协议号

本栏应填报进出口货物合同（协议）的全部字头和号码。

（二十五）件数

本栏应填报有外包装的进出口货物的实际件数。在特殊情况下的填报要求如下：

（1）舱单件数为集装箱（TEU）的，填报集装箱个数；

（2）舱单件数为托盘的，填报托盘数。

本栏不得填报为零，裸装货物填报为 1。

（二十六）包装种类

本栏应根据进出口货物的实际外包装种类，按海关规定的《包装种类代码表》选择填报相应的包装种类代码。

（二十七）毛重（公斤）

毛重（公斤），是指货物及其包装材料的重量之和。

本栏填报进出口货物实际毛重，计量单位为公斤，不足一公斤的填报为 1。

（二十八）净重（公斤）

净重（公斤），是指货物的毛重减去外包装材料后的重量，即商品本身的实际重量。

本栏填报进出口货物的实际净重，计量单位为公斤，不足一公斤的填报为 1。

（二十九）集装箱号

集装箱号是在每个集装箱箱体两侧标示的全球唯一的编号。

本栏用于填报和打印集装箱编号及数量。集装箱数量四舍五入填报整数,非集装箱货物填报为 0。例如,

TBXU3605231 * 1(1)   表示 1 个标准集装箱;

TBXU3605231 * 2(3)   表示 2 个集装箱,折合为 3 个标准集装箱,其中一个箱号为 TBXU3605231。

在多于一个集装箱的情况下,其余的集装箱编号打印在备注栏或随附单据上。

(三十)随附单据

随附单据,是指随进出口货物报关单一并向海关递交的单证或文件,合同、发票、装箱单和许可证等的必备的随附单证不在本栏填报。

本栏应按海关规定的《监管证件名称代码表》选择填报相应证件的代码。

(三十一)用途/生产厂家

进口货物填报用途,应根据进口货物的实际用途按海关规定的《用途代码表》选择填报相应的用途代码,如"以产顶进"填报"13"。

生产厂家,是指出口货物的境内生产企业,本栏供必要时手工填写。

(三十二)标记唛码及备注

本栏上部用于打印以下内容:

(1) 标记唛码中除图形以外的文字、数字;

(2) 受外商投资企业委托代理其进口投资设备、物品的外贸企业名称;

(3) 加工贸易结转货物及凭《征免税证明》转内销货物,其对应的备案号应填报在本栏,即"转至(自)××××××××××手册";

(4) 其他申报时必须说明的事项。

本栏下部供填报随附单据栏中监管证件的编号,具体的填报要求为:监管证件代码+":"+监管证件号码。一份报关单有多个监管证件的,连续填写。

一票货物多个集装箱的,在本栏打印其余的集装箱号(最多 160 字节,其余的集装箱号手工抄写)。

(三十三)项号

本栏分两行填报及打印。

第一行打印报关单中的商品排列序号。

第二行专用于加工贸易等已备案的货物,填报和打印该项货物在《登记手册》中的项号。

加工贸易合同项下进出口货物,必须填报与《登记手册》一致的商品项号,所填报项号用于核销对应项号下的料件或成品数量。在特殊情况下的填报要求如下。

(1) 深加工结转货物,分别按照《登记手册》中的进口料件项号和出口成品项号填报。

(2) 料件结转货物,出口报关单按照转出《登记手册》中进口料件的项号填报;进口报关单按照转进《登记手册》中进口料件的项号填报。

(3) 料件复出货物,出口报关单按照《登记手册》中进口料件的项号填报。

(4) 成品退运货物,退运进境报关单和复运出境报关单按照《登记手册》原出口成品的项号填报。

(5) 加工贸易料件转内销货物(及按料件补办进口手续的转内销成品)应填制进口报关

单,本栏填报《登记手册》进口料件的项号。

(6) 加工贸易成品凭《征免税证明》转为享受减免税进口货物的,应先办理进口报关手续。进口报关单本栏填报《征免税证明》中的项号,出口报关单本栏填报《登记手册》原出口成品项号,进出口报关单货物的数量应一致。

(三十四) 商品编号

商品编号,是指按海关规定的商品分类编码规则确定的进出口货物的商品编号。

加工贸易《登记手册》中商品编号与实际商品编号不符的,应按实际商品编号填报。

(三十五) 商品名称、规格型号

本栏分两行填报及打印。

第一行打印进出口货物规范的中文商品名称,第二行打印规格型号,在必要时可加注原文。

本栏的具体填报要求如下。

(1) 商品名称及规格型号应据实填报,并与所提供的商业发票相符。

(2) 商品名称应当规范,规格型号应当足够详细,以能满足海关归类、审价以及监管的要求为准。禁止、限制进出口等实施特殊管制的商品,其名称必须与交验的批准证件上的商品名称相符。

(3) 加工贸易等已备案的货物,本栏填报录入的内容必须与备案登记中同项号下货物的名称与规格型号一致。

(三十六) 数量及单位

数量及单位,是指进出口商品的实际数量及计量单位。

本栏分三行填报及打印,具体的填报要求如下。

(1) 进出口货物必须按海关法定计量单位填报。法定第一计量单位及数量,打印在本栏第一行。

(2) 凡海关列明第二计量单位的,必须报明该商品第二计量单位及数量,打印在本栏第二行。无第二计量单位的,本栏第二行为空。

(3) 成交计量单位与海关法定计量单位不一致时,还需填报成交计量单位及数量,打印在商品名称、规格型号栏下方(第三行)。成交计量单位与海关法定计量单位一致时,本栏第三行为空。

加工贸易等已备案的货物,成交计量单位必须与备案登记中同项号下货物的计量单位一致,不相同时必须修改备案或转换一致后填报。

(三十七) 原产国(地区)/最终目的国(地区)

原产国(地区),是指进出口货物的生产、开采或加工制造国家(地区)。

最终目的国(地区),是指已知的出口货物的最终实际消费、使用或进一步加工制造国家(地区)。

本栏应按海关规定的《国别(地区)代码表》选择填报相应的国家(地区)名称或代码。

加工贸易报关单在特殊情况下的填报要求如下:

(1) 料件结转货物,出口报关单填报"中国"(代码"142"),进口报关单填报原料件生产国;

(2) 深加工结转货物,进出口报关单均填报"中国"(代码"142");

(3) 料件复运出境货物,填报实际最终目的国;加工出口成品因故退运境内的,填报"中国"(代码"142"),复运出境时填报实际最终目的国。

(三十八) 单价

本栏应填报同一项号下进出口货物实际成交的商品单位价格。

无实际成交价格的,本栏填报货值。

(三十九) 总价

本栏应填报同一项号下进出口货物实际成交的商品总价。

无实际成交价格的,本栏填报货值。

(四十) 币制

币制,是指进出口货物实际成交价格的币种。

本栏应根据实际成交情况按海关规定的《货币代码表》选择填报相应的货币名称或代码。如果《货币代码表》中无实际成交币种,需转换后填报。

(四十一) 征免

征免,是指海关对进出口货物进行征税、减税、免税或特案处理的实际操作方式。

本栏应按照海关核发的《征免税证明》或有关政策规定,对报关单所列每项商品选择填报海关规定的《征减免税方式代码表》中相应的征减免税方式。

加工贸易报关单应根据《登记手册》中备案的征免规定填报。

(四十二) 税费征收情况

本栏供海关批注进出口货物税费征收及减免情况。

(四十三) 录入员

本栏用于预录入和EDI报关单,打印录入人员的姓名。

(四十四) 录入单位

本栏用于预录入和EDI报关单,打印录入单位名称。

(四十五) 申报单位

本栏指报关单左下方用于填报申报单位有关情况的总栏目。

申报单位,是指对申报内容的真实性直接向海关负责的企业或单位。自理报关的,应填报进出口货物的经营单位名称及代码;委托代理报关的,应填报经海关批准的专业或代理报关企业名称及代码。

本栏还包括报关单位地址、邮编和电话等分项目,由申报单位的报关员填报。

(四十六) 填制日期

填制日期,是指报关单的填制日期。预录入报关单和EDI报关单由计算机自动打印。

本栏为6位数,顺序为年、月、日各两位。

(四十七) 海关审单批注栏

本栏指供海关内部作业时签注的总栏目,由海关关员手工填写在预录入报关单上。

其中"放行"栏填写海关对接受申报的进出口货物作出放行决定的日期。

出口货物报关单缮制举例(根据项目三"单证样本与实例"信用证 NO. ABC123456)如下。

预录入编号:		海关编号:		
出口口岸 青开发区海关4218	备案号		出口日期	申报日期
经营单位 山东锦绣纺织品进出口有限公司 3702910039	运输方式 江海运输(2)	运输工具名称 PUHE	提运单号 COSUSHA003189	
发货单位 3702910039	贸易方式 一般贸易(0110)	征免性质 一般征税(101)	结汇方式 信用证	
许可证号	运抵国(地区) 阿联酋(138)	指运港 迪拜	境内货源地 37029	
批准文号	成交方式 CIF	运费 4/1	保费 0.3/1	杂费
合同协议号 JXT071006	件数 260	包装种类 纸箱	毛重(公斤) 2600	净重(公斤) 2340
集装箱号 GATU 8544387	随附单据		生产厂家 山东锦绣纺织品进出口有限公司	
标记唛码及备注 ABC/S/C no.:JXT071006/Style no.:JX102/Port of destination: Dubai/Carton no.:1-260/CN: GATU8544387				

项号	商品编号	商品名称、规格型号	数量及单位	最终目的国(地区)	单价	总价	币制	征免
1	6211.3290	男式衬衫	260纸箱	阿联酋	15.6	81120.00	502	

税费征收情况

录入员	录入单位	兹声明以上申报无讹并承担法律责任	海关审单批注及放行日期(签章)
报关员			审 审价
单位地址		申报单位(签章) 山东锦绣纺织品进出口有限公司	征 统计
邮编	电话	填制日期	查 放行

同步训练

一、关键名词

商检　通关　代理报检单位　报关单位　报检员　报关员　转关

二、复习思考题

1. 简述自理报检单位的范围。
2. 简述对报检员的管理规定。
3. 简述报检员的权利和义务。
4. 检验检疫的程序分哪几个阶段？
5. 检验检疫的方法有哪些？
6. 海关一般进出口通关制度与程序有哪些？
7. 保税进出口通关制度与程序有哪些？
8. 简述进口转关与出口转关的手续。
9. 简述退运进出口通关手续。

三、案例与分析

【案例6-1】检验与索赔[①]

陕西某进出口公司（以下简称S公司）与德国某跨国钢铁公司新加坡公司（以下简称M公司）签订了进口1万吨拉丝盘条合同，金额为USD3 140 000.00，付款方式为L/C180DAYSSIGHT。货物产地为保加利亚，材质为美国标准SAE1008。检验条款以SGS验货报告为付款依据，以国家进出口商品检验局（CCIB）商检为索赔依据。争议最终解决方式为仲裁，仲裁地为香港，以香港地区的法律为依据。

买方S公司开证后，卖方M公司及时出运货物，并将全套单据通过银行交开证行，并催促承兑。S公司审单时，虽然发现了一些不符点，但考虑对方为世界著名企业，双方有长期友好的合作关系，相信货品的质量应无问题。尽管价格已较签约时下跌了很多，S公司还是接受了单据，并指示银行承兑，体现了S公司良好的商业信誉。

然而，货到后，S公司派人到港口接货时却发现货物的外观及包装极差；同时港务局理货时也发现，货物件数与单据件数不符，缺少180余件；CCIB验货后，出证表明货物短重14余吨，材质与合同相符，但有"耳子"、"飞边"等缺陷。另外，S公司还发现，实际炉号与M公司提供的SGS报告完全不同。基于以上情况，S公司立即通知M公司北京办事处，提出质量异议，并寄上相关样品和录像，希望M公司即刻派人查验货物，以便双方协商解决。M公司北京办事处对此亦很重视，即刻派人来S公司面谈，并表示尽快上报总部，派人解决。这时，S公司非常自信，此事应有一个令人满意的"说法"。

可是一周后，M公司德国总部通过北京办事处转来一份措辞"轻浮"的传真，称件数短少，应由保险公司负责；关于"耳子"，他们不知为何物；至于短重，他们认为CCIB的检测方法有问题，他们只知道其所交货物与合同相符。对于M公司的这种态度，S公司的业务员非常诧异。

对此，S公司据理力争，仍然冷静给予回复：

---

① 引自《对外经贸实务》，作者陈凯。

（1）货物件数短少一事，我们会与保险公司交涉，但最终应由造成短少方赔偿；

（2）关于"耳子"，指轧钢未被切掉的多余部分，一般的英文技术辞典都有解释，作为一个专业经营钢材的商业公司，不应该不明白；

（3）关于短重一事，请遵守合同条款。

对此，M公司迟迟不回复，又过了两周，经多次催促，方给予一个简短回复，大意是他们没有过错，没有义务去验货。

至此，S公司已清醒地意识到，M公司根本没有解决问题的诚意。

S公司为此专门请来了资深律师、国际结算专家共同出主意、想办法，又结合S公司多年来处理涉外案件的经验，经反复研究讨论制订了如下索赔计划：

（1）根据其材质缺陷和炉号不符，申请CCIB复验，同时请工厂作出拉拔试验，测试其是否是"拔丝盘条"；

（2）向香港国际仲裁中心提交仲裁申请；

（3）向国际海事局提出申请，调查这批货的装船时间和装船地点，希望能找到对方欺诈行为的证据。

一切都按计划进行。S公司的业务员会同CCIB对这批货作了更为仔细的检验，对于其中有"耳子"、"飞边"的盘条以及椭圆度超过2m（盘条直径应为6.5m）的具体数量作了测算；请工厂现场做拉拔实验，记录其在拉拔过程的断裂次数；同时又取样拍照，得出了一个详细报告，说明货物不适合拔丝，且炉号与进口商提供的单据完全不符。果然不出所料，香港国际仲裁中心很快明确回复，说明由于合同未讲明双方所共同接受的仲裁机构的具体名称，根据香港的法律，此仲裁无法受理。S公司立即通知M公司，说明根据合同已向香港国际仲裁中心提出仲裁申请，该中心要求双方必须明确仲裁规则。S公司提出了A、B、C三种不同解决问题的方案（其中包括新的仲裁协议），请M公司任选一种，作为双方的共同选择（只需画一个钩），请尽快回复。可是对方迟迟不复。为使自己的行为具有法律效力，S公司再次用电传催问此事，并限3日内给予明确回复。这样，M公司不得不回复，称他们没有义务做这种选择，一切都应照合同办理。

这时，海事调查局的报告也收到了，很遗憾，一切都无懈可击。为此，S公司付出了约2000英镑的调查费。

根据以上结果，S公司向省高院提出诉讼申请，理由是货物与合同不符，完全无法使用，系欺诈行为；对方和仲裁机构均拒绝仲裁。省高院依法受理此案。又由于对方一再拖延，毫无理赔的诚意，为确保国有资产不流失，S公司向省高院申请诉讼保全，并请省高院签发止付令，命令开证行暂时停止支付该案项下全部货款。省高院的法官仔细审核了双方的往来传真后，报请上级批准，向开证行出具了止付令。开证行对此提出反对，但省高院坚持，因为任何一个银行都必须遵守国家的法律。至此，情况发展急转直下，S公司已完全由被动变主动了。

当对方银行提示付款时，开证行回复：由于接到省高院的止付令，该笔货款已被冻结，请速洽出口商，尽快解决其法律纠纷。

这时，M公司自然也积极起来，每天电话、传真不断。但一切的一切S公司都有道理，M公司只好自己品尝他们一手造成的尴尬。很快M公司派人来S公司面谈，并强烈要求S公司撤诉，以仲裁的方式解决，并对于没有及时验货表示道歉。M公司的总部亦派人来天津，委托天津 SGS 并邀请 S 公司，三方共同验货，其结果与 CCIB 几乎一致。最后，M 公司新加坡总裁飞抵北京，邀请 S 公司做最后谈判。经过大约连续 10 个多小时的艰苦谈判，双方互不相让。但 M 公司始终无法摆脱被动。

最终，此案以 M 公司同意退货 50%，其余货物每吨降价 69 美元了结。索赔获得了圆满成功。

> **思考回答**
>
> S 公司成功索赔对你有何启示？检验在国际贸易中有什么作用？

【案例 6-2】单证与报关[①]

某年 7 月，深圳 A 公司（以下简称 A 公司）从美国进口一批 100 公吨的牛皮卡纸。由于到货港是香港，所以 A 公司还得安排从香港到深圳的陆路运输，因此时间紧、任务重。同时，由于 A 公司的仓库库容有限，装卸能力又差，因此不可能同时把总共 5 个 40 英尺的集装箱一次拉进深圳从而完成卸货任务。7 月底，第一批 3 个集装箱进入文锦渡海关，深圳公司的报关员立刻带齐所有的单据（美国公司寄来的原始发票、装箱单、海运提单，由报关公司电脑打制的报关单、司机簿及香港运输公司重新填制的进境汽车清单），赴海关报关大楼报关。但报关第一步就受挫，因为此批货物是 3 辆货柜车，而美国原始发票是整批货物 5 个集装箱一起开立的，海关关员不同意深圳公司以此报关。于是，深圳公司立即电告美国公司，让美国公司赶制两份发票及装箱单，一份为 3 个集装箱，另一份为 2 个集装箱。次日，深圳公司报关员再度报关。结果，海关拒受美国方面开来的原始发票，因为美方开来的发票只有签名而没有印鉴。由于中美文化习俗上的差异，美方注重的是签名，而中国注重的是印鉴，所以又造成了麻烦，深圳公司只得再与美国公司联系。但由于时差关系，等到外商急件传真过来已是第三日的早晨。深圳公司的报关员只有三度出击，可是此时又节外生枝了。深圳公司报关的是牛皮卡纸，而司机载货清单上赫然写着"白板纸"三个字。这问题严重了，因为牛皮卡纸只有每公吨 280 美元，而白板纸却要每公吨 1 100 美元左右，二者之间有着天壤之别。说得轻一点，是以假乱真，偷逃国家税款；说的重一点的话，则要背上走私的罪名。事到如此，只得让海关关员开箱检查，纸卷外层被捅破足有五六厘米，造成了不必要的损失。最后检查下来的结果证明是牛皮卡纸，但 3 个集装箱在深圳耽误了两夜，共损失 1.8 万元港币的租箱费，这还不包括司机过夜费、临时停车场费等。

> **思考回答**
>
> 通过以上这个案例，我们应吸取什么样的深刻教训？

---

① 引自 http://www.China-customs.com/html/exam/baoguanyuankaoshi/200501/01-1725.html。

【案例6-3】W外运公司保函转关带来损失①

G市J进出口公司（以下简称J公司）于2011年6月24日与香港H贸易公司（以下简称H公司）签订了购买价值约30万美元货物的合同。上述货物由发货人韩国F公司（以下简称F公司）交由远洋运输公司（以下简称航运公司）于2011年8月15日运抵天津。J公司于2011年8月18日收到香港H公司正本提单传真件后，于2011年8月25日持正本提单传真件、合同影印件和G市海关的关封，到天津委托W外运公司代办海关转关申报及监管转运至G市等事宜。W外运公司接受委托后凭上述证件及J公司出具的保函，经天津海关同意于2011年9月13日将上述货物用火车运往G市。J公司在G市办妥海关手续后提货并交付某机构使用。

但事实上，H公司并未履行与F公司的买卖合同，上述货物的正本提单仍在发货人F公司的手中。2011年12月22日F公司向航运公司提出索赔要求，航运公司又向W外运公司追索。其后W外运公司了解到，J公司提出上述货物而不付款是由以下原因引起：H公司在与J公司的另一项购货合同中，曾于2011年2月交付给J公司一张面额为50余万美元的美国财政部支票（不受追索时间限制）作为预付款，J公司委托G市T银行办理托收业务。T银行委托香港华侨商业银行代收。同年3月13日款项收妥后转入J公司的账户。4月16日，H公司以不能完全履约为由要求退款，J公司于4月2日和2011年5月3日共两次把50余万美元汇出境外。2011年10月12日香港华侨商业银行通知T银行："该支票系伪冒，已被美国财政部拒付并追索，已从贵行账户内主动扣款"。T银行被扣款后遂从J公司的账户内扣取50余万元美元。在被骗走巨额美元后，J公司为了弥补损失，采取了提走H公司上述货物而不付款的做法。

W外运公司提出，H公司与F公司的买卖合同没有履行，H公司就没有取得该货物的所有权，因此J公司占用或留置该货物是没有法律依据的；J公司在把货提走使用并且不能退货的情况下，应把货款付给F公司，但J公司却始终拖延不付。2011年3月，F公司通知航运公司，称如果再不解决付款问题将采取扣压航运公司船只的措施，航运公司马上至函W外运公司，称若F公司扣船，则对W外运公司采取扣货措施。W外运公司遂不得不先垫付30万美元，通过航运公司向F公司赎取正本提单，随后于2011年8月向天津市中级人民法院起诉J公司。在法院审理并主持调解下，J公司同W外运公司于2012年1月达成分期还款协议书。

> **思考回答**
>
> W公司为客户保函转关的做法有什么过失？若是你将如何处理？

---

① 引自 http://China.53trade.com/question/index.asp?d=58&po=12。

单证样本与实例

一、入境货物报检单

中华人民共和国出入境检验检疫
入境货物报检单

报检单位（加盖公章）：				*编　号 _____
报检单位登记号：	联系人：	电话：	报检日期：___年___月___日	

发货人	（中文）
	（外文）
收货人	（中文）
	（外文）

货物名称（中/外文）	H.S.编码	原产国（地区）	数/重量	货物总值	包装种类及数量

运输工具名称号码		合同号	
贸易方式		贸易国别（地区）		提单/运单号	
到货日期		启运国家（地区）		许可证/审批	
卸毕日期		启运口岸		入境口岸	
索赔有效期		经口停岸		目的地	

集装箱规格、数量及号码	
合同、信及证订立的检验检疫或特殊要求	

	货物存放地点
	用途

随附单据（画："√"或补填）	标记及号码	外商投资资产（画"√"）	□是 □否
□合同　　　□到货通知		*检验检疫费	
□发票　　　□装箱单			
□提/运单号　□质保书		总金额	
□兽医卫生证书 □理货清单		（人民币）	
□植物检疫证书 □磅码单			
□动物卫生证书 □验收报告		计费人	
□卫生证书			
□原产地证		收费人	
□许可/审批文化			

报检人郑重声明：	领取证单
1. 本人被授权报检。	
2. 上列填写内容正确属实，货物无伪造或冒用他人的厂名、标志、认证标志，并承担货物质量责任。	日期
签名：_____	签名

注：有"＊＊"号栏由出入境检验检疫机关填写　　　　◆国家出入境检验检疫局制

[1-2(2000.1.1)]

二、出口货物报关单

中华人民共和国海关出口货物报关单

预录入编号：　　　　　　　海关编号：

出口口岸	备案号	出口日期	申报日期
经营单位	运输方式	运输工具名称	提运单号
发货单位	贸易方式	征免性质	征免比例
许可证号	运抵国（地区）	装货港	境内目的地
批准文号	成交方式	运费	保费	杂费
合同协议号	件数	包装种类	毛重（公斤）	净重（公斤）
集装箱号	随附单据			用途
标记号码及备注				
项号　商品编号　商品名称　　数量及单位　　最终目的国（地区）　单价　　总价　　币制　征免				
税费征收情况				

录入员　　录入单位	兹申明以上申报无论并承担法律责任	海关审单批注及放行日期（签章）	
报关员		审单	审价
单位地址	申报单位（签章）	征税	统计
邮编　　　电话	填制日期	查验	放行

三、商业发票（根据项目三"单证样本与实例"信用证 NO. ABC123456）

ISSUER SHANDONG JINXIU TEXTILES IMPORT AND EXPORT CO., LTD 116 SHANDONG ROAD, QINGDAO, P. R. CHINA		商业发票 **COMMERCIAL INVOICE**	
TO ABC CORPORATION. 18 KING ROAD, DUBAI, UAE		NO. JXT－CI071006	DATE DEC. 12, 2007
TRANSPORT DETAILS FROM QINGDAO TO DUBAI BY VESSEL		S/C NO. JXT071006	L/C NO. OCT. 6, 2007
		TERMS OF PAYMENT L/C	
Marks and Numbers	Number and kind of package Description of goods	Quantity	Unit Price	Amount
ABC S/C no.: JXT071006 Style no.: JX102 Port of destination: Dubai Carton no.: 1-260		CIFC5% DUBAI		
	MEN'S SHIRTS SHELL: WOVEN TWILL 100% COTTON STYLE NO.: JX102 ORDER NO.: 989898 PACKED IN 20 PCS/CTN TOTALLY TWO HUNDRED SIXTY CARTONSONLY	5200PCS	USD 15.6/PC	USD81120.00
	TOTAL:	5200PCS		USD81120.00
SAY TOTAL: US DOLLARS EIGHTY ONE THOUSAND AND ONE HUNDREDTWENTYONLY. FOR AND ON BEHALF OF: SHANDONG JINXIU TEXTILES IMPORT AND EXPORT CO., LTD ＋＋＋＋＋＋＋＋＋＋＋（MANUALLY SIGHED）				

四、原产地证明书(根据项目三"单证样本与实例"信用证 NO. ABC123456)

ORIGINAL

1. Exporter SHANDONG JINXIU TEXTILES IMPORT AND EXPORT CO.,LTD 116 SHANDONG ROAD,QINGDAO,P. R. CHINA	Certificate No. ++++++++++ **CERTIFICATE OF ORIGIN** **OF**
2. Consignee ABC CORPORATION. 18 KING ROAD,DUBAI,UAE	 **THE PEOPLE'S REPUBLIC OF CHINA**
3. Means of transport and route ON OR ABOUT DEC. 30,2007,SHIPRED FORM QINGDAO TO DUBAI BY SEA.	5. For certifying authority use only
4. Country / region of destination UAE	

6. Marks and numbers	7. Number and kind of packages; description of goods	8. H. S. Code	9. Quantity	10. Number and date of invoices
ABC S/C no.:JXT071006 Style no.:JX102 Port of destination:Dubai Carton no.:1-260	TWO HUNDRED SIXTY(260) CARTONS OF MEN'S SHIRTS * * * * * * * * * * * AS PER L/C NO. ABC123456 L/C DATE:NOV. 15,2007 NAME OF ISSUING BANK: HSBC BANK PLC,DUBAI,UAE	62033200 90	5200PCS	JXT-CI071106 DEC. 12,2007

11. Declaration by the exporter
   The undersigned hereby declares that the above details and statements are correct, that all the goods were produced in China and that they comply with the Rules of Origin of the People's Republic of China.
SHANDONG JINXIU TEXTILES IMPORT AND EXPORT CO.,LTD
 	
刘琦
 	
QINGDAO, DEC. 27,2007
―――――――――――――――――――
Place and date, signature and stamp of authorized signatory
	12. Certification
	   It is hereby certified that the declaration by the exporter is correct.
	
	―――――――――――――――――――
	Place and date, signature and stamp of certifying authority

五、品质检验证书(样本)

品质检验证书

INSPECTION AND TESTING CERTIFICATE

字第
No ___

DATE: 年 月

受货人
Consignee _____

品名　　　　　　　　　　运输工具
　　　　　　　　　　　　Means of
Commodity _____　　　Transportation _____

报检数量　　　　　　　　出口日期
Quality Declare _____　Date of Export _____

运往地点　　　　　　　　标记及号码
Destination _____　　　Mark & Number

检验结果
RESULTS OF INSPECTION &/OR TESTING

负责人:　　　　检验人:　　　　　　　　　　发货人:
Director:　　　 Inspecting & Testing Officer:　Consignor:

六、提货单

中国外运天津集团船务代理公司
SINOTRANS TIANJIN MARINE SHIPPING AGENCY
提 货 单
(DELIVERY OROER)

No.

收货人 通知人				下列货物已办妥手续,运费结清,请准许交付收货人。			
船名:	航次:	起运港:					
提单号:	交付条款:	目的港:					
缺货地点:	进场日期:	箱进口状态:		唛头:			
抵港日期:		到付海运费:					
一程船:		提单号:					
集装箱/铅封号		货物名称		件数与包装	重量(kg)	体积(m³)	

请核对放货:中国外运天津集团船务代理公司

提货专用章

凡属法定检验、检疫的进口商品,必须向有关监督机关申报。

海 关 章				

第一联 海关申报交港方

七、出口收汇核销单

编号：NO.39/0012×××　　　　　　　　　　　　　编号：NO.39/0012×××

出口单位名称：　　　　　　　　　　　　　　　　出口单位名称：

出口货物数值：	20m/t
出口货物总价：	USD31.00 CIF
收汇方式：L/C　　即期	
预计收款日期：2011.5.15	
出口单位所在地：山东青岛	
报关日期：2011年4月22日	
出口单位备注：	

寄单日期　　2011.5.3	海关核放情况：
BP/OC 号：94：FD/106837	
结汇/收账日期：	年　月　日（盖章）
有关费用及货款处理方式：	受托行/解付行备注：
□ 运费　　　□ 保险费	
□ 佣金回扣　□ 经批准还贷	年　月　日（盖章）
□ 退货款　　□ 赔款	出口单位备注：
□ 预付款　　□ 分期/延期付款	
□ 保留现汇　□ 其他	年　月　日（盖章）
外汇管理部门	
	年　月　日（盖章）

注：1. 出口货物数量，按报送单内容出口商品品种及数量。

2. 出口货物总价，按报送单内容成交价格条件及总价。

3. 收汇方式及预计收款日期：按合同填写，其中收汇方式按"细则"规定详细填写。

4. 出口单位所在地：填写出口单位所在省（自治区、直辖市）、地（市）县。

注：1. 寄单日期、BP/OC 号、结汇/收账日期由受托行/解付行填写，有关费用及货款处理方式由出口单位填写。

2. 寄单日期系指依证或托收项下银行寄单日期。

3. BP 号系指信用证或托收项下议付通知书编号，OC 号系指托项下托收委托书编号。如系自寄单据出口，则在 BP/OC 号栏中填写"自寄单据"。

4. 结汇/收账日期系指解付行将货款结汇或眉峰的日期。

5. 有关费用及货款处理方式系指出口项下从属经批准保留现汇的货款金额。填写时，在所列的项目中，如发生一项，即在项目前"□"内画"√"，并填写费用金额，如未发生该项，则不填。

项目七　国际货物运输保险

内容与重点

◎　海上货物运输保险中的各种险别及其承保范围。
◎　保险险别的选择。
◎　保险金额和保险费的计算。
◎　国际货物运输保险业务流程与岗位。
◎　国际货物运输保险的单证业务。

任务一　国际货物运输保险的基础知识

在进出口贸易中，货物的交接要经过长途运输、装卸和储存等过程。在此期间，货物可能因遇到各种风险而遭受损失。为了在货物遭到损失时能得到一定的补偿，买方或卖方就要向保险人或保险公司投保货物运输保险。

国际货物运输保险的种类有海上货物运输保险、铁路货物运输保险、航空货物运输保险和邮包货物运输保险等。

一、海上货物运输保险的承保范围

在国际海运保险业务中，海上货物运输保险的承保范围大致包括海上风险、海上损失与费用以及海上风险以外的其他外来原因所造成的风险与损失。

（一）风险

风险是由自然灾害、意外事故和外来风险组成的。其中，自然灾害和意外事故统称为海上风险。

1. 海上风险

（1）自然灾害。

自然灾害，是指不以人们意志为转移的由自然界力量所引起的灾害。在海上货物运输保险业务中的自然灾害并不是泛指一切由于自然力量所引起的灾害，而是仅指恶劣气候、雷电、海啸、地震、洪水、流冰或火山爆发等自然力量所造成的灾害。

（2）意外事故。

意外事故一般是指由于偶然的非意料中的原因所造成的事故。在海上货物运输保险业务中，意外事故仅指运输工具遭受搁浅、触礁、沉没、船舶与流冰或其他物体相撞以及失踪、失火、爆炸等。

2. 外来风险

外来风险一般是指由除海上风险以外的其他外来原因所造成的风险。外来风险可分为一般外来风险和特殊外来风险。

一般外来风险，是指被保险货物在运输途中由于偷窃、短量、雨淋、玷污、渗漏、破碎、钩损、锈损、受热、受潮、串味等外来原因所造成的风险。

特殊外来风险，是指由于军事、政治、国家政策法令以及行政措施等特殊外来原因所造成的风险。如因战争、罢工、船舶在中途被扣留而导致交货不到以及货物被有关当局拒绝进口或没收等风险。

（二）海上损失

海上损失又称海损（Average），是指被保险货物在海洋运输中，因遭受海上风险而造成的损失。海上损失按其损失程度的不同可分为全部损失和部分损失。

1. 全部损失

全部损失（Total Loss），是指货物遇到海上风险后完全灭失或者完全失去本身的价值，不值得进行修复。全部损失按其损失的情况不同又可分为实际全损和推定全损。

（1）实际全损。

实际全损（Actual Total Loss），是指被保险货物完全灭失或完全变质，或者货物实际上已不可能归还保险人。

（2）推定全损。

推定全损（Constructive Total Loss），是指货物发生保险事故后，认为实际全损已经不可避免，或者为避免发生实际全损所需支付的费用与继续将货物运抵目的地的费用之和超过保险价值的。

2. 部分损失

部分损失（Partial Loss），是指被保险货物的损失没有达到全部损失的程度。部分海损分为共同海损和单独海损两种情况。

（1）共同海损。

共同海损（General Average，GA），是指载货的船舶在海上遭到灾害、事故，威胁到船、货等各方的共同安全，为了解除这种威胁，维护船、货的安全，或者使航程得以继续完成，由船方有意识地、合理地采取措施，所做出的某些特殊牺牲或支出某些额外费用。这些损失和费用叫共同海损。

构成共同海损必须具备以下条件：

① 必须确实遭遇危险；
② 必须是自动地、有意识地采取的合理措施；
③ 必须是为船、货的共同安全而采取的措施；
④ 必须是属于非常性质的损失。

1860年，共同海损理算由英国社会科学促进会发起，并联合欧洲各海运国家的航运、保险和理算各界人士在英国举行有关会议。会议制定了《格拉斯哥决议》，后来又于1864年和1877年进行修改和补充，正式定名为《1877约克-安特卫普规则》，此规则在国际海运保险业务中普遍使用。

我国于 1975 年由国际贸易促进委员会制定了共同海损索赔、理赔的《北京理算规则》，本规则以《1877 约克-安特卫普规则》为蓝本，在国内普遍使用。

(2) 单独海损。

单独海损(Particular Average,PA)，是指不属于共同海损的货物损失，是由承保范围内的风险所直接导致的船舶或货物的部分损失。该损失由受损者单独负担。

共同海损与单独海损的区别体现在以下两个方面。

① 造成海损的原因不同。

② 损失的承担责任不同。单独海损由受损方自行承担，而共同海损则由各受益方按照受益大小的比例共同分摊。

(三) 海上费用

海上费用，是指保险人(即保险公司)承保的费用。保险公司所赔偿的海上费用包括施救费用和救助费用。

1. 施救费用

施救费用(Sue and Labour Expenses)，是指被保险货物在遭遇承保范围内的灾害事故时，被保险人或船方或其他有关人员为了避免和减少损失，采取各种措施而支付的合理费用。这种费用属于自救费用的支出。

按照保险的惯例，货物受到损失后，能够掌管货物的有关人员应采取各项合理的措施抢救、保护货物，这是保险人的责任。

2. 救助费用

救助费用(Salvage Charge)，是指当被保险货物在遭遇承保范围内的灾害事故时，由被保险人以外的第三者采取救助措施，被保险人向其支付的费用。

二、我国海洋货物运输保险的险别

我国进出口货物运输主要通过中国人民保险公司进行保险。中国人民保险公司所使用的保险规则称《中国保险条款》(China Insurance Clause,C. I. C.)，其中关于海洋货物运输保险的规则是《海洋货物运输保险条款》。

海洋货物运输保险分为三种基本险和两种附加险。基本险是保险业务的主要内容，投保人应从基本险中选择一种进行投保。附加险是投保人在选择一种基本险之后根据具体情况加保的一种险别，不能单独投保。

(一) 基本险

基本险包括平安险、水渍险和一切险三种。

1. 平安险

平安险(Free from Particular Average,F. P. A.)的责任范围包括如下。

(1) 被保险货物在运输过程中，由于恶劣气候、雷电、海啸、地震、洪水等自然灾害造成整批货物的全部损失；由于海上意外事故给货物造成的全部损失或部分损失。

(2) 被保险货物遭遇海上意外事故后，又受到自然灾害的袭击所致的部分损失。

(3) 货物在装、卸或转运时一件或数件落海所造成的全部损失或部分损失。

(4) 共同海损的牺牲、分摊和救助费用。

(5) 不超过保险金额的对被保险货物进行施救的费用。
(6) 船舶遭遇海难以后,在避难港卸货造成的损失和有关费用。
(7) 运输契约订有"船舶互撞责任"条款,根据该条款规定应由货方偿还船方的损失。

2. 水渍险

水渍险(With Particular Average,W. P. A.)的责任范围除包括平安险的各项责任外,还负责被保险货物由于自然灾害所造成的部分损失。

3. 一切险

一切险(All Risks)的责任范围如下:
(1) 平安险和水渍险包括的各项责任;
(2) 被保险货物在运输过程中由于一般外来风险造成的全部损失和部分损失。

以个三种基本险的承保责任的起讫均采用"仓至仓"条款(Warehouse to Warehouse, W/W),即保险责任是指从被保险货物的保险单所载明的起运港(地)发货人的仓库开始,一直至货物到达保险单所载明的目的港(地)收货人的仓库时为止。但是,按惯例当货物从目的港卸离海轮时起算满 60 天,不论被保险货物有没有进入收货人的仓库,保险责任均告终止。

(二) 附加险

附加险也是保险人的一种赔偿责任,包括一般附加险和特殊附加险两种。

1. 一般附加险

一般附加险,是指保险人对由于一般外来风险引起的被保险货物受损负赔偿责任,具体包括以下内容:
(1) 偷窃、提货不着险(Theft, Pilferage and Non-delivery, T. P. N. D.);
(2) 淡水雨淋险(Fresh Water Rain Damage, F. W. R. D);
(3) 短量险(Risk of Shortage);
(4) 混杂、玷污险(Risk of Intermixture & Contamination);
(5) 渗漏险(Risk of Leakage);
(6) 碰损、破碎险(Risk of Clash & Breakage);
(7) 串味险(Risk of Odor);
(8) 受热、受潮险(Damage Caused by Heating & Sweating);
(9) 钩损险(Hook Damage);
(10) 包装破裂险(Loss or Damage Caused by Breakage of Packing);
(11) 锈损险(Risk of Rust)。

上述十一种附加险不能独立投保,其只能在投平安险或水渍险的基础上加保。

2. 特殊附加险

特殊附加险,是指进出口货物途中受到特殊外来原因所引起的风险与损失,保险人负赔偿责任。我国保险业中的特殊附加险包括:
(1) 海运战争险(Ocean Marine Cargo War Risk);
(2) 拒收险(Rejection Risk);
(3) 交货不到险(Failure to Delivery);
(4) 进口关税险(Import Duty Risk);

(5) 黄曲霉素险(Aflatoxin Risk);

(6) 罢工险(Strikes Risk);

(7) 舱面险(On Deck Risk);

(8) 货物出口到香港(包括九龙)或澳门存仓火险责任扩展条款(FREC)。

三、伦敦保险协会海运货物保险条款

在世界保险业务中,伦敦保险协会所制定的《协会货物条款》(*Institute Cargo Clauses*, I.C.C.)对世界各国有着广泛的影响。《协会货物条款》最早制定于1912年,最近一次修订完成于1982年,并从1983年4月1日起正式使用。

(一) 保险的险别

伦敦保险协会的海运货物保险条款主要有以下六种险别。

(1) 协会货物(A)险条款[Institute Cargo Clauses A, I.C.C.(A)]。

(2) 协会货物(B)险条款[Institute Cargo Clauses B, I.C.C.(B)]。

(3) 协会货物(C)险条款[Institute Cargo Clauses C, I.C.C.(C)]。

(4) 协会战争险条款(货物)(Institute War Clauses-Cargo)。

(5) 协会罢工险条款(货物)(Institute Strikes Clauses-Cargo)。

(6) 恶意损害险条款(Malicious Damage Clauses)。

在以上六种险别中,协会货物(A)险条款、协会货物(B)险条款和协会货物(C)险条款三种险别可以独立投保。

(二) 承保范围

1. I.C.C.(A)险承保的责任范围与除外责任

I.C.C.(A)险有些类似一切险,其承保的风险非常广泛,所以使用"除外责任"的方式来说明承保的范围。即除了"除外责任"项下所列风险保险人不予负责外,其他的风险均予负责。

(1) 一般除外责任。

① 归因于被保险人故意的不法行为造成的损失或费用。

② 自然渗漏、重量或容量的自然耗损或自然磨损所造成的损失或费用。

③ 包装或准备得不足或不当所造成的损失或费用。

④ 保险标的内在缺陷或特性所造成的损失或费用。

⑤ 直接由于延迟所引起的损失或费用。

⑥ 由于船舶所有人、租船人经营破产或不履行债务造成的损失或费用。

⑦ 由于使用任何原子或热核武器等所造成的损失或费用。

(2) 不适航、不适货除外责任。

① 保险标的在装船时,被保险人或其受雇人已经知道船舶不适航以及船舶、装运工具、集装箱等不适货。

② 如违反适航、适货的默示保证为被保险人或其受雇人所知悉。

(3) 战争除外责任。

① 由于战争、内战、敌对行为等造成的损失或费用。

② 由于捕获、拘留、扣留等(海盗除外)所造成的损失或费用。

③ 由于漂流水雷、鱼雷等造成的损失或费用。

(4) 罢工除外责任。

① 由于罢工者、被迫停工工人等造成的损失和费用。

② 罢工、被迫停工造成的损失和费用。

③ 任何恐怖主义者或出于政治动机而行动的人所致的损失和费用。

2. I.C.C.(B)险的承保的责任范围与除外责任

(1) I.C.C.(B)险承保的责任范围。

保险人对由以下原因所引起的损失负责赔偿：

① 火灾、爆炸；

② 船舶或驳船触礁、搁浅、沉没或倾覆；

③ 陆上运输工具倾覆或出轨；

④ 船舶、驳船或运输工具同水以外的外界物体碰撞；

⑤ 在避难港卸货；

⑥ 地震、火山爆发、雷电；

⑦ 共同海损牺牲；

⑧ 抛货；

⑨ 浪击落海；

⑩ 海水、湖水或河水进入船舶、驳船、运输工具、集装箱、大型海运箱或贮存处所，货物在装卸时落海或摔落造成整件的损失。

(2) I.C.C.(B)险的除外责任。

I.C.C.(B)险的除外责任与I.C.C.(A)险的除外责任基本相同，只是对I.C.C.(A)险中的全部除外责任——因任何人故意损害或破坏、海盗等造成的损失或费用不负责。

3. I.C.C.(C)险承保的责任范围与除外责任

I.C.C.(C)险承保的责任范围包括：

(1) 火灾、爆炸；

(2) 船舶或驳船触礁、搁浅、沉没或倾覆；

(3) 陆上运输工具倾覆或出轨；

(4) 在避难港卸货；

(5) 共同海损的牺牲；

(6) 抛货。

I.C.C.(C)险的除外责任与I.C.C.(B)险的除外责任完全相同。

(三) 主要险别的保险期限

伦敦保险协会海运货物保险条款(A)、(B)、(C)条款与我国海运货物保险期限的规定大体相同，也是"仓至仓"，但比我国的条款规定得更为详细。

(四) 险别比较

伦敦保险协会的险别与中国人民保险公司现行的保险险别之间既有相同之处，又有一些区别。

两种险别的相同之处主要表现为其内容有相似之处,以三种主要险别为例:I.C.C.(A)险与一切险相似;I.C.C.(B)险与水渍险相似;I.C.C.(C)险与平安险相接近。两种险别的区别主要有两个方面:一是两种险别的名称不同;二是两种险别虽有相似之处,但各自承保的风险范围毕竟有所不同。如 I.C.C.(C)险与平安险虽相接近,但比平安险的责任范围要小一些。

四、陆上运输货物保险

中国人民保险公司对不同方式运输的货物都制定了相应的专门条款。陆上运输货物保险的险别分为陆运险和陆运一切险两种。

(一)陆运险的责任范围

陆运险的承保范围,是指被保险货物在运输途中遭受风、雷电、地震、洪水等自然灾害,或由于陆上运输工具(火车、汽车)遭受碰撞、倾覆或出轨等意外事故,或在驳运过程中,驳运工具发生意外事故等所造成的全部损失或部分损失。陆运险的承保范围大致相当于海运险中的水渍险。

(二)陆运一切险的责任范围

除包括上述陆运险的责任外,保险公司对被保险货物在运输途中由于一般外来原因造成的短少、短量、偷窃、渗漏、碰损、破碎、钩损、雨淋、生锈、受潮、受热、发霉、串味、玷污等全部损失或部分损失也负赔偿责任。

(三)陆上运输货物保险的除外责任

(1)被保险人的故意行为或过失行为所造成的损失。
(2)属于发货人所负责任或由被保险货物的自然消耗所引起的损失。
(3)由于战争、工人罢工或运输延迟所造成的损失。

(四)保险责任的起讫期限

陆上运输货物保险采用"仓至仓"责任,即从被保险货物自保险单所载明的启运地发货人的仓库或储存处所开始运输时生效,包括正常陆运和有关水上驳运在内,直到该项货物送交保险单所载明的目的地收货人的仓库或储存处所,或被保险人用作分配、分派或非正常运输的其他储存处所为止。如未运抵上述仓库或储存处所,则以被保险货物到达最后卸载的车站后,保险天数以 60 天为限。

在陆上运输货物保险中,被保险货物在投保陆运险或陆运一切险的基础上,经过协商还可以加保陆上运输货物保险的一种或若干种附加险,如战争险,即对直接由于战争、类似战争行为以及武装冲突所导致的损失;又如货物由于捕获、扣留、拘留、禁制和抵押等行为所引起的损失负责赔偿。

五、航空运输货物保险

航空运输货物保险分为航空运输险和航空运输一切险两种。
航空运输险的承保范围与海洋货物运输保险中的水渍险的承保范围大致相同。
航空运输一切险除包括上述航空运输险的责任外,对被保险货物在运输途中由于外来原因所造成的,包括被偷窃、短少等全部损失或部分损失也负赔偿责任。

航空运输货物保险的责任起讫从被保险物运至保险单所载明的起运地仓库或储存处所开始运输时生效。在正常的运输过程中继续有效,直到该项货物运抵保险单所载明的目的地交到收货人的仓库或储存处所,或被保险人用作分配、分派或非正常运输的其他储存处所为止。如果被保险货物未到达上述仓库或储存处所,则以被保险货物在最后卸货地卸离飞机后满 30 天为止。

被保险货物在投保航空运输险或航空一切险后,经协商还可以加保航空运输货物战争险等附加险。

六、邮运包裹保险

邮运包裹保险是承保邮包在邮寄途中因自然灾害、意外事故和外来原因所造成的损失。按承保范围的大小,邮运包裹保险可分为邮包险和邮包一切险两种基本险别。被保险货物在投保其中一种基本险别的基础上亦可酌情加保一种或几种附加险。

任务二　国际货物运输保险业务流程与岗位

在国际货物运输保险业务中,投保人在办理投保时主要涉及险别的选择、保险金额的确定、保险费的计算等工作,其一般程序如图 7-1 所示。

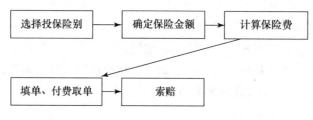

图 7-1　国际货物运输保险投保的一般程序图

一、选择投保险别

在保险险别中关于保险人与被保险人之间的权利与义务的规定是保险公司所负赔偿责任的主要依据。险别不同,保险公司的责任范围不同,收取的保险费也不相同。因此,如何适当地选择保险险别是个十分重要的问题。因此,投保人在选择保险险别时,既要顾及所选择的保险险别是否能为被保险货物提供充分的保险保障,又要注意保险费用的节省,从而避免不必要的保险费用的支出。

对保险险别的选择一般应考虑以下六个因素。

(一) 货物的性质和特点

不同种类的货物所具有的性质和特点有所不同,在运输途中遭遇的风险和发生的损失往往有很大的不同,因此,投保人在投保时必须充分考虑货物的性质和特点,据以确定适当的保险险别。例如,易碎的玻璃制品要投保一切险,而笨重不易损失、损坏的钢铁制品就不必投保一切险。又如,含有一定水分的大米、豆类等容易吸潮,大麻易生热自燃,这些货物的特性投保人在选择保险险别时应考虑周全。对于某些特殊的货物则要投保特种险,如冷藏货物和某些大宗货物(如散装桐油),需按不同的货物特点选择保险人提供的特定的或专门的保险条款进行投保。

(二)货物的包装

货物的包装对货物的安全运输具有重要作用。在办理投保和选择保险险别时,投保人应把货物包装在运输过程中可能发生的损坏及其对货物可能造成的损害考虑在内。但必须注意的是,因货物包装不良或由于包装不适应国际贸易运输的一般要求而致货物遭受损失,这属于发货人的责任,保险人一般不予负责。

(三)运输路线及停靠港口

在海运中船舶的航行路线和停靠的港口不同,货物可能遭受的风险和损失也有很大的不同。例如,某些航线途经气候炎热的地区,如果载货船舶通风不良,就会增大货损;而在政局动荡不定或在已经发生战争的海域内航行,货物遭受意外损失的可能性自然增大。同时,由于不同的停靠港口在设备、装卸能力以及安全等方面有很大的差异,进出口货物在港口装卸时发生货损、货差的情况也就不同。因此,投保人在投保前应做好调查了解工作,以便选择适当的险别。

(四)运输季节

运输季节不同也会给运输货物带来不同的风险和损失。例如,载货船舶冬季在寒冷的海域航行,极易发生与流动的冰山碰撞的风险;夏季装运粮食、果品,极易出现发霉腐烂或生虫的现象。

(五)各国的贸易习惯和国际惯例

如果货物按 CIF 条件出口,卖方投保何种保险险别必须在贸易合同中加以明确规定。合同订立后,一方有不同的保险要求,就只能向对方提出修改合同或信用证。如果合同中对此没有规定,便需按照国际贸易惯例及有关国家的法律规定办理。例如,按照《2000 通则》的规定,CIF 条件下的卖方应负责投保最低限度的保险险别;按美国《1941 年美国对外贸易定义修正本》的规定,CIF 条件下卖方有义务代买方投保战争险,费用由买方负担;在比利时 CIF 条件下卖方常负责投保水渍险;在澳大利亚,按许多的行业习惯,在 CIF 条件下卖方必须负责投保水渍险和战争险等。

(六)保险险别选择实例解释

在选择投保险别时,投保人要根据多方面的因素进行考虑。一般来说,由于进出口货物运输保险承保的基本风险是在运输途中因自然灾害和运输工具遭受意外事故所造成的货物损失,所以选择投保险别时应首先在基本险中选择水渍险或平安险,然后再根据需要加保必要的附加险。如果根据商品的特点、包装和运输等情况,货物遭受外来原因风险的范围较广,遭受损失的可能性较大,则可以投保一切险。对于一些特殊的风险也可以根据需要加保。

例如,某年我国福建省 A 进出口公司(卖方)与法国 B 有限公司(买方)签订合同,约定由卖方提供 2 万箱芦笋罐头,每箱 15.50 美元,FOB 厦门,合同总值为 31 万美元,收到信用证后 15 天内发货。买方 B 有限公司致电卖方 A 进出口公司,要求代其以发票金额 110%将货物投保至法国马赛的一切险。A 进出口公司收到 B 有限公司开来的信用证及派船通知后，按 B 有限公司的要求代其向 C 保险公司投保，保险单的被保险人是 B 有限公司，保险单上所载明的起运地为供货厂商所在地龙岩市，目的港为法国马赛。但是，三天后货物自龙岩市运往厦门港的途中，由于发生了意外，致使 10% 的货物受损。事后，A 进出口公司以保险单中含有"仓至仓"条款为由，向 C 保险公司提出索赔要求，但遭到拒绝。后 A 进出口公司又请 B 有限公司以买方的名义凭保险单向 C 保险公司提出索赔，同样遭到拒绝。在此情况下，A 进出口公司以自己的名义向福建省中级人民法院提起诉讼，要求 C 保险公司赔偿其损失。福建省中级人民法院判决其败诉。

以上案例是一起国际货物运输保险的纠纷，可以看出如果卖方 A 进出口公司能够熟知国际货物运输保险的规则，正确地选择和运用国际货物运输保险，那么当风险发生时，通过获得保险公司的赔偿就能够避免或降低这种损失。

在国际贸易中，进出口企业在长途运输的过程常会碰到各种自然灾害和意外事故引发的各种各样的损失；或是碰到一些事故（如货物的渗漏、破碎、被盗窃等）引来的损失。办理国际货物运输保险就是为了将这些不可预测的，随时有可能发生的不定损失以保险费的方式固定下来，摊入经营成本之中，进出口企业受损后可以从保险公司及时得到经济补偿，从而达到转嫁风险的目的。

在办理国际货物运输保险时，如何正确地选择货物运输保险是专业性较强的工作。进出口企业在投保时必须综合考虑各方面的因素，才能做到合理、有利，防风险、隐患于未然。

1. 明确索赔条件

在国际货物运输保险中，保险公司对索赔人承担赔偿责任，必须同时符合下列条件：保险公司和索赔人之间必须有合法有效的合同关系，即索赔人必须是保险单的合法持有人；向保险公司行使索赔权利的人必须享有保险利益；被保险货物在运输过程中遭受的损失必须是由保险公司承保范围内的风险造成的。

在上述案例中，由于买卖双方以 FOB 厦门成交，FOB 术语以装运港船舷作为划分买卖双方所承担风险的界限。即货物在装运港越过船舷之前的风险，包括在装船时货物跌落码头或海中所造成的损失，均由卖方承担；货物在装运港越过船舷之后，包括在运输过程中所发生的损坏或灭失，则由买方承担。在该案例中，虽然卖方 A 进出口公司在货物发生意外时对该保险标的享有保险利益，保险单中也含有"仓至仓"条款（这个条款是规定保险公司所承担的保险责任，是从被保险货物运离保险单所载明的起运港发货人的仓库开始，一直到货物到达保险单所载明的目的港收货人的仓库时为止），但保险单的被保险人为买方 B 有限公司，保险公司和买方之间存在合法有效的保险合同关系，而 A 进出口公司即卖方不是保险单的被保险人或合法持有人，故其没有索赔权。另外，虽然买方即 B 有限公司是本案保险单的被保险人和合法持有人，但货物在装运港越过船舷之前，如果受到损失，被保险人不会受到利益影响，即其不具有保险利益，因此，尽管保险单中含有"仓至仓"条款，买方 B 有限公司仍无权就货物在装运港越过船舷之前的损失向保险公司索赔。

为了避免上述情况的发生，卖方 A 进出口公司可以在装船前单独向保险公司投保"装船前险"，有的也叫国内运输险，这样一旦发生案例所述的损失时，卖方即可以从保险公司获得赔偿。

2. 明确可选择的投保险别

现行的《海洋运输保险条款》中规定，保险的险别分为基本险和附加险两大类。基本险分为平安险、水渍险和一切险三种，附加险分为一般附加险和特殊附加险。各个险别的承保范围和承保费用都各不相同，一切险的责任范围最广，包括了平安险、水渍险和 11 种一般附加险。投保人投保时必须注意不要重复投保，比如投保一切险再加串味险就是不必要的，因为串味险属于一般外来风险，而一切险的保险范围已经包含了该风险。

有的货物仅投保一种基本险是不够的，还必须投保附加险。例如，玻璃制品、陶瓷类的日用品或工艺品等产品会因破碎造成损失，投保人在投保时可在平安险或水渍险的基础上加保破碎险；麻类商品，受潮后会发热，引起霉变、自燃等从而带来损失，投保人应在平安险或水渍险的基础上加保受热、受潮险；石棉瓦（板）、水泥板、大理石等建筑材料类商品，其主要损失因破碎导致，应该在平安险的基础上加保破碎险。而某些货物还需加保特别附加险，如某些含有黄曲霉素的食物（如花生、油菜子、大米等食品）可能会因超过进口国对该毒素的限制标准而被拒绝进口、没收或强制改变用途，从而造成损失，那么，在出口这类货物的时候，投保人就应将黄曲霉素险作为特别附加险予以承保。又如，某些国家或地区的政治局势动荡，货物出口到这些国家或地区就应考虑投保战争险。

3. 注意各种险别的除外责任

保险人在接受投保人的投保时要求投保人知道保险人的除外责任，保险单背面印就的条款中也列明了保险人的除外责任。保险公司的除外责任一般包括：被保险人的故意行为或过失所造成的损失；属于发货人责任所造成的损失；在保险责任开始前，就被保险货物已存在的品质不良或数量短差所造成的损失；被保险货物的自然损耗、本质缺陷、特性以及市价跌落、运输延迟所引起的损失和费用；属于海洋运输货物战争险和罢工险条款规定的责任范围和除外责任。

4. 防险比保险更重要

保险是转移和分散风险的工具。虽然风险造成的损失保险公司会负责理赔，但被保险人在索赔的过程中费时费力，付出不小的代价，所以，预防风险的意识和在投保的基础上做一些预防措施是非常必要的。要防止这种风险：一是尽量选择实力强、信誉好的船公司，它们的硬件设备相对会好一些；二是在装货前要仔细检查空柜，看看有无破漏，柜门口的封条是否完好，还要查看是否有异味，推测前一段装了什么货物。如果投保人现在要装的货是食品或药品，而空柜以前装的是气味浓烈的货物甚至是危险性很高的化工品的话，就可能导致串味，甚至使货物根本不能再使用。

二、确定保险金额

保险金额是被保险人对保险标的实际投保金额，是保险人承担保险责任的标准和计收保险费的基础，是保险人对保险标的承担的最高赔偿金额，也是保险人计算保险费的依据。在我国的外贸出口业务实践中，目前采用 FOB、CFR、CIF、FCA、CPT 与 CIP 这六种贸易术语的买卖合同居多，而在国际货运保险中，保险金额一般是以 CIF 或 CIP 的发票价格为基础确定的，除应包括商品的价值、运费和保险费，还应包括被保险人在贸易过程中支付的经营费用。如果按 CIF 或 CIP 术语成交，则保额金额应为：

$$CIF = (CIP) \times (1 + 保险加成率)$$

关于保险加成率,在 UCP 500 中均规定,最低保险金额为货物的 CIF 价格或 CIP 价格加 10%,如果以其他四种贸易术语成交,则应先折算成 CIF 或 CIP 再加成。

三、计算保险费

在进口业务中,贸易合同中采用的贸易术语决定应由何方办理货运保险。如果采用的是 CFR、CPT、FCA 或 FOB 等术语,应由进口商自行办理保险,此时保险金额的计算同样要以 CIF 价格或 CIP 价格为基础,按实际需要进行加成后确定。

保险费是以投保货物的保险金额为基础,按一定的保险费率计算出来的。在实际业务中,保险费率是在货物损失和赔偿率的基础上,参照国际保险市场保险费水平并适当根据国际贸易发展的需要而确定的。保险费率的高低受保险市场供求关系的变化、保险代理人、保险经纪人佣金以及以往赔偿率的制约。保险人在收取保险费时,一般是按保险金额的一定百分数计算的,这一定的百分数就是保险费率。保险费率往往因货物、险别、目的地和运输工具的不同而有所不同。

(一)出口货物保险费的计算

现在中国人民保险公司规定的出口货物保险费率分为一般货物费率和指明货物加费费率两大类。一般货物费率适用于所有海运出口的货物。凡投保基本险别(平安险、水渍险及一切险)的所有海运出口货物,均须按照"一般货物费率表"所列标准核收保险费。指明货物加费费率是针对某些易损货物加收的一种附加费率。保险费率表中还有"货物运输战争险、罢工险费率"和"其他规定","其他规定"是解决上述三项费率表中所不能解决的问题。

保险公司收取保险费的计算方法是:

$$保险费 = 保险金额 \times 保险费率$$

如果是按照 CIF 或 CIP 加成投保,上述公式可改为:

$$保险费 = CIF/CIP 价 \times (1 + 投保加成率) \times 保险费率$$

(二)进口货物保险费的计算

进口货物保险费率有进口货物保险费率和特约费率两种。进口货物保险费率分为一般货物费率和指明货物加费费率两项。一般货物费率按不同的运输方式分险别和地区制定,但不分商品,除指明货物加费费率中列出的商品以外,还适用于其他的一切货物。

特约费率适用于同中国人民保险公司签订的有预约保险合同的各进出口公司。这种费率表对每一大类商品只制定一个费率,不分国家和地区,有的不分货物及险别,其实质是一种优惠的平均费率。

进口货物保险费率适用于未与中国人民保险公司签订预约保险合同以外的其他单位。进口货物的保险金额,一般是按货物的 CIF 价格或 CIP 价格进行计算,其保险费的计算如下。

(1)以 FOB 价格成交的进口货物:

$$保险费 = 保险金额 \times 平均保险费率$$
$$= FOB 货价 \times (1 + 平均保险费率 + 平均运费率) \times 平均保险费率$$

(2) 以 CFR 价格成交的进口货物：

$$保险费 = 保险金额 \times 平均保险费率$$
$$= CFR 货价 \times (1 + 平均保险费率) \times 平均保险费率$$

例如，某外贸公司按 CIF 价格条件出口一批冷冻食品，合同总金额为 10 000 美元，加一成投保平安险、短量险，保险费率分别为 0.8% 和 0.2%，请问保险金额和保险费各为多少？

保险金额 = CIF × (1 + 投保加成率) = USD10 000 × (1 + 10%) = USD11 000

保险费 = 保险金额 × 保险费率 = USD11 000 × (0.8% + 0.2%) = USD110

四、填单、付费取单

无论是在进口业务还是在出口业务中，投保国际货物运输保险时，投保人通常需要以书面方式做出投保要约，即填写国际货物运输保险投保单，经保险人在投保单上签章承诺或是出立保险单，保险双方即确定了合同关系。

投保人（被保险人）交付保险费后，即可取得保险单。在国际贸易业务中，常用的保险单据主要有保险单、保险凭证、联合凭证和预约保单等几种形式。

五、索赔

被保险货物遭受损失后，被保险人应按规定办理索赔手续，向保险人提出赔偿要求。保险人在接到被保险人的索赔要求后，对被保险货物的损失赔偿要求的处理称为理赔。

在索赔时，被保险人对保险标的必须具有保险利益。以海运为例，如果以 CIF 术语成交，货物的损失是发生在起运港装上海轮之前的运输途中，应由卖方向保险公司进行索赔；如果货物的损失发生在装上海轮之后，根据保险利益原则的规定，应由买方向保险公司进行索赔。被保险人在索赔时必须履行以下手续。

（一）发出损失通知

当被保险人发现被保险货物有短缺的情况时，应立即通知保险公司或保险单上所载明的保险公司在当地的检验、理赔代理人。及时发出损失通知是向保险人请求索赔的必备手续。因为已经通知，便表明已知开始索赔行为，不再受索赔时效的限制。

（二）申请检验

货物的检验对查清损失原因、审定责任归属是极其重要的，因而被保险人应及时申请检验。损失原因的明确和责任的审定都要通过货物的检验来实现，如果检验不及时，不仅会使保险人难以确定货损是否发生在保险有效期内，而且可能导致损失原因无法查明，影响责任的确定。特别当被保险人在货物运抵最后目的地的仓库才发现货损时，其更应尽快地向保险人申请检验，以便确定损失是否在运抵最后目的地的仓库前，即在保险期限内发生的。各国的保险机构对货物的损失通知和申请检验均有严格的时间限制。被保险人在申请检验时应注意以下两点。

1. 弄清申请检验的对象

发生货损后，被保险人必须向保险单指定的代理人申请检验，而不能自行请他人进行检验，否则保险人有权拒绝接受检验报告而要求由自己指定的代理人重新检验。

对于整件短少的货物,如果短少是在目的港将货物卸下海轮时发现的,被保险人应向承运人索取溢短卸证明;如果短少是货物在卸离海轮以后提货以前发现的,被保险人应向有关港口当局或装卸公司索取溢短卸证明。

2. 检验报告的性质和作用

检验报告是被保险人据以向保险人索赔的重要证据,但是检验报告只是检验人对货损情况做出客观鉴定的证书,并不能最后决定货损是否属于保险责任,也不能决定保险人是否应对货损予以赔偿。货物损失是否属于保险责任范围最终要由保险人根据保险合同条款决定。

(三)提交索赔单证

索赔员在向保险人或其代理人索赔时,必须提交索赔需要的各种单证。按照我国货物运输保险条款的规定,索赔员在索赔时应提供保险单正本、提单、发票、装箱单、磅码单、货损货差证明、检验报告以及索赔清单。如果涉及第三者责任,还需提供向责任方追偿的有关函电以及其他必要的单证或文件。

(四)领取保险赔款与代位追偿

被保险人有权及时获得保险赔偿。但是如果损失是由于其他第三者(包括船方在内)的疏忽或过失所致,则被保险人不能双重获益,任何第三者也不能因保险人负责赔偿而推卸责任。保险人在履行全损赔偿或部分损失赔偿后,在其赔偿金额内享有要求被保险人转让其对造成损失的第三者责任方要求全损赔偿或相应部分赔偿的权利。这种权利称为代位求偿权或代位追偿权,简称代位权。在实际业务中,保险人需首先向被保险人进行赔付才能取得代位追偿权。其具体做法是被保险人在获得赔偿的同时签署一份权益转让书,以此作为保险人取得代位权的证明。保险人便可凭此向第三者责任方进行追偿。

无论是在出口业务还是在进口业务的索赔工作中,参与国际货运的各方必须特别注意下列问题。

1. 对受损失货物应积极采取措施进行施救和整理

被保险货物受损后,被保险人绝不能因为货物已经投保了保险便撒手不管。根据各国保险法令或保险条款的规定,如果被保险人没有采取必要的施救、整理措施所造成的继续扩大的损失,保险人不负赔偿的责任。

2. 及时取得货损货差证明

如果涉及第三者责任,虽然赔款一般先由保险人赔付,但被保险人应首先向责任方提出异议,及时取得货损货差证明,以保留追偿权利。

3. 积极协助保险公司追偿

被保险人应积极协助保险公司进行追偿,为保险公司理赔提供所需的各种单证和凭据。

另外,被保险人在提出或处理索赔时应注意以下问题。

(1)索赔的金额。

索赔金额的多少与是否赔偿、赔偿多少直接相关。因为保险公司一般有免赔部分的规定,如散装货风吹损失在1%以下的免赔偿,易碎货物的损失金额不够保险金额的3%~5%的不赔偿。

(2)索赔的通知。

按照国际惯例,在被保险货物遭到保险范围内的损失后,被保险人要及时通知保险人,以便保险人或有关人员进行检验、取证。如果被保险人不及时通知保险人,被保险人要对由此产生的问题及损失承担一定的责任。

（3）索赔的证明文件。

进行索赔时,被保险人必须提供下列票据和证明文件：保险单正本或保险凭证；海运提单或铁路运单、航空运单等运输单据；商业发票、装箱单、重量单；检验报告、货损货差证明及索赔清单；保险公司规定的其他有关证件。

（4）索赔时间。

国际上一般的索赔有效期限是2年。被保险人应注意保险公司对于索赔时间的相关规定。

（5）货损后对商品的保护。

货损发生后,被保险人在提出索赔的同时还应注意保护商品,以避免损失扩大。这是被保险人的一个重要责任。

六、国际货物运输保险业务岗位

国际货物运输保险业务相关岗位包括投保员、索赔员和理赔员。

（一）投保员的职责

投保员的职责包括：代表被保险人向保险人提出保险申请；填写投保单；交纳保险费；领取保险单。

（二）索赔员的职责

索赔员的职责包括：明确责任方与索赔对象,发出损失通知；向有关单位申请货物检验；提出索赔申请,并备齐必要的索赔单证；领取赔款。

（三）理赔员的职责

理赔员的职责包括：审核索赔员所提交的各种单证；做好调查研究,弄清事实,分清责任；合理确定损失程序、损失金额和赔付办法。

任务三　国际货物运输保险的单证业务

贸易合同中的保险条款,因采用不同的贸易术语而有所区别。在我国的出口业务中,如果按 FOB、FCA、CFR 或 CPT 条件对外成交,则由买方负责办理保险；如果按 CIF 或 CIP 条件成交,则由卖方负责办理保险。在 CIF/CIP 合同中,出口商提交符合规定的保险单据是必不可少的义务。其业务做法是投保人根据合同或信用证规定向保险机构提出投保要求（以传真等形式发送投保单、发票、货物明细单等）,保险机构或其代理人同意后出具正式单据,一般为三正二副。除信用证另有规定外,保险单据一般应做成可转让的形式,以受益人为投保人并由其背书。

一、保险单据的种类

(一) 保险单

保险单(Insurance Policy 或 Policy)俗称大保单,是使用最广的一种保险单据。货运保险单是承保一个指定运程内某一批货物的运输保险,具有法律上的效力,对双方当事人均有约束力。保险单简称保单,是保险人与被保险人订立保险合同的正式书面证明。保险单必须完整地记载保险合同双方当事人的权利义务及责任。保险单记载的内容是合同双方履行的依据。但根据我国《保险法》的规定,保险合同成立与否并不取决于保险单的签发,只要投保人和保险人就合同的条款协商一致保险合同就成立,即使尚未签发保险单,保险人也应负赔偿责任。保险合同双方当事人在合同中约定以出立保险单为合同生效条件的除外。

(二) 保险凭证

保险凭证(Certificate of Insurance)是国际上使用的一种简化的保险单,是表示保险公司已经接受保险的一种证明文件。它包括了保险单的基本内容,但不附有保险条款全文。这种保险凭证与保险单具有同等的法律效力。

(三) 联合凭证

联合凭证(Combined Certificate)是将发票和保险单合二为一制成的保险单据。

(四) 预约保单

预约保单(Open Policy)是被保险人(一般为进口商)与保险人之间订立的保险总合同。其目的是为了简化保险手续,并使货物一经装运即可取得保障。预约保单,是指保险人或保险经纪人以承保条形式签发的,承保被保险人在一定时期内发运的以 C 组术语出口的或以 F 组术语进口的货物运输保险单。预约保单载明被保险货物的范围、承保险别、保险费率、每批运输货物的最高保险金额以及保险费的计算办法。凡属预约保单规定范围内的货物,一经起运保险合同即自动按预约保单上的承保条件生效,但要求投保人必须向保险人对每批货物运输发出起运通知书,也就是将每批货物的名称、数量、保险金额、运输工具的种类和名称、航程起讫点、开航或起运日期等通知保险人,保险人据此签发正式的保险单证。

二、保险单据的缮制

不同的保险公司出具的保险单据的内容大同小异,但保险单的内容必须与合同及信用证的要求相符,一般必须订明以下十二项内容。

(一) 当事人

保险合同的当事人有保险人、被保险人、保险经纪人、保险代理人、勘验人、赔付代理人等。被保险人即保险单的抬头,在正常情况下应是信用证的受益人,但如果信用证规定保险单为"To order of ×××bank"或"In favor of ×××bank",应填写"受益人名称＋held to order of ×××bank"或"in favor of ×××bank";如果信用证要求所有的单据以××为抬头人,保险单中应照录;如果信用证要求中性抬头(third party 或 in neutral form),应填写"To whom it may concern";如果要求保险单"made out to order and endorsed in blank",应填写"受益人名称＋to order";信用证对保险单无特殊规定或只要求"endorsed in blank"或

"in assignable/ negotiable form",应填写受益人名称。中外保险公司都可以以自己的名义签发保险单并成为保险人,其代理人是保险经纪人;保险代理人代表货主;勘验人一般是进口地对货物损失进行查勘的人;赔付代理人指单据上载明的在目的地可以受理索赔的指定机构,应详细注明其地址和联系办法。

(二)保险货物项目

保险货物项目(Description of Goods)、唛头、包装以及数量等货物规定应与提单保持一致。

(三)保险金额

保险金额(Amount Insured)是被保险货物发生损失时保险公司给予的最高赔偿限额,一般按 CIF/CIP 发票金额的 110% 投保,加成如果超出 10%,超过部分的保险费由买方承担则可以办理投保。L/C 项下的保险单必须符合信用证的规定,如果发票价包含佣金和折扣,应先扣除折扣再加成投保,被保险人不可能获得超过实际损失的赔付。保险金额的大小写应一致,保额尾数通常要"进位取整"或"进一取整",即不管小数部分的数字是多少,一律舍去并在整数部分加"1"。

(四)保险费和保险费率

保险单上通常事先印就"As Arranged"(按约定)字样,除非信用证另有规定,保险费和保险费率在保险单上可以不具体显示。保险费通常占货价的比例为 1%~3%,险别不同,保险费率不一(水渍险的保险费率约相当于一切险的 1/2,平安险约相当于 1/3;保一切险,欧美等发达国家的保险费率约在 0.5%,亚洲国家是 1.5%,非洲国家则会高达 3% 以上)。

(五)运输方面的要求

开航日期(Date Of Commencement)通常填提单上的装运日,也可填"As Per B/L"或"As per Transportation Documents"。起运地、目的地、装载工具(Per Conveyance)的填写与提单上的操作相同。

(六)承保险别

承保险别(Conditions)是保险单的核心内容,填写时应与信用证规定的条款、险别等要求严格一致;在信用证无规定或只规定"Marine/Fire/Loss Risk"、"Usual Risk"或"Transport Risk"时,可根据所买卖货物、交易双方、运输路线等情况投保一切险、平安险和水渍险三种基本险中的任何一种;如果信用证中规定使用中国保险条款、伦敦保险协会海运货物保险条款或美国协会货物条款,应按信用证规定投保、填制,所投保的险别除明确险别名称外,还应注明险别适用的文本及日期;某些货物的保险单上可能出现 IOP(不考虑损失程度/无免赔率)的规定。

目前,许多的合同或信用证都要求在基本险的基础上加保战争险和罢工、暴动、民变险等附加险;集装箱或甲板货的保险单上可能会显示抛弃、浪击落海险;货物运往偷盗现象严重的地区/港口的保险单上会出现偷窃、提货不着险。

(七)赔付地点

赔付地点(Claim Payable At/In)要按合同或信用证的要求填制。如果信用证中并未明确,一般将目的港/目的地作为赔付地点。

（八）日期

日期（Date）指保险单的签发日期。由于保险公司提供"仓至仓"服务，所以出口方应在货物离开本国的仓库前办结手续，保险单的出单时间应是货物离开出口方仓库前的日期或船舶开航前或运输工具开行前的日期。除另有规定，保险单的签发日期必须在运输单据的签发日期之前。

（九）签章

由保险公司签字或盖章（Authorized Signature）以示保险单正式生效。单据的签发人必须是保险公司/承保人或他们的代理人，在保险经纪人的信笺上出具的保险单据，只要该保险单据是由保险公司或其代理人，或由承保人或其代理人签署的可以接受；UCP600 第28条规定除非信用证有特别授权，否则银行不接受由保险经纪人签发的暂保单。

（十）保险单的背书

保险单的背书分为空白背书（只注明被保险人名称）、记名背书（实际业务中使用较少）和记名指示背书（在保险单背面打上"To order of ×××"和被保险人的名称）三种。保险单做成空白背书就意味着被保险人或任何保险单持有人在被保险货物出险后享有向保险公司或其代理人索赔的权利并得到合理的补偿。保险单做成记名背书则意味着保险单的受让人在被保险货物出险后享有向保险公司或其代理人索赔的权利。在被保险货物出险时，只有同时掌握提单和保险单才能真正地掌握货权。

（十一）保险单的份数

当信用证没有特别说明保险单的份数时，出口公司一般提交一套完整的保险单。如果有具体的份数要求，出口公司应按规定提交，并注意提交单据的正本和副本的不同要求。

（十二）保险单的其他规定

号码（Policy Number）由保险公司编制。投保及索赔币种以信用证规定为准。投保地点一般为装运港/装运地的名称，如果信用证或保险合同对保险单有特殊要求的也应在保险单的适当位置加以明确。

三、实例操作

根据项目三信用证"单证样本与实例"NO. ABC123456 制作保险单如下。

中国大地财产保险股份有限公司
China Continent Property&Casualty Insurance Company Ltd.

货 物 运 输 保 险 单
CARGO TRANSPORTATION INSURANCE POLITY

发票号码　JXT-CI071006　　　　　保险单号次 BJ123456
合同号　　JXT071006　　　　　　信用证号码 ABC123456

被保险人：
Insurred：SHANDONG JINXIU TEXTILES IMPORT AND EXPORT CO.,LTD
中国人民保险有限公司（以下简称本公司）根据被保险人的要求，及其所缴付约定的保险费，按照本保险单承担险别和背面所载条款与下列特别条款承保下列货物运输保险，特签发本保险单。

This policy of insurance withnesses that the people's insurance company of china, Ltd. (hereinafter called "The Company"), at the request of the insured and in consideration of the agreed premium paid by the insured. underakes to insur the undementioned goods in transpoatin subject to the conditionsof the Policy as per the Clauses printy overleaf and other special clauses attached hereon.

标记 MARKS&NOS	包装及数量 QUANTITY	保险货物项目 Discription of Goods	保险金额 Amount Insured
ABC S/C no.：JXT071006 Style no.：JX102 Port of destination： Dubai Carton no.：1-260	260CTNS	MEN'S SHIRTS DATE：Nov. 15, 2007 NAME OF ISSUING BANK：HSBC BANK PLC, DUBAI, UAE	USD 89232.00

总保险金额：
Total Amount insured： SAY US DOLLARS SIXTY ONE THOUSAND TWO HUNDRED AND FOUR ONLY

保费：   启运日期   装载运输工具：
PERMIUM: AS ARRANGED   DATE OF DEC. 30, 2007   PER CONVEYANCE：
COMMENCEMENT：

自   经   至
FROM：QINGDAO   VIA   * * * *   TO   DUBAI

承保险别：
CONDITIONS：
COVERING ALL RISKS AND WAR RISK OF CIC OF PICC(1/1/1981) INCL. WAREHOUSE TO WAREHOUSE AND I. O. P AND SHOWING THE CLAIMING CURRENCY IS THE SAME AS THE CURRENCY OF CREDIT.

     THE NUMBER OF L/C：ABC123456
     THE DATE OF L/C：NOV. 15, 2007
     THE NAME OF ISSUING BANK：HSBC BANK PLC, DUBAI, UAE

    所保货物，如发生本保险单项下可能引起索赔的损失或损坏，应立即通知本公司下述代理人查勘。如有索赔，应向本公司提交保险单正本(本保险单共有2份正本)及有关文件。如一份正本已用于索赔，其余正本则自动失效。

    In the event of loss or damage which may result in a claim under this Policy, immediate notice must be givento the company agent as mentioned hereunder. Claims, if any, one of the Originnal Policy wich has been issured in 2 Original(s) together with the relevant documents shall be surrendered to the company. If one of the Original Policy has been accomplished, the others to be void.

中国大地财产保险有限公司

赔款偿付地点
Claim payable at   DUBAI IN USD   China Continent Property & Casualty Insurance Company Ltd.

日期   杨×
Date   DEC. 29, 2007
                                         Authorized Signature：

同步训练

一、关键名词

实际全损　推定全损　　共同海损　单独海损　施救费用　救助费用
基本险　"仓至仓"条款　保险单　一切险

二、复习思考题

1. 构成货物实际全损的情况有哪些？
2. 构成货物推定全损的情况有哪些？
3. 构成共同海损的条件有哪些？
4. 共同海损与单独海损的区别在哪里？
5. 简述平安险、水渍险和一切险的责任范围。
6. 简述基本险的除外责任。
7. 简述国际货物运输保险业务流程。
8. 投保人如何办理投保业务？
9. 投保员、索赔员与理赔员的职责各是什么？

三、案例与分析

【案例 7-1】货物运输途中遇险[①]

我国 A 公司与某国 B 公司于 2012 年 10 月 20 日签订购买 52 500 吨化肥的 CFR 合同。A 公司开出的信用证规定，装船期限为 2013 年 1 月 1 日至 1 月 10 日，由于 B 公司租来运货的"顺风号"货轮在开往某外国港口的途中遇到飓风，结果装至 2013 年 1 月 20 日才完成。承运人在取得 B 公司出具的保函的情况下签发了与信用证条款一致的提单。"顺风号"货轮于 2013 年 1 月 21 日驶离装运港。A 公司为这批货物投保了水渍险。2013 年 1 月 30 日"顺风号"货轮途经巴拿马运河时起火，造成部分化肥烧毁。船长在命令救火的过程中又造成部分化肥湿毁。由于"顺风号"货轮在装货港口的延迟使该货轮在到达目的地时正遇上了化肥的价格下跌。A 公司在出售余下的化肥时价格不得不大幅度下降，由此给 A 公司造成了很大的损失。

> **思考回答**
> 1. 途中烧毁的化肥的损失属什么损失？应由谁承担？为什么？
> 2. 途中湿毁的化肥的损失属什么损失？应由谁承担？为什么？
> 3. A 公司可否向承运人追偿由于化肥价格下跌造成的损失？为什么？

【案例 7-2】海上货运代理纠纷[②]

某货代公司接受货主的委托，安排一批茶叶海运出口。货代公司在提取了船公司提供

[①] 引自 http://www.exam8.com/zige/huoyuandaili/fudao/201112/2221697.html。
[②] 2002 年全国国际货运代理从业资格考试（国际货代实务试题）。

的集装箱并装箱后,将整箱货交给船公司。同时,货主自行办理了货物运输保险。收货人在目的港拆箱提货时发现集装箱内异味浓重,经查明该集装箱前一航次所载货物为精茶,致使茶叶受精茶污染。

> **思考回答**
> 1. 收货人可以向谁索赔?为什么?
> 2. 最终应由谁对茶叶受污染事故承担赔偿责任?

【案例 7-3】班轮运输[①]

中国 A 贸易出口公司与外国 B 公司以 CFR 洛杉矶、信用证付款的条件达成出口贸易合同。合同和信用证均规定不准转运。A 贸易出口公司在信用证有效期内委托 C 货代公司将货物装上 D 班轮公司直驶目的港的班轮,并以直达提单办理了议付,国外开证行也凭议付行的直达提单予以付款。在运输途中,船公司为接载其他的货物,擅自将 A 公司托运的货物卸下,换装其他的船舶运往目的港。由于中途延误,货物抵达目的港的时间比正常直达船的抵达时间晚了 20 天,造成货物变质损坏。为此,B 公司向 A 公司提出索赔,理由是 A 公司提交的是直达提单,而实际则是转船运输,是一种欺诈行为,应当给予赔偿。A 公司为此咨询 C 货代公司。

> **思考回答**
> 假如你是 C 货代公司,A 贸易出口公司是否应承担赔偿责任?为什么?B 公司是否可以向船公司进行索赔?

单证样本与实例

一、货物运输保险投保单

货物运输保险投保单(样本)

PICC	中国人民保险公司上海分公司
	The People's Insurance Company of China Shanghai Branch
	货物运输保险投保单
	Application Form for Cargo Transportation Insurance

被保险人:1
Insured:
发票号(INVOICE NO.)2
合同号(CONTRACT NO.)3
信用证号(L/C NO.)4
发票金额(INVOICE AMOUNT)5   投保加成(PLUS)6

[①] 2004 年全国国际货运代理从业资格考试(国际货代实务试题)。

续表

兹有下列物品向中国人民保险公司上海分公司投保：			
(INSURANCE IS REQUIRED ON THE FOLLOWING COMMODRRIES：)			
MARKS & NOS.	QUANTTTY	DESCRIPTION OF GOODS	AMOUNT INSURED
7	8	9	10

启运日期： 11 DATE OF COMMENCEMENT 自 FROM 13 提单号 B/L NO： 14	装载运输工具： 12 PER CONVERANCE： 经 至 VIA TO 赔款偿付地点 CLALM PAYABLE AT 15
投保险别(PLEASE INDICATE THE CONDITIONS & OR SPECIAL COVERAGES：)16	

请如实告知下列情况：(如"是"打"√"，"不是"打"×")17
1. 货物种数：袋装　散装　冷藏　液体　活动物　机器/汽车　危险品等级
　　　GOODS：BAG/JUMBO BULK REEFER LIQUID LIVE ANIMAL MACHINE/AUTO DANGEROUS CLASS
2. 集装箱种类：普通　开顶　框架　平板　冷藏
　　　CONTAINER：ORDINARY OPEN FRAME FLAT RAFRLGERATOR
3. 转运工具：海轮　飞机　驳船　火车　汽车
　　　BY TRANSRR：SHIP PLANE BARGE TRAIN TRUCK
4. 船舶资料：
　　　PARTIGULAR OF SHIP：RIGISTRY AGE

备注：被保险人确认本保险合同条款和内容已经完全了解。
　　　　　　　　　　　　　　　投保人(签名盖章)APPLICANTS SIGNATURE
THE ASSURED CONFIRMS HEREWTTH THE TERMS AND
CONDITIONS OF THESE INSURANCE CONTRACTFULLY   18
　　　　　　　　　　　　　　　　　　　电话：(TEL)
　　　　　　　　　　　　　　　　　　　地址：(ADD)

本公司自用(FOR OFFICE USE ONLY)   20
费率：　　　　　　　保费：
RATE：　　　　　　　PREMIUM
经办人：　核保人：　负责人：　联系电话：　承保公司签章
BY　　　　　　　　　　　　　　TEL：　　INSURANCE COMPANY'S SIGNATURE
备注：　　　　　　　PICC NO. 0001245

二、货物残短联检报告

货物残短联检报告
中国人民保险公司
进口货物残短联合检验报告

……字第………………号

一、(1) 申请检验人/收货人。 (2) 申请检验日期。如有延误,说明原因。 (3) 检验日期和地点。	(1) (2) (3)
二、(1) 承保公司和保单号码。 (2) 保险标的物名称、数量、货物标记。	(1) (2)
三、(1) 起港船舶名称。 (2) 起运日期。 (3) 航舱起讫。 (4) 到达制载港日期和卸货完毕日期。 (5) 如货物转运内陆、注明转运日期和运输工具名称、货物到达内陆的地点和日期。	(1) (2) (3) 自　　　　　至 (4) (5)
四、(1) 提货日期。 (2) 卸货时外包装情况。 (3) 检验时内外包装情况。	(1) (2) (3)
五、(1) 提货时有否取得责任方签证。 (2) 检验时责任方代表是否在场。 (3) 收货内是否向责任方申请赔偿。 (4) 责任方对申请赔偿的答复摘要。	(1) (2) (3) (4)
六、船舶在航行途中,曾否发生海事? 　　有无海事报告?	
七、货损原因、性质。	
八、如延迟检验或出具检验报告必须说明理由。	

项目八　国际物流战略与服务管理

内容与重点

◎　国际物流战略的要素。
◎　国际物流企业战略管理框架。
◎　国际物流企业战略类型与现实选择。
◎　国际物流企业战略的环境依据。
◎　国际物流服务的要素与分类。
◎　国际物流服务管理的过程。
◎　强化国际物流服务管理的措施。

任务一　国际物流战略管理

一、国际物流战略管理的动因及要素

（一）国际物流战略管理的动因

中国伟大的军事家孙武在公元前360年撰写的《孙子兵法》就已经涉及"战略"，是与"战术"一词相对而言的。1965年美国经济学家安索夫的《企业经营战略论》问世后，管理进入战略时代。在当今世界经济条件下，国际物流企业面临的市场环境发生了根本变化，国际物流服务的发展趋势是从单纯的功能性物流服务向综合性物流服务转变，战略与战略管理日益成为国际物流企业管理的头等大事。

国际物流战略，是指国际物流企业为寻求企业的可持续发展，就企业发展目标以及达到目标的途径与手段而制定的长远性、全局性的规划与谋略。它所要回答解决的问题是：我们现在的情形怎样？为谁服务、提供什么服务？将来我们的情形怎样？会成为什么样的企业？为谁服务、在哪里、服务什么？国际物流战略管理，是指对战略的制定和实施过程进行的管理，亦即通过战略设计、战略评价、战略实施与控制等环节，调节资源、组织结构等，最终实现企业宗旨和战略目标等一系列动态过程的总和。

在目前的环境下，国际物流管理强调战略的意义是基于以下的认识和现实。

（1）物流正在跨出单一企业范畴寻求更大的物流链管理的运作范围，所追求的目标是社会物流合理化——通过更大、更高层次的系统优化组合来追求物流系统总费用最低，而这种从物流全过程合理化追求物流费用节约的影响力是长远而深刻的。

（2）技术改进将有可能使物流业的发展突飞猛进。正确地把握电子信息技术在物流系统中的应用直接影响物流业的发展方向和服务质量水平。

(3) 物流服务质量依赖于支持原材料、物品等从最初供应者到最终用户的运动的网络组织结构,必须具有驱动这一组织运转的动力和相应的经营机制。现代法人制度的确立使经营者能够真正成为具有微观乃至宏观投资能力与资产经营能力的主体,具有资产保值、增值的经济责任与自我发展的动力。

(4) 物流体现的是促进、协调,追求的是协同运作效益,即整个系统效益目标的实现及各组织单位成员效益目标的实现。

(二)国际物流战略的要素

战略的设计制定是战略管理的首要环节。国际物流战略的制定要解决和回答的问题很多,其基本内容包括战略思想、战略环境、战略宗旨与战略目标、战略优势与战略态势、战略类型以及战略措施和战略步骤等内容,其中战略思想是灵魂,战略宗旨与目标是核心。

1. 战略思想

战略思想,是指制定和实施国际物流战略的基本指导思想,是整个战略的灵魂。国际物流战略管理应具备怎样的思想与观念呢?目前环境下主要包括:(1)现代物流的观念;(2)现代市场营销与服务的观念;(3)创新观念;(4)社会发展的观念;(5)竞争观念;(6)人才观念;(7)国际一体化观念等。

2. 战略环境

战略环境是制定战略的基础,包括企业内外环境。国际物流战略管理的关键是在内外环境分析的基础上,制定合理目标,实现动态平衡。

3. 战略宗旨与战略目标

战略的核心内容是宗旨和战略目标,宗旨的确立直接影响系统设计与运营的任务、目的和目标。国际物流企业的宗旨主要指该系统在国际与社会经济发展中所承担的责任、主要目的或使命(或在系统中的使命)。国际物流企业的战略目标是由企业宗旨引导、表现为企业目的并可在一定时期内实现的量化成果或期望值。在国际物流战略管理的过程中,战略目标主要包括服务内容与水平目标、费用目标、效益目标和责任目标等内容。

4. 战略优势与战略态势

构成战略优势的主要方面有产业优势、资源优势、技术优势、地理优势、组织优势和管理优势。战略态势即企业战略的演变趋势,是指企业的服务能力、营销能力、市场规模在当前的有效方位及今后调整演变的方向。

5. 战略类型

战略类型,是指依据不同的标准对战略作的划分,以更深刻地认识战略的基本特点,进一步完善物流战略方案。

(三)国际物流企业战略管理框架

1. 全局性战略

国际物流管理的最终目标是用户需求,因此物流服务应是管理的最终目标,即全局性的战略目标。

2. 结构性战略

通过渠道设计和设计网络结构提供满足顾客服务需求的基础。渠道设计包括确定为达到期望的服务与水平而需要执行的活动与职能。网络必须与渠道以一种给顾客价值最大化的方式进行整合。一个确定的顾客服务水平可以通过不同的物流方案获得。

3. 功能性战略

功能性战略,是指对国际物流企业功能作业系统(如运输、仓储、信息管理等)的研究和确定。

4. 基础性战略

基础性战略又称执行层战略,主要作用是为保证国际物流企业的正常运行提供基础性的保障,主要包括组织管理、信息系统、政策、基础设施投入建设等。

二、国际物流企业战略的环境依据(环境分析)

(一)国际物流企业战略的外部环境分析

1. 行业竞争性评价

行业竞争性评价是对行业的机会和潜力的系统评价,如市场规模、成长率、营利潜力、关键成功因素等问题。为了成为有效的行业者,国际物流企业应在理解客户服务的基本水平的基础上,对竞争对手(包括现实的与潜在的)的能力作出基准研究。

2. 市场需求的发展趋势

消费者行为的变化,生活追求向小康型转化,人口结构高龄化,消费行为个性化;产品生产与商业模式的变化,多品种小批量生产的转变,零售形式多样化,流行商品生命周期变短,对无在库经营的追求等。以上这些变化必将导致物流市场需求日益走向高度化,主要体现在以下四个方面。

(1)货主对物流的需求向精确化、小型化、高附加值发展——在适当的时间配送必要的数量、种类的商品。

(2)零售业强化食品新鲜度管理。

(3)集装箱生产运输面临着产品结构调整(货主需求变化)——高附加值、技术型集装箱、冷藏箱、专用箱的需求扩大。

(4)物流价格下降。随着泡沫经济的破灭,亚洲金融危机、美欧债务危机的演进与影响导致和要求物流向高附加值、高水平服务、低成本方向发展。

3. 渠道结构

这里所说的渠道是指实现物流功能的途径,不同的物流战略,要求选择不同的实现物流功能的途径。企业与外部合作,把有关联的企业纳入本企业的物流渠道中,自己计划在其中扮演什么角色?这一切都要进行评价,根据绩效进行选择。

4. 政治与法律

政治与法律环境,是指(国际、国家或地区)对国际物流企业的经营活动具有实际影响与潜在影响的政治力量和有关的公约、政策、法律、法规等。从国内外经济发展的历程和经验看,国家政策对产业和企业的影响非常巨大。

5. 经济与文化

宏观经济因素包括国际物流企业所处国际、国家或地区的资源丰瘠状况及其分布、经济的发展速度、经济发展战略、通货膨胀率、银行利率、税制与税率、国民收入水平等。社会文化因素,是指国际物流企业所处社会中的文化传统、价值观念、教育水平以及风俗习惯等因素。

6. 技术环境

技术因素是影响物流战略宏观诸因素中最活跃的因素，它不仅包括那些引起革命性变化的发明，还包括与物流有关的新技术、新工艺、新材料的出现和发展趋势以及应用前景。

（二）国际物流企业战略的内部环境评价

国际物流企业战略的内部环境，是指企业的内部条件（或内部资源），主要有：(1) 人力资源；(2) 财力状况；(3) 物力资源；(4) 组织资源；(5) 技术资源；(6) 信誉资源，包括服务质量、品牌形象、信誉、模式等。

三、国际物流企业战略类型与现实选择

（一）国际物流企业战略类型

国际物流企业战略类型是按照不同的标准对物流战略进行的分类（常见的类型划分参见表8-1）。

表8-1 国际物流企业战略类型

划分标准	战略类型
战略成长	一体化战略、多元化战略、密集型成长战略
战略导向	物流服务导向战略、市场需求导向战略、专有技术导向战略、规模经营导向战略、资源优化导向战略、实时响应导向战略
战略行为	扩张型物流战略、稳定型物流战略、收缩型物流战略、关系型物流战略
战略层次	总体战略、结构战略、职能战略和执行战略

（二）国际物流企业战略的现实选择

国际物流企业战略因企业以及其所处时期的不同而不同，目前从提供物流服务区域的范围、输送方式的多样性、保管与流通加工等服务的广度来看，国际物流企业战略的选择有以下三种类型。

1. 先驱型物流企业的战略：发展联盟中心和综合物流

这种类型的战略一般是大型的综合性国际物流企业采用。这类企业的业务范围往往是世界范围的规模，能应对货主企业的全球化经营从事国际物流，战略应是发展联盟中心和综合物流。由于物流业功能、环节多，货主需求多样，地域性广。在现实中单个物流企业自身的资源和能力有限，不可能提供所有环节、功能和空间的服务。一些大型的物流企业可以以契约为基础，开展多方面的合作，构件物流网络联盟，通过这些发展"一站式"的综合服务。如世界最大的配送公司联合速递向制造商、批发商、零售商和服务公司提供多种范围的陆空包裹、单证递送、增值服务。

2. 特定市场型物流企业战略：拓展核心能力，带动其他业务，发展系统化物流

这类企业的物流服务范围较窄，一般以对象货物为核心导入系统物流，通过改进分拣、货物跟踪以提供高效迅速的物流服务（即由于服务范围受限，其经营战略是服务特定目标市场）。在从事这类服务中，物流企业拥有高水准、综合的物流服务机能。因此，在特定市场，

其他的物流企业难以与之竞争。它的市场经营战略是拓展核心能力，带动其他业务，发展系统化物流。

如日本邮船（NYK）是一家传统海运服务公司，早在1896年开始提供欧洲—远东"港至港"服务。20世纪80年代几经重组，其经营战略转向更细的"门到门"；进入21世纪，面对经济全球化、精细化、信息化的环境，其公司战略是打造"全方位综合物流公司"。

目前，NYK已成功跻身世界顶尖船公司之列，特别是其远东至欧洲散货与集装箱拼箱业务更是独领业首，其宗旨是最大限度地利用信息技术为客户担供优质和超值的物流运输服务。为实现其战略与宗旨，NYK实施的战略措施与提供的服务是：在世界主要地区建配送中心，下属子公司空运、货代、仓储、陆运协调，配送中心提供一定的物流服务，如存货管理、订单管理；在信息技术上，利用互联网实现全球货物跟踪；为货主提供更广更深的物流服务，需求方MRP主生产计划传到NYK的电脑，与零件清单、卖方、日期、订单次数匹配，保证生产中所需物料和最低费用（与NYK合作对客户好处就是可以避免采购安排和烦琐的文件，避免与卖方进行货币结算，将精力投入到主要的生产任务）。

3. 代理型物流企业的战略：引领客户导向，发展柔性物流

由于物流环节多、功能多、地域广、涉及面广，这决定了物流代理业在物流业中有着重要作用。国外的物流代理业十分发达，物流代理者往往并不拥有仓库、运输工具、物流设施等，但它可以利用网络整合各种资源，因此，它是一种特定经营管理型的物流企业。由于其不需要在设施手段上进行大量的投资，因而能很好地适应市场环境的变化。在国际物流中，国际货运代理被称为国际物流的"经"，它不仅仅能解决运输问题，还可以为客户提供包括咨询、市场调查、结算、培训、供应链一体化管理的物流解决方案。

这类物流企业的战略应是引领客户导向，发展柔性物流，通过整合各种资源，为客户提供一站式的综合服务。要引领客户导向，不能仅仅以满足客户的需求为原则，物流企业必须具备超客户、预见未来的行业能力，为客户提供管理和决策服务。

目前，货运代理的业务已涉及精益化生产（Just-in-Time）、供应链管理（Supply Chain Management）、业务流程再造（Business Process Reengineering）、企业资源计划（Enterprises Resources Planing）等内容，这对员工的知识层次、知识广度、信息技术应用水平有了更高的要求。从这个角度来看，"知识型货代"是货代业未来发展的趋势。

任务二 国际物流服务管理

一、国际物流服务的内涵

未来所有的企业都需要通过创造顾客价值来获得并维系顾客的忠诚度。如何创造顾客价值取决于企业的核心能力，而其中物流服务能力作为一种核心能力正受到越来越多的重视，这导致了企业对物流服务尤其是第三方物流服务的重视。物流服务需求的迅速增长，形成了巨大的物流服务市场。

现代企业经营的本质就是顾客服务，即以客户为中心，为包括客户、供应商等所有供应链成员创造价值。物流服务和顾客服务对不同的经营者来讲其内容是不同的，对广大工商

企业物流需求方来讲,物流服务是其顾客服务的一部分;而对第三方物流企业来讲,物流服务就是其经营的内容或产品。

那么对于专业物流企业来讲什么是物流服务呢?物流服务即指对客户商品利用可能性的一种保证,这种保证包括备货保证、品质保证和输送保证三个方面(物流服务三要素)。

(1) 备货保证:要拥有客户所期望的产品,当客户需要时能充足供应——即可得性。

(2) 品质保证:产品要符合客户所期望的质量——即可靠性。

(3) 输送保证:在客户期望的时间内提供产品——即作业绩效。

二、国际物流服务的要素与分类

(一) 国际物流服务的要素

根据美国凯斯威顿大学巴洛教授的"交易全过程论",国际物流服务的具体要素可以从交易前、交易中、交易后三个环节来划分确定。

1. 交易前要素

交易前要素,是指在将产品从供应方向客户实际运送过程前的各种服务要素。交易前要素主要包括物流服务内容与承诺,书面顾客服务政策(库存可用性、目标运输日期、物流响应时间),可接近性(是否已与联系和业务进行、是否有物流网点),组织结构(顾客服务管理机构、对服务过程的控制水平)以及系统灵活性(服务运送系统的灵活性)。

2. 交易中要素

交易中要素,是指在将产品从供应方向客户实际运送过程中的各种服务要素。交易中要素主要包括订货周期、库存可用性、订单完成率、订单状态信息(响应顾客要求的时间是多长)、运输延迟与产品替代方案。

3. 交易后要素

交易后要素,是指在产品销售和运送后过程中的各项服务要素。交易后要素主要包括备件可用性(在供应商仓库或其他指定地点,库存水平),响应时间(工程师到达时间),产品跟踪或保证(是否能够保持或扩展顾客期望水平的产品保证)以及客户问题处理(客户投诉、索赔和满意度调查)。

(二) 国际物流服务的分类

国际物流服务活动多种多样,包括功能作业的提供与管理(运输、储存、装卸搬运、流通加工、配送、客户服务),物流信息服务与方案的设计,整体的供应链管理等。从国际物流企业的实际运营与操作来看,按服务是否由专业服务人员完成,可分为基本物流服务和增值服务。

1. 基本物流服务

基本物流服务是国际物流商据以建立最基本业务关系的顾客服务方案,也可以说是企业流程与岗位所规定的服务,所有的客户在特定的层次上给予同等对待。它反映了国际物流企业的档次、水平与形象等问题,是国际物流企业全面保持其客户忠诚度的基础。

2. 增值服务

增值服务是在基本物流服务的基础上提供的定制化服务。增值服务用于满足客户的特殊需求,是由专业服务人员完成,体现了国际物流企业的竞争能力。增值服务对国际物流企业的成长和发展至关重要,其关键是核心能力的打造。常见的国际物流增值服务如下。

(1) 以客户为核心的增值服务。

以客户为核心的增值服务,是指利用第三方专业人员向买卖双方提供对配送产品的各种可选择的方式。如 Exel 配送公司属下的一个部门创造性建立了一种订货登记服务,为刚出生的婴儿安排将宝洁公司的一次性尿布送货到家,这类增值服务可以有效地用来支持新产品的引入。

(2) 以促销为核心的增值服务。

以促销为核心的增值服务包括直接邮寄促销、销售点广告宣传、促销材料的物流支持等。

(3) 以制造为核心的增值服务。

以制造为核心的增值服务是通过独特的产品分类和递送来支持制造活动。不同的生产商其采购需求是不一样的,配送应进行客户定制化。一般来说,这些增值服务由专业人员承担,它意味着单位成本的增加,但同时大大降低了生产中的预期风险,使客户服务得到极大的改善。

(4) 以时间为核心的增值服务。

以时间为核心的增值服务是采用准时化制度。其目的是要在总量上最低限度地减少搬运次数和检验次数,以消除不必要的仓库设施与重复劳动。

(5) 以管理为核心的增值服务。

以管理为核心的增值服务主要是指提供业务咨询、方案规划的设计、整体供应链一体化管理等。

三、国际物流服务管理

(一) 国际物流服务管理的过程

国际物流服务管理的过程环节包括物流市场需求的调研与评定、物流服务设计、物流服务提供过程和物流服务业绩的分析与改进,其实质就是国际物流企业市场与客户策略方案的制订与实施。

1. 物流市场需求的调研与评定

依据国际物流企业的战略要求,运用各种有效方式了解物流需要,依据调研结果和企业实际物流服务条件,确定服务项目,编制物流服务大纲,以此作为物流服务设计的基础。

2. 物流服务设计

物流服务设计是把物流服务大纲中的内容与要求策划设计为物流服务规范、物流服务提供规范和物流服务质量控制规范,确定开展预订物流服务项目的时间计划表,确保一切必要的资源、设施和技术支持。

3. 物流服务提供过程

国际物流企业采取各种手段确保物流服务规范的实施,不断地对物流服务过程质量进行评定和记录,识别和纠正不规范的物流服务。

4. 物流服务业绩的分析和改进

对物流服务水平的衡量可以从物流服务意识、服务质量、服务成本、服务手段和高科技信息等方面进行衡量。国际物流服务涉及面广、手续烦琐,如何在提高服务水平的同时,降低服务成本,实现与客户双赢,对每一个国际物流服务供应商来讲都是现实的挑战。

提高国际物流服务水平可以从以下方面进行努力。

（1）结合实际调整、更新服务的内容和水平。

国际物流服务企业应依据市场形势、竞争对手情况、商品特性和季节不断进行调整。

（2）加快反应速度的服务。

① 提高基础设施和设备的装备水平和效率。

② 推广增值性物流服务方案。优化配送中心，重新设计适合客户的流通渠道，以减少环节和优化物流过程。

（3）降低成本的服务。

物流活动包括很多的功能要素，物流成本是经营成本的重要组成，对经营绩效有重要影响。有效的物流服务方式不仅提高了商品的周转，而且能从利益上推动企业发展，即是企业的"第三利润源"。所以，作为专业的物流企业，要能为客户设计出降低物流成本、创造价值的物流方案。

5．注重提供物流信息服务

由于国际物流市场瞬息万变，信息的作用使物流向更低成本、更高服务、更大量化、更精细化的方向发展，许多重要的物流技术都是依靠信息才得以实现的，这个问题在国际物流中比国内物流表现得更为突出。

6．定期对物流服务进行评估

国际物流企业应对服务效果进行经常评估，检查有没有索赔、事故、破损等问题，通过征询客户意见了解服务水平是否已达到了标准，成本的合理化达到何种程度，企业的利润是否增加，市场份额是否扩大等。

（二）强化国际物流服务管理的措施

1．树立以客户为中心的服务理念

树立以客户为中心的服务理念是现代市场营销观念在国际物流服务中的体现。许多的国际物流企业在规划客户服务系统的时候，很少从客户的角度去想客户之所想，最终也会影响企业的利益。

2．制定多种物流服务组合

顾客的需求多样化，对不同的客户应有不同的服务。国际物流企业应按照顾客类型、经营规模大小、贡献、地位等合理确定服务类型与水平。

3．注重物流服务的创新发展

在物流服务管理中，国际物流企业应注重研究物流环境和条件的发展，寻求物流服务在方法、手段、产品等方面的创新。

4．根据市场环境变化，建立完善的物流服务管理体系

国际物流企业应站在经营战略的高度对国际物流服务进行规划和设计，国际物流服务管理贯穿企业的整个经营过程，应实行供、产、销各个环节一体化管理。

5．建立完善的信息系统

国际物流信息系统是国际物流系统的一个子系统，是支持国际物流活动的"神经"。现在，越来越多的企业开始注重应用信息技术，建立国际物流信息系统，实时、精确、高效率地完成对信息的处理，从而明显提高了国际物流的反应能力，降低了国际物流的成本，增加了企业的经济效益。

同步训练

一、关键名词

国际物流战略　全局性战略　基础性战略　物流服务　基本物流服务　增值服务

二、复习思考题

1. 什么是国际物流战略？其要素有哪些？
2. 国际物流企业战略的环境依据是什么？
3. 国际物流服务的要素有哪些？
4. 如何理解物流服务的概念？
5. 简述国际物流服务管理的过程。
6. 试论强化国际物流服务管理的措施。

三、案例与分析

【案例 8-1】宝供物流发展战略[①]

宝供物流企业集团有限公司（以下简称宝供）创立于 1994 年，总部设立于广州。目前在全国 40 多个城市建立了 6 个分公司、48 个办事机构，形成了一个覆盖全国并向美国、澳大利亚、香港地区等地延伸的物流运作网络；拥有先进的物流信息平台，为世界 500 强中的近 50 家大型跨国集团和国内一些大型企业提供物流一体化服务。

一、观念领先战略

首先，大力推行"量身定做、一体化运作、个性化服务"模式。宝供打破传统业务分块经营模式，在各大中心城市设立分公司或办事处，建立遍布全国的物流运作网络，将仓储、运输、包装和配送等物流服务广泛集成，为客户"量身定做"，提供"门到门"的一体化综合服务以及其他的增值型服务。因此，要根据客户的生产及销售模式，全面规划物流服务模式、优化业务流程、整合物流供应链，支持灵活多变的市场营销策略，以降低物流成本，提高客户核心竞争力。

其次，广泛采用具有国际水准的 SOP 运作管理系统和质量保证 GMP 体系，确保为客户提供优质高效的专业化物流服务，即 SOP 标准操作程序及 GMP 标准质量保证体系。为了规划业务部门的运作标准，宝供还建立了系统化、规范化、标准化的各类标准操作程序，即 SOP。任何岗位上的任何事，SOP 都有详细的规定。通过 SOP 的正确执行，确保业务运作不会因个人的因素造成服务品质的不同，确保 GMP 质量体系的实施和实现。

此外，重点提供国内领先的基于 VPN 系统的物流信息服务。早在 1997 年，宝供就在国内率先提出并建成基于 Internet/Intranet 的全国联网的物流网络信息系统，使宝供总部、六大分公司、40 多个运作点实现内部办公网络化、外部业务运作信息化。1999 年，建立业务成本核算系统和基于 VPN 电子数据交换平台，采用 XML 技术进一步提升与客户的电子数据交换水平，实现数据无缝交换与连接，为客户"量身定制"个性化的物流信息服务，如各类业务报表、运作咨询服务。2000 年，宝供在现有系统的基础上，构筑了基于联盟化、集成化、网络化 VPN 物流综合服务信息平台，大力开发整合客户供应链和支持电子商务的新系统，并

[①] 引自 http://www.exam co.com/wuliu/anli/130491/。

通过 XML 技术,在与客户进行数据交换方面取得重大突破,使宝供的信息服务和业务运作向自动化、智能化方向迈出重要一步。

二、科技支持战略

21世纪是知识和科技的时代,专业化、细致化和科学化的物流知识将成为客户物流体系改革、整合、规划和设计的重要依据,现代科学技术(如各种条码技术、自动识别技术、自动分拣技术、卫星定位技术、自动化技术、物流仿真技术和辅助决策技术等)将成为物流运作的重要工具,"知识化和科技化物流"将成为宝供服务的主要特征。

三、服务创新战略

一方面,引导物流服务朝综合化、一体化方向发展,把物流诸多环节、服务类型进行系统整合,将不同的货运公司、仓储公司以及社会资源进行物流资源整合,为客户提供一种具有长期的、专业的、综合的高效物流服务。另一方面,适应21世纪个性化消费和个性化服务的需要,改变传统企业的单一成本竞争策略,转移到差异型、个性化的物流特色服务竞争。

四、人才效益战略

宝供将遵循"以人为本"的经营理念,充分发挥"人才效益"优势,广泛汇集和吸引一批包括教授、博士、硕士在内的高层次专业人才,提供科技化、现代化的优质高效的物流服务。公司内部严格贯彻执行完善的培训和激励制度,不断增强企业的凝聚力,吸引和留住优秀人才。选拔、晋升和奖励工作成绩显著的员工,将公司利益与个人发展紧密结合,建设一支灵活精干、协作高效的学习型人才队伍。

五、联盟发展战略

宝供与不同行业的客户建立了稳定的合作伙伴关系,这些客户在它所处的行业的地位非常令人敬仰,比如飞利浦、联想、雀巢、沃尔玛等。在这里,我们可以发现宝供获得竞争的优势和秘诀:以成功客户为核心。在这些年,宝供能够快于整个行业的发展速度来扩大其市场份额,就在于它吸引和拥有了不同行业中"最成功的顾客"。宝供把有限的资源集中在关键的客户身上时,只要客户的生意取得了成功,宝供的生意随之也会成功。这就是宝供的"客户联盟策略"。宝供强调在"供应链"的诸节点之间植入"优势互补、利益共享"的共生关系,实施企业联盟化战略。

> **思考回答**
>
> 1. 宝供的物流发展战略有哪些?对你有什么启示?
> 2. "量身定做、一体化运作、个性化服务"的宝供物流模式有什么积极意义?
> 3. "知识化和科技化物流"将成为宝供服务的主要特征,为什么?
> 4. 把物流诸多环节、服务类型进行系统整合,将不同的货运公司、仓储公司以及社会资源进行物流资源整合,适应21世纪个性化消费和个性化服务的需要,为客户提供一种具有长期的、专业的、综合的高效物流服务。请你说明个性化消费和个性化服务与物流资源整合的关系。

【案例 8-2】UPS 物流服务的发展历程

一、公司概况

联合包裹服务公司(UPS)于 1907 年在华盛顿西雅图成立,其全球总部在美国加州的亚特兰大市。

UPS 的主要竞争对手有美国邮政服务(USPS)、联邦快递(FedEx)和敦豪(DHL)。过去,UPS 在廉价的地面快递市场中的竞争对手只有美国邮政服务,但不久前,联邦快递在收购了道路包裹系统公司(Roadway Package System)后也加入了进来。同时,敦豪也收购了空运快递公司(Airborne Express)。此次收购增加了敦豪在美国的市场占有率,也将进一步加剧地面快递市场的竞争。

二、公司历史

(1) 1907—1912 年,信使服务。

1907 年,UPS 的创始人、19 岁的青年吉姆·凯西从朋友处借来 100 美元创建了位于华盛顿州西雅图市的美国信使公司(American Messenger Company),最初的名字很适合新公司的业务追求。

吉姆和他的合作伙伴克雷德·雷恩在人行道边的一间简陋的办公室运营公司的服务业务。吉姆的兄弟乔治和其他几个十多岁的少年是公司的信使。尽管竞争残酷,但公司运转得不错,这很大程度上得益于吉姆严格的准则——谦恭待客、诚实可靠、全天候服务与低廉的价格。这些原则至今仍指导着 UPS,吉姆将其归纳为以下口号:最好的服务;最低的价格。

(2) 1913—1918 年,零售时代。

(3) 1919—1930 年,普通承运人服务。

1922 年,UPS 收购了洛杉矶的一家公司,其首创的业务被称为"普通承运人"服务。普通承运人服务结合了零售商店递送服务的许多特色和经营原则,并具有那时许多其他的私人承运商甚至包裹邮政都不具备的特色。

1924 年,UPS 首次推出将使其未来成型的另一项技术创新:第一个处理包裹的传送带系统,同时,UPS 的零售递送服务也已扩展到包括美国太平洋海岸的所有主要城市。

(4) 1930—1952 年,

1930 年,UPS 通过合并纽约市与新泽西州纽瓦克市的几家大型包裹递送公司,使 UPS 的百货商店的递送业务扩展到东海岸。

(5) 1953—1974 年,空运服务。

当 UPS 的一部分人正在为陆运路线的更大市场而努力时,另一部分人则在恢复UPS 的空运市场。1929 年,UPS 成为第一个通过私营航空公司提供空运服务的包裹递送公司。不幸的是,业务量的匮乏(部分原因是大萧条)结合其他因素导致该服务在同年结束。1953 年,UPS 恢复空运业务,提供到东海岸和西海岸主要城市的空运服务。UPS 包裹再次在定期安排的航线的飞机货舱中飞行,该服务被称为"UPS 蓝色标签空运"。

(6) 1975—1980 年,黄金链接。

在拓宽服务的同时,UPS 也在向新的地域扩展。在 20 世纪 50 年代,UPS 在美国的很多地区受到经营限制。在某些情况下,发货人被迫将包裹经几个承运人之手才送到其最终目的地。UPS 系统奋斗了 30 年(20 世纪 50 年代至 70 年代),以求获得在所有 48 个相邻州内自由运输的授权。1975年,州际商业委员会终于授权UPS开始从蒙大拿州到犹他州的州际服务,并将其在亚利桑那州、爱达荷州和内华达州的部分服务区域扩展至全州。结果,UPS成为第一个在美国48个相邻州内的每个地址提供服务的包裹递送公司。这个历史性的服务区域汇合在UPS内被称为"黄金链接"。

(7) 1981—1988年,UPS航空公司。

为了保证可靠性,UPS开始组建自己的货运机队。

1988年,联邦航空管理局(FAA)授权UPS运营自己的飞机,这样UPS成了一家正式的航空公司。UPS航空公司是FAA历史上发展最快的航空公司,在几乎不过一年的时间内就形成了所有必要的技术与支持系统。如今,UPS航空公司是全美十大航空公司之一。

(8) 1988—1990年,国际发展。

今天,UPS横跨大西洋和太平洋,在超过185个国家和地区经营国际小包裹和文件网络。由于它的国际业务,UPS可为超过40亿人提供服务。

(9) 1991—1994年,拥抱技术。

到1993年UPS每天为超过100万的固定客户递送1150万件包裹与文档。如此巨大的量使得UPS必须开发新技术才能保持效率和有竞争力的价格,同时提供新的客户服务。UPS的技术波及一个难以置信的范围,从小型手持设备、专门设计的包裹递送车到全球计算机与通信系统。

1992年,UPS开始追踪所有的陆运包裹。

(10) 1994—1999年,扩展的服务。

到了20世纪90年代末,UPS处于另一个转变期。尽管其业务的核心仍保持在配送货物及其伴随的信息,UPS已经开始扩大范围并侧重于一个新的渠道,即服务。根据UPS管理层的看法,公司在运输和包裹追踪方面的专长将它定位为变成全球商业的促成者,并成为组成商业的三股流动力量(物流、信息流和资金流)的服务性企业。为了实现这个提供新服务的设想,UPS开始战略性地收购现有的公司,并创建先前不存在的新类型公司。

UPS通过这些收购和创建来探索以新的方式来向它的客户提供服务。通过提供独特的供应链解决方案,UPS使它的客户能更好地为他们自己的客户服务,并侧重于核心竞争力。1995年,UPS成立了UPS物流集团,以根据客户的个别需要提供全球供应链管理解决方案和咨询服务。1995年,UPS收购了一家名为SonicAir的公司,使UPS成为第一个提供当天"下一航班"服务和有担保的上午8点连夜递送服务的公司。1998年,成立UPS资本公司,其使命是提供集成的金融产品和服务的综合菜单,使各个公司能发展他们的业务。

(11) 2000—2002年,供应链解决方案。

UPS供应链解决方案业务部是流线型的组织,它为客户提供物流、全球货运、金融服务、邮件服务和咨询服务,以提高客户的业务表现并改进客户的全球供应链。

UPS供应链解决方案由UPS资本公司、UPS物流集团、UPS货运服务公司、UPS邮件业务创新公司与UPS咨询公司共同提供。

思考回答

1. UPS的发展历程对你有哪些启示?
2. 试从UPS目前的物流服务谈谈国际物流的发展趋势。

项目九　国际物流客户与供应商管理

内容与重点

- ◎ 国际物流客户服务的内涵。
- ◎ 国际物流客户服务管理的原则标准。
- ◎ 客户关系管理的内涵。
- ◎ 国际物流客户关系管理的内容。
- ◎ 国际物流客户关系管理的步骤。
- ◎ 联盟供应商的选择与管理。
- ◎ 国际物流服务合同的特征。

任务一　国际物流客户服务管理

一、国际物流客户服务的内涵

国际物流服务包括功能性的技术服务和物流客户服务两个方面。国际物流客户服务，是指物流企业在国际物流业务中为促进其产品或服务的销售，发生在客户与物流企业之间的相互活动(或与客户交互的一个过程，即听取客户的问题和要求，对客户的需求作出反应并探询客户新的需求)。

国际物流客户服务包括以下两个方面。

一方面，国际物流客户服务是为了满足客户需求所进行的一项特殊工作，并且是典型的客户服务活动。其内容主要包括探寻客户、认知客户、订单处理、技术培训、处理客户投诉和服务咨询。

另一方面，国际物流客户服务是一整套业绩评价，包含产品可得性评价、订货周期和可靠性评价、服务系统的灵活性评价。

在现代社会经济环境下，服务的价值更鲜明地凸显出来。要卖好产品、做好市场、创好品牌，没有服务是不行的。对企业来说，服务成为突出重围的重要途径；对客户来说，服务成为衡量一个企业是否值得信赖的重要标准。客户服务不仅包括客户和企业的客户服务部门，实际上还包括整个企业，即将企业整体作为一个受客户需求驱动的对象。

优质的客户服务应该符合情感性、适应性、规范性、连续性与效率性五项基本要求。随着国际物流服务的不断发展与深化，新的服务观念不断涌现。

(1) 增值为本，即为客户提供增值服务，实现客户利益的增值，这是实现国际物流企业利润增值的前提。

（2）服务为先，即要求国际物流企业的营销活动以服务意识为先导，将客户服务看做是实现营销业绩的有效手段。坚持服务为先，有利于增强国际物流企业的信誉，提高管理水平，建立客户导向。

（3）关系至上，即要求国际物流企业将注意力特别集中于合作之上，建立起以客户需求为中心的、长期合作的网络互动关系。

二、国际物流客户服务管理的原则标准

（一）国际物流客户服务管理的原则

（1）以市场为向导。
（2）面向一般客户群体。
（3）制定多种客户服务组合。
（4）开发对比性物流服务。
（5）注重客户服务的发展性。
（6）建立能把握市场环境变化的管理体制。
（7）物流中心的建设与完善。
（8）构筑信息系统。
（9）不断对客户服务进行绩效评估。

（二）国际物流客户服务的标准

国际物流客户服务的标准可以用"7R"来描述，这"7R"就是在合适的时间（Right Time）、合适的场合（Right Place）、以合适的价格（Right Price）、通过合适的方式（Right Way）为合适的客户（Right Customer）提供合适的产品和服务（Right Product or Service），使客户的合适需求（Right Want or Wish）得到满足，客户价值得到提高。

1. 合适的客户

国际物流企业对其客户进行筛选，进行分类管理，为客户提供有差别的物流服务。为一般的客户提供基本服务，为合适的客户提供完善服务，为关键的客户提供完美服务，为有害的客户则提供防御服务。

2. 合适的产品和服务

合适的产品和服务，是指产品或服务是客户真正需求的，按客户的要求提供有特色的、个性化的服务。

3. 合适的价格

国际物流企业的服务价格应确定在合理水平，应符合客户的愿望，既不是越高越好，也不是越低越好。服务价格的制定应在考虑双方共同利益的前提下，在企业和客户之间寻找到最佳结合点。

4. 合适的时间

客户的需要是一定时间的需要，服务要在客户最需要的时候提供，只有这样才能真正实现物流服务的目的。

5. 合适的场所

在客户需要的地方、合适的情景中为客户提供恰当的服务，往往会起到事半功倍的

效果。

6. 合适的渠道

服务方式要与客户的客观需求相适应,要能满足客户的要求。

7. 合适的需求

客户的需求有不同种类、不同层次。企业寻找到合适的客户之后,还应该找准客户的合适需求,不同的产品和服务应该有相对集中的需求对象和需求点。

8. 常见的客户服务量度标准。

(1) 订单完成及时率和订单完整率。

(2) 订单完整无缺的货物比率。

(3) 订单完成的准确率和账单的准确率等。

(4) 在制定服务标准时,应确定明确的目标。服务的标准必须是具体的、可度量的、可实现的,如"所有的订货完成率和准确率必须达到97%,货运必须在24小时送达"。

例如,摩托罗拉公司对其物流服务商(中外运)提出的物流客户服务标准如下。

(1) 要提供24小时的全天候准时服务,主要包括:保证摩托罗拉公司与中外运业务人员、天津机场、北京机场两个办事处及双方有关负责人通信联络24小时畅通;保证运输车辆24小时运转;保证天津机场与北京机场办事处24小时提货、交货。

(2) 服务速度要快。摩托罗拉公司对提货、操作、航班、派送都有明确的规定,时间以小时计算。

(3) 服务的安全系数要高。摩托罗拉公司要求中外运对运输的全过程负责,要保证航空公司和派送代理处理货物的各个环节都不出问题,一旦某个环节出了问题,将由中外运承担责任、赔偿损失,而且当过失达到一定程度时将被取消做业务的资格。

(4) 信息反馈要快。摩托罗拉公司要求中外运的计算机与公司联网,做到对货物的随时跟踪、查询,掌握货物运输的全过程。

(5) 服务项目要多。根据摩托罗拉公司货物流转的需要,通过发挥中外运系统网络综合服务的优势,提供包括出口运输、进口运输、国内空运、国内陆运、国际快递、国际海运和国内提货的配送等全方位的物流服务。

三、国际物流客户服务管理策略

(一) 树立以客户满意为中心的服务理念

树立以客户满意为中心的服务理念,必须建立在客户的认知上。因为服务的对象是客户,客户的感受才是最直接、最重要的。

(二) 采取服务水平差异化策略

根据80/20原则,即80%的业务集中在20%的客户手中,因此,国际物流企业在确定对客户服务方案与水平时,重点关注那些正给企业或将来可能给企业带来巨大业务的核心客户,重点跟踪这些核心客户的客户满意度。例如,广州的宝供物流在创业初期,联合利华公司的业务几乎占到其业务量的95%以上,宝供物流集中了所有的企业资源不断地对联合利华公司不满意的地方加以改进,保持了联合利华公司的持续满意,使联合利华公司与宝供物流的合作维持了相当长的一段时间,正是这关键的起步阶段的业务成功地帮助宝供物流跻身国内一流的第三方物流企业行列。

对于相对稳定的、业务量大的客户群,采用更为及时的、优质的和多样化的服务,有利于国际物流企业加强同客户的联系和长期合作关系的稳定,能够为国际物流企业带来稳定的利润,同时也有利于客户价值的提升。

那么,如何有效地确定客户服务水平呢?

1. 对客户服务进行调查

国际物流企业通过问卷、专访和座谈等方式,收集物流服务的信息,了解客户关注的物流服务要素、客户对现行服务的满意度、企业的物流服务水平与竞争对手相比是否具有优势等情况。

2. 客户服务水平设定

国际物流企业根据对客户服务调查所得出的结果来对客户服务的各环节的水准进行界定,初步设定水平标准。

3. 基准成本的感应性实验

基准成本的感应性实验,是指客户服务水平变化时成本的变化程度。

4. 反馈体系的建立

客户评定是对物流服务质量的基本测量,而客户一般不愿意主动地提供自己对服务质量的评定,因此,国际物流企业必须建立服务质量的反馈体系,及时了解客户对物流服务的反应,这可以为其改进物流服务提供帮助。

5. 业绩评价

在物流服务水平试行一段时间后,国际物流企业的相关部门应对实施效果进行评估,检查有没有索赔、事故、破损等问题,通过征询客户意见了解服务水平是否已达到了标准,成本的合理化达到何种程度,企业的利润是否增加,市场份额是否扩大等。

6. 基准与计划的定期检查

物流服务水平不是一个静态的标准,而是一个动态的过程。也就是说,最初的客户物流服务水准一经确定,并不是一成不变的,而是要经常定期核查、变更,以保证物流服务的有效化。

7. 标准修正

国际物流企业对物流服务标准的执行情况和效果进行分析,如果存在问题,就需要对标准进行适当的修正。

在合理设定物流服务水准方面,国际物流企业还应注意以下两点。

第一,物流服务水平应与客户的特点、层次相适应。由于客户的需求处于不断发展和变化之中,在确定物流基本服务的基础上,国际物流企业不仅需要制定多等级的物流服务水平体系,还要根据客户的经营规模、经营类型和对服务水平的不同要求采取不同的对策,从而改善客户的服务水平,按客户层次确定服务水平。

第二,在确定物流服务水平时,国际物流企业要权衡服务、成本和企业竞争力之间的关系。由于物流服务成本与物流服务水平存在"效益背反"的关系,高水平的物流服务必然导致较高的服务成本,所以,物流服务水平应与物流成本和企业总收益保持平衡,从而实现物流服务的整体最优。

(三) 服务形式个性化和差异化

1. 服务形式个性化

国际物流企业根据客户企业的销售政策、业务流程、产品特征、客户需求和竞争状况等不同要求,提供有针对性的物流服务和其他的增值服务,从而形成特色服务。

2. 服务形式的差别化

服务形式的差别化,是指国际物流企业所提供的物流服务与其他的物流企业所提供的物流服务相比具有鲜明的特色。这是保证高质量服务的基础,也是物流服务战略的重要特征。要实现这一点,国际物流企业就必须具有对比性的物流服务观念,即重视、了解和收集竞争对手的物流服务信息。

(四) 建立有效的物流客户服务管理制度

1. 服务质量保障制度

服务质量保障制度不仅会影响国际物流企业对现有客户的服务质量和服务水平,也会影响企业未来的潜在客户。服务质量保障制度应保证客户能获得优质的服务,如赔偿制度、返款制度、退货制度等。

2. 投诉处理制度

为了处理服务中的意外情况,国际物流企业应由客户服务部门或专门人员要对意外情况进行处理。即客户服务部门要做好以下工作:记录、处理和跟踪客户投诉,并提出改进服务的建议;客户满意度调查;组织召开客户服务协调会;建立并完善客户服务体系。

投诉处理制度的具体内容如下。

(1) 投诉受理。

客服人员在《客户投诉登记表》上登记受理时间和投诉事项。

(2) 投诉调查。

在客户投诉发生后,客服人员对投诉进行调查,填写《客户投诉处理表》,写明客户投诉事项和初步调查结果。

(3) 处理意见。

一般性投诉,由客户服务经理在《客户投诉处理表》上填写处理意见;对于引起严重后果的投诉,客户服务经理将填写好的《客户投诉处理表》交给项目经理填写处理意见。处理意见一般包括消除影响的各种补救措施。《客户投诉处理表》填写完毕后项目经理交给相关的人员办理。

(4) 处理结果。

在跟踪处理过程的基础上,客服人员在《客户投诉处理表》上填写事故处理的结果。

(5) 客户反馈。

客户投诉处理完毕后,客服人员通过电话走访或现场走访的方式,调查客户对处理结果的意见,并如实填写《客户投诉处理表》上的客户反馈栏(如果客户对处理结果提出异议,则应视情况重新进行调查,并拿出处理办法)。

(6) 项目经理签字。

投诉处理完毕,客服人员交项目经理审核《客户投诉处理表》,填写对处理结果的意见,意见必须对处理结果是否达到要求作出明确的评价,此意见结合客户的反馈意见将作为对客户服务经理绩效考核的依据。

在客户投诉处理的每个阶段,客服人员都需要在《客户投诉处理表》上登记投诉处理的进程。

任务二　国际物流客户关系管理

一、客户关系管理的内涵

客户关系是客户与企业之间发生的所有关系的综合,是企业与客户之间建立的一种相互认识、相互理解和有益沟通的路径。

客户关系管理(Customer Relationship Management,CRM)是由美国高纳集团率先提出的,指企业以客户关系为重点,通过开展系统化的研究,不断改进与客户相关的全部业务流程,使用先进的技术优化管理,提高客户满意度和忠诚度,实现电子化、自动化运营目标,提高企业的效率和效益的过程。客户关系管理的内涵是企业利用IT技术和互联网技术实现对客户的整合营销,是以客户为核心的企业营销的技术实现。

客户关系管理是一种领先的、以"客户价值"为中心的营销模式或管理模式,其管理思想主要包括:(1)客户是企业最重要的资源之一;(2)对企业与客户发生的各种关系进行全面管理;(3)核心是增强客户关怀;(4)目标是进一步延伸企业供应链管理。客户关系管理在实际运作中,主要通过对客户资料的深入分析来提高客户满意程度,从而提高企业的竞争力。

客户分析主要包括以下七个方面。

(1)客户用户概况分析(Profiling),包括客户的层次、风险、爱好和习惯等。

(2)客户用户忠诚度分析(Persistency),即客户对某个产品或商业机构的忠实程度、持久性、变动情况等。

(3)客户利润分析(Profitability),即不同的客户所消费的产品的边缘利润、总利润额、净利润等。

(4)客户性能分析(Performance),即不同的客户所消费的产品按种类、渠道、销售地点等指标划分的销售额。

(5)客户未来分析(Prospecting),包括客户数量、客户类别等情况的未来发展趋势,争取客户的手段等。

(6)客户产品分析(Product),包括产品设计、关联性、供应链等。

(7)客户促销分析(Promotion),包括广告、宣传和促销活动的管理。

二、国际物流客户关系管理的内容

(一)客户识别与探寻

客户识别与探寻包括国际物流企业对客户信息资料的收集、整理与分类、分析,交流与反馈,服务管理,时间管理。在对客户进行整理与分类、分析的过程中,国际物流企业主要是对客户进行选择,重点是识别重点客户与核心客户。

(二)客户的开发

客户的开发包括国际物流企业建立良好的物流服务体系,进行精确的物流市场定位,开展多样的物流服务促销活动。在与新客户的交往相处中,国际物流企业要特别注意技巧,例如要积极向上、有时间观念、虚心等。

(三) 客户满意度管理

客户满意度管理包括国际物流企业评价客户满意度,确立以客户为中心的理念,提供个性化、及时化服务,增强客户体验,重视客户关怀。

(四) 客户保持与巩固

客户保持与巩固包括国际物流企业建立物流服务品牌,提高物流客户满意度,实施忠诚客户计划,强化内部客户管理,开发物流服务新产品。在客户保持与巩固上,以下两项很重要:

(1) 持续改进与客户的关系,用良好的关系留住客户;

(2) 对客户需求及时反应,不断挖掘新的客户服务方式。

(五) 留住核心客户

留住核心客户包括国际物流企业充分调动相关因素,充分关注与保证核心客户,进行新产品试销,征求核心客户的意见,实施奖励政策,进行高层拜访与互动。在核心客户管理中,国际物流企业要特别谨防客户流失,对可能造成流失的每个因素都要有分析与应对(如员工跳槽、同行争取、市场波动、细节疏忽等)。

三、国际物流客户关系管理的步骤

(一) 审查实施基础、明确 CRM 实施目标

通过全面分析 CRM 功能、实现方式以及预算、现有营销管理体系现状、需要改进的关键因素、外部环境的约束以及协调措施,明确将 CRM 融合在整个企业营销管理体系中的目标、步骤、内容、预算以及投入产出分析。具体来说需要审查明确的问题有:

(1) 了解 CRM 的功能、实现方式;

(2) 明晰企业战略目标与成功的关键因素,CRM 如何能够帮助关键因素的落实,比如,了解现有企业营销管理系统的职能管理(市场、销售、服务)的关键决策与运营流程是如何实现的,存在什么问题,通过 CRM 能够改进什么;

(3) 了解外部环境能否支持 CRM 的实现方式,了解 CRM 对员工、客户以及合作伙伴的要求以及将怎样影响彼此的关系;

(4) 明确实施 CRM 项目的目标、关键因素、关键流程、管理对象、管理内容、执行与控制时间等,提出对 CRM 的具体需求;

(5) 对实施 CRM 作出预算和投入产出分析。

以上内容是实施 CRM 过程中最重要但往往不受重视的内容。

(二) 建立 CRM 项目实施团队

为了成功实施 CRM,管理者还要对企业的业务进行统筹考虑,建立一支有效的实施团队。这个团队是项目实施的核心,负责做出重要决策,并将 CRM 实施过程的细节和预期效果介绍给企业的所有人员。CRM 项目实施团队应包括来自销售、信息技术、财务部门的相关人员和企业高层管理人员以及系统用户的代表。团队各成员代表企业内不同部门提出对 CRM 的具体业务需求,CRM 的实施要充分考虑这些需求。另外,企业可聘请外部的 CRM 专家做咨询顾问。经验丰富的专家能在 CRM 实施前及实施过程中提供有价值的建议,协助企业分析实际商业需求及建立项目工作组,并与项目实施团队一起审视、修改和确定 CRM

实施计划中的各种细节，从而帮助企业降低项目实施风险和成本，提高项目实施的效率和质量。

（三）制订详细的 CRM 项目的实施计划

在明确了实施 CRM 的实际需要与目标、成立了团队之后，还必须制订具体的实施计划，该计划应包括 CRM 构想变成现实所需的具体程序。要在调整和优化原有工作流程的基础上，建立基于 CRM 系统的、规范的、科学的、以客户为中心的企业运营流程。

（四）选择供应商、开发设计与部署 CRM 方案

选择供应商应当根据企业当前的技术基础和实际需求进行（软件）选择。在此过程中，必须注意技术的灵活性。选择的所有技术都必须是开放的并且可以定制，同时能与企业现有的 IT 基础设施进行整合。

CRM 方案的设计需要企业与供应商的共同努力。可以将复杂的 CRM 计划委托给一个拥有丰富 CRM 经验的咨询顾问，以帮助企业选择一个可依赖的、拥有强大技术支持能力的供应商。为使这一方案得以迅速实现，企业应先部署那些当前最为需要的功能，然后再分阶段不断地向其中添加新功能。其中，应优先考虑使用这一系统的员工的需求，并针对某一用户群对这一系统进行测试。另外，企业还应针对其 CRM 方案确立相应的培训计划。

（五）CRM 的实施与持续管理

CRM 的成功取决于实施的贯彻，必须按实施阶段与具体措施进行。

对 CRM 进行持续管理和不断修正是至关重要的。为了保证系统正常运作并达到预期效果，在正式启用前，必须对其进行全面的测试。如果系统的功能表现不尽如人意，应修改必要的设置直至令人满意。这种智能化的设计要能够让企业对 CRM 系统有着更全面的了解和评估，能够发现系统在哪些方面更具有价值，哪些方面并不理想以及发现潜在的商机，从而提高在技术上的投资回报率。

任务三　国际物流供应商管理

国际物流企业在运营中与同行（龙头企业、不同功能与地域的企业）有着广泛的合作与联系，这种关系我们一般称之为伙伴关系。建立战略合作伙伴关系是国际物流企业在供应链管理条件下管理的核心之一，它是国际物流企业打造服务网络，开发新产品、新服务、新客户的基础条件。国际物流企业、供应商和客户形成供应链伙伴关系可以减少不确定因素，快速响应市场，加强企业的核心竞争力，增加用户的满意度。

一、国际物流供应商管理的目标及策略

（一）国际物流供应商管理的目标

(1) 获得符合企业质量要求和数量要求的产品或服务。
(2) 以最低的成本获得产品或服务。
(3) 确保供应商提供最优的服务。
(4) 发展和维持良好的供应商关系。

(5) 开发潜在的供应商。

(二) 国际物流供应商管理的策略

(1) 设计一种能最大限度地降低风险的合理的供应商结构。

(2) 确定一种能使采购总成本最小的采购方法。

(3) 与供应商建立一种能促使供应商不断降低成本、提高质量的长期合作关系。

二、联盟供应商的选择

(一) 联盟供应商选择的评估要素

联盟供应商选择的评估要素众多,因企业环境、目标的不同而不同或有所侧重,主要有:(1) 技术水平;(2) 产品质量;(3) 供应能力;(4) 价格;(5) 地理位置;(6) 可靠性;(7) 售后服务;(8) 提前期;(9) 服务准确率;(10) 快速响应。

(二) 联盟供应商的选择

为了保证联盟供应商的质量,联盟供应商的选择要经过严格的选择程序,包含以下六个阶段。

(1) 意向探求:对目标供应商进行初步考察,并探求其合作意向。

(2) 资质调查:对有明确合作意向的供应商将进行资质调查,审核其资质文件。

(3) 实力调查:对通过资质审查的供应商从资金实力、设备能力等方面进行调查。

(4) 服务质量和管理水平调查。

(5) 试运作:对符合条件的供应商进行为期 6 个月的试运作。

(6) 签订正式的联盟合作协议。若在试运行的过程中,合作双方对彼此较为满意,则签订正式的联盟合作协议。

三、联盟供应商合作关系的建立与管理

(一) 联盟供应商合作关系建立的制约因素

1. 高层态度

良好的联盟供应商合作关系首先必须得到企业最高管理层的支持。只有最高层的领导赞同建立合作伙伴,企业之间才能保持良好的沟通,建立相互信任的关系。

2. 企业战略和企业文化

企业战略和企业文化对供应商联盟的建立与运作有重要影响,合作双方必须调整改变原有企业战略和企业文化上在的冲突或障碍,比如在运作模式、管理体制、业务流程、管理制度与规则、理念与态度等方面上存在的障碍。

3. 合作伙伴能力

合作伙伴能力是建立联盟供应商合作关系最基本的制约条件或因素,它包括众多评价指标,如成本与利润水平、技术水平、服务水平与可靠性、地理位置、合作意愿与忠诚度等。

4. 信任

在联盟供应商合作关系建立的实质阶段,双方之间的意愿和相互信任是最为重要的。合作双方需要紧密合作,加强信息共享,相互进行技术交流和提供设计支持。

(二)联盟供应商合作关系建立的条件

(1) 信息交流与共享机制。
(2) 有效的激励机制。
(3) 合理的评价方法和手段。
(4) 权责明确。
(5) 相互信任(合作双方应避免运营情报外泄和业务流程失控)。
(6) 良好解决合作伙伴之间问题的方法和态度。

(三)联盟供应商的管理

1. 联盟协议及合同

联盟企业必须签订联盟协议,以规定各自的权利和义务,尤其是对合作中的利益分配等敏感问题要有详细的说明。

2. 互派质量监督及业务指导员制度

在新项目运作初期,联盟企业要互派质量监督及业务指导员,从而保证合作顺利实施。

3. 联盟考核制度

联盟内企业要定期进行考核,对考核不合格者要进行警示,对严重违反联盟协议的企业将取消合作资格。

4. 定期培训

联盟企业组织定期进行培训,培训内容包括针对高层管理的企业管理和经营战略计划以及针对职能部门的业务和技能培训等。

5. 五个"统一"计划

在合作良好的基础上,联盟企业可以向一体化方向发展,具体体现在五个"统一"计划上,即统一经营理念、统一技术平台、统一服务标准、统一单证格式、统一业务流程,以提高物流联盟的协同能力。

任务四　国际物流服务合同管理

一、国际物流服务合同的特征及合同主体的法律关系

(一)国际物流服务合同的特征

国际物流企业在运营中与供应商、客户之间广泛存在着协议与合同。

国际物流服务合同,是指国际物流服务合同的当事人依法对物流服务合同的内容,经反复协商达成一致意见,明确相互之间的权利和义务关系的协议。

国际物流服务合同具有以下五个特征。

1. 国际物流服务合同是双务合同

国际物流服务合同的双方均既享有权利,又负有义务。例如,国际物流服务商有完成双方约定服务项目的义务,并有收取相应费用的权利;而国际物流服务商的客户有支付服务费的义务,也有获得完善服务的权利,一旦出现服务瑕疵,有向国际物流服务商进行索赔的权利。

2. 国际物流服务合同是有偿合同

国际物流服务商以完成全部服务为代价取得收取报酬的权利,而国际物流服务商的客户享受完善服务的权利是以支付服务费为代价的。

3. 国际物流服务合同是要式合同

国际物流服务合同一般涉及运输、仓储、加工等内容,运输中又可能包括远洋运输、公路运输、铁路运输、航空运输等,双方的权利和义务关系复杂,只有具备一定的形式(如书面形式)才能使合同得到更好的履行,才能更好地保护当事人的合法权益。

4. 国际物流服务合同是诺成合同

国际物流服务合同的当事人各方意见一致,合同即成立。在国际物流服务合同的标的物交付之前,服务需求方和国际物流企业可能已经为履行合同进行了准备,支出了成本,如果以交付标的物为合同成立的要件,不利于保护双方当事人的利益。

5. 国际物流服务合同有约束第三者的性质

国际物流服务合同的双方是服务方和客户方,而收货方有时没有参加合同的签订,但国际物流服务商应向作为第三者的收货方交付货物,收货方可直接取得合同规定的利益并自动受合同的约束。

(二) 合同主体的法律关系

由于国际物流服务合同中一般都会涉及运输、仓储、加工、装卸、搬运等内容,而国际物流经营人拥有的资源有限,通常会涉及业务的分包,因此,国际物流服务合同当事人之间的法律关系也就变得比较复杂。总的来讲,国际物流服务合同主体的法律关系有以下三种。

1. 法律关系

国际物流经营人自己完成国际物流服务合同所约定的内容时,当事人双方形成相应的法律关系,如运输法律关系、仓储法律关系、流通加工法律关系等。这时,国际物流服务合同当事人之间的权利、义务关系就要受到相应的国际法或国际公约及国内的法律法规,如《合同法》《海商法》等法律的约束。

2. 委托代理关系

国际物流企业一般不可能拥有履行国际物流服务合同的所有资源,因此在国际物流服务合同中约定第三方物流经营人在一定权限内可以以物流需求方的名义委托第三人完成物流业务是不可避免的,这时合同的当事人之间就形成了委托代理关系。这种委托代理关系包括直接代理关系和间接代理关系,即国际物流经营人以物流需求方的名义同第三人签订分合同,履行国际物流服务合同的部分内容,该分合同的权利和义务物流需求方也应享有和承担。

3. 居间法律关系

当国际物流经营人只提供与物流有关的信息,促成物流需求方和实际履行企业签订合同,从中收取一定的费用,而自己并未同任何一方签订委托代理合同时,第三方物流当事人之间就存在居间法律关系。国际物流经营人处于居间人的法律地位,享有报酬请求权,并依法承担相应的义务。

(三) 国际物流服务合同的当事人

国际物流服务合同的当事人一般包括以下三种。

1. 物流服务需求方

物流服务需求方一般作为国际物流服务合同的当事人之一,享有法律及合同规定的权利,履行相应的义务,是物流法律关系中主要的一方。物流需求方主要包括制造业和流通业中的物流服务需求企业或个人。

2. 物流经营人

物流经营人是国际物流服务合同的另一方当事人,通常是与物流服务需求方签订国际物流服务合同的国际物流企业。

3. 物流合同的实际履行方

物流服务需求方和物流经营人是物流法律关系中的重要主体,但一般还包括国际物流服务合同的其他实际履行方,包括运输企业、仓储企业、加工企业、港口企业等。物流经营人通过实施代理权或分包权使这些企业参与国际物流服务合同的履行,成为国际物流服务合同法律关系不可或缺的主体。

二、国际物流服务合同的订立

（一）合同的磋商

合同的磋商是订立合同的前提和基础性工作。为了就服务标的、服务质量、服务期限、付款方式等内容达成一致意见,交易双方通常需要反复多次磋商,直到条件成熟才能进入合同签约阶段。合同磋商表明交易双方已进入实质性交涉阶段,所以具有以下特点。

(1) 磋商目标明确,涉及实质性问题。

(2) 磋商是以法律形式确认双方交易的有效性。磋商如果能进入签约阶段,则标志着双方合作的开始。

(3) 磋商人员较重要。签订合同要符合法律程序,具有合法性。而要确保合同为有效合同,双方的签字人必须是法人或其委托代理人。所以,在合同磋商中,参与谈判的人员一般需具有决定权。

（二）合同的订立

国际物流服务合同是表明处于平等法律地位的物流服务商与其客户的民事法律关系的协议书,只有在双方意思表达一致时才能成立。与其他的合同一样,国际物流服务合同的订立过程是双方协商的过程。

1. 要约

国际物流服务商为了揽取相关的物流服务项目,对自己的企业及其业务范围(包括运输线路,货物交接的地域范围,运输能力,相关设备设施,服务价格,双方的责任、权利、义务等)做广告宣传,并用运价表、提单条款等形式公开说明。这种行为可以看做是物流服务发出的要约。一般来讲,要约中要有与对方订立合同的愿望和合同应有的主要条款,要求对方作出答复的期限等内容。在要约约定的答复期内,要约人受其要约的约束。

2. 承诺

要约被另一方有效承诺时合同就成立了。

如果要约的接受方不完全同意要约而改变了其中的主要条款,就意味着对原来订约条件的拒绝,而接受方提出了新的要约提议。订立合同的过程,往往是一方提出要约,另一方又再提出新的要约,反复多次最后达成一致。

三、国际物流服务合同的履行、变更和解除

（一）国际物流服务合同的履行

国际物流服务合同的当事人应重合同、守信用，严格按合同要求的服务标的、数量、质量、履行期限、履行地点和履行方式完成规定的义务。

（二）国际物流服务合同的变更和解除

国际物流服务合同签订后，任何一方不得擅自变更或解除。如果当事人因故不能履行合同，就需要依法变更或解除国际物流服务合同。

国际物流服务合同的变更，是指当事人对合同没有履行或没有完全履行时，由当事人依照法律规定的条件和程序，对原合同进行补充或修改，经补充或修改的合同重新确立当事人的权利和义务。

国际物流服务合同的解除，是指当事人对合同没有履行或没有完全履行时，由当事人依照法律规定的条件和程序，终止原合同关系。合同终止后，原合同确定的当事人的权利和义务关系就不再存在。

国际物流服务合同的变更和解除的条件如下。

(1) 当事人双方经协商同意，并且不因此损害国家利益和社会公共利益。

(2) 不可抗力。对当事人不能预见、不能克服的自然现象和社会现象，导致合同不能履行或完全履行，由当事人确定解除或变更。

(3) 如果一方在合同约定的期限内没有履行合同，另一方有权决定变更或解除合同。

国际物流服务合同的变更和解除一般要采用书面形式。

（三）不允许变更或解除国际物流服务合同的规定

(1) 当事人一方发生合并、分立时，而要由变更后的当事人承担或分别承担履行国际物流服务合同的义务和享受应有的权利。

(2) 国际物流服务合同订立后，不得因承办人或法定代表人的变动而变更或解除合同。

（四）国际物流服务合同纠纷的解决

国际物流服务合同纠纷，是指合同主体因合同的产生、履行、变更和解除等行为而引起的争议。

解决国际物流服务合同纠纷的方式有协商、调解、仲裁和诉讼四种。

1. 协商

协商，是指国际物流服务合同纠纷发生后，双方当事人在平等互利、自愿互谅的基础上，按照国家有关法律、政策和合同的约定，相互进行磋商，从而达成协议，解决纠纷的行为。

2. 调解

调解，是指国际物流服务合同纠纷发生后，当事人双方自愿在第三者的主持和调停下，通过协商取得谅解，达成协议，从而解决纠纷的行为。

3. 仲裁

仲裁也称公断，是指国际物流服务合同纠纷发生后，仲裁机关（国内外）根据双方当事人自愿达成的仲裁协议和合同条款的约定，以第三者的身份对当事人之间因合同订立或履行发生的争议按照法律规定，在事实上作出判断，在权利义务上作出裁决的一种法律制度。

我国实行的是"或裁或审"制度。《中华人民共和国仲裁法》将仲裁协议作为受理仲裁案件的依据,当事人在国际物流服务合同中没有订立仲裁条款或事后达成书面仲裁协议的,人民法院不予受理。

4. 诉讼

诉讼,是指国际物流服务合同纠纷发生后,法院(国际、国外、国内)根据合同当事人的请求,依法对合同纠纷进行审理和判决的一种法律制度。

同步训练

一、关键名词

国际物流客户服务　　客户关系　　客户关系管理　　联盟供应商

二、复习思考题

1. 简述国际物流客户服务的内涵。
2. 国际物流客户服务管理的原则标准有哪些?
3. 客户关系管理的内涵是什么?
4. 简述国际物流客户关系管理的内容。
5. 简述国际物流客户关系管理的步骤及其主要内容。
6. 供应链合作关系建立的制约因素有哪些?
7. 试述国际物流企业联盟供应商的管理。
8. 国际物流服务合同的特征有哪些?

三、案例与分析

【案例】马士基的 CRM 管理[①]

全球著名的家居产品供应商瑞典宜家(IKEA)是马士基极其看重的一个全球协议伙伴,CRM 系统为其处理企业管理和产品供应增加了新的技术手段。

马士基承揽着宜家在全球 29 个国家、2 000 多家供应商、164 家专卖店、1 万多种家具材料的物流任务。宜家和马士基有牢不可断的"纽带关系",因为宜家的"供应商家族"多年前就一直在和马士基合作。两家公司长期的合作以及彼此在生意模式、价值观、商业目的等方面多有相似之处。

1995 年,宜家在中国设立办事机构,那时只是从中国采购少量的原料,并不在中国生产销售。不过,即便当时那么小的物流业务也曾让宜家大皱眉头。宜家对物流服务商的要求苛刻:对方必须在透明度、成本、物流能力、效率、质量控制等方面满足其条件;甚至还必须有"环保意识"——选择不污染环境的设备、机器、物流工具和燃料等,而且在运输过程中,还要科学地处理污水和气体排放问题。然而中国的物流公司有几家能这样规范呢?

此时,宜家更加"怀念"马士基。当时,马士基在中国并不能设立物流公司,仅仅在上海注册有一个"马士基有利集运"中国办事处。不过马士基仍然快速部署了宜家中国市场的原料出口物流计划。马士基通过"有利集运",经香港、新加坡等地为宜家提供物流代理服务。

---

① 引自 http://www.wangxiao.cn/wl/fudao/al/8913238112.html。

同时,马士基在中国内地的办事处扩充到了9个。

1998年,宜家感觉中国市场大有可为,其亚太战略重心开始向中国转移。同年,宜家在上海开了第一家家居商场,1999年又在北京开了第二家。随后,宜家风行中国,两年内在中国的销售额涨了43.6%,全球采购量的10%也转移到了中国。这时候,供应商的数量增加,地域分布拓宽,部署了在中国的生产网络和销售网络,使得物流业务量快速膨胀。包括原料采购、原料进口、产品和原料出口、国内运输、仓储、配送等,这显然需要物流服务者能够对SCM(供应链)做整体计划。这时候,马士基的办事处显然已经不能满足宜家在中国的需要了。

就在宜家火爆中国的时候,马士基也没有闲着。经过层层努力,终于将"有利集运"注册成了独资公司。权限扩大后,该独资公司接着又在中国沿海城市设立分公司和办事处,迅速扩张网络。2000年4月,"有利集运"正式改为"马士基物流中国有限公司(独资)",在13个城市设立了8家分公司和5家办事处,网络由沿海向内陆扩张。有人笑言:"马士基的物流服务几乎是随着宜家的扩张而扩张的。只要宜家在新的地区找到供应商,马士基就尽量扩张到那里。"马士基和宜家在物流领域的合作是经典的"点对点"链条关系。这种链条关系并不仅仅是业务需求,更关键的是,它们长期的合作使彼此相互促进。当然,马士基的"跨国链条"上,不可能只连着宜家一个,这个链条上源源不断地连接着马士基的全球协议伙伴,如耐克、米其林轮胎、阿迪达斯等公司。马士基是追随它们而来。

这种"点对点"的链条现象在各个行业的跨国公司是普遍存在的,它们显然更愿意携着自己的伙伴来中国开垦,而不是选择中国的小企业。像宜家这样的跨国公司更像是一艘旗舰,在它的"联合舰队"中,当然不希望有破旧的"机帆船"。

> **思考回答**
> 1. 通过以上案例深刻理解CRM的含义与思想。
> 2. 国际物流企业应如何实施CRM管理?

附 录

一 联合国国际货物多式联运公约

颁布时间：1980.9.1

本公约各缔约国，确认：

(a) 国际多式联运是促进世界贸易有条不紊地扩展的途径之一；

(b) 有必要鼓励发展通畅、经济、高效率的多式联运，使能满足有关贸易的要求；

(c) 需要为所有国家的利益保证国际多式联运有条不紊地发展，并有必要考虑到过境国家的特殊问题；

(d) 需要决定有关国际货物多式联运合同的若干规则，包括关于多式联运经营人赔偿责任的公正条款；

(e) 有必要使本公约不影响有关管理运输业务的任何国际公约或国家法律的实施；

(f) 每个国家有权在国家一级管理多式联运经营人和多式联运业务；

(g) 有必要照顾发展中国家的特殊利益和问题，例如：引进新技术，发展中国家的承运人和经营人参加多式联运，这样做的经济效果，尽量利用当地的劳动人和保险；

(h) 有必要保证多式联运服务的提供者和使用者之间的利益均衡；

(i) 有必要简化海关手续，同时适当考虑到过境国家的问题。

同意下列基本原则：

(a) 在国际多式联运中，发达国家和发展中国家之间的利益应当保持均衡，发达国家和发展中国家的活动应当得到公平分配；

(b) 在引进新的货物多式联运的技术之前和之后，多式联运经营人、托运人、托运人组织和各国主管当局应就运输条件进行协商；

(c) 托运人有权自由选择多式联运或分段运输；

(d) 本公约规定的多式联运经营人的赔偿责任应根据推定过失或疏忽原则。决定为此目的缔结本公约，并协议如下：

第一部分 总则

第一条 定义

本公约内：

(1)"国际多式联运"是指按照多式联运合同，以至少两种不同的运输方式，由多式联运经营人将货物从一国境内接管货物的地点运到另一国境内指定交付货物的地点。为履行单一方式运输合同而进行的该合同所规定的货物接送业务，不应视为国际多式联运。

(2)"多式联运经营人"是指其本人或通过其代表订立多式联运合同的任何人，他是事主，而不是发货人的代理人或代表或参加多式联运的承运人的代表人或代表，并且负有履行合同的责任。

(3)"多式联运合同"是指多式联运经营人凭以收取运费、负责完成或组织完成国际多式联运的合同。

(4)"多式联运单据"是指证明多式联运合同以及证明多式联运经营人接管货物并负责按照合同条款交付货物的单据。

(5)"发货人"是指其本人或以其名义或其代表同多式联运经营人订立多式联运合同的任何人,或指其本人或以其名义或其代表按照多式联运合同将货物实际交给多式联运经营人的任何人。

(6)"收货人"是指有权提取货物的人。

(7)"货物"包括由发货人提供的任何集装箱、货盘或类似的装运工具或包装。

(8)"国际公约"是指各国之间用书面签订并受国际法制约的国际协定。

(9)"强制性国家法律"是指任何有关货物运输的成文法,其规定不得用合同条款加以改变而不利于发货人。

(10)"书面"包括电报或电传。

第二条 适用范围

本公约的各项规定适用于两国境内各地之间的所有多式联运合同,如果:

(一)多式联运合同规定的多式联运经营人接管货物的地点是在一个缔约国境内;或

(二)多式联运合同规定的多式联运经营人交付货物的地点是在一个缔约国境内。

第三条 强制适用

(1)根据第二条受本公约制约的多式联运合同一经签订,本公约各项规定即应对这种合同强制适用。

(2)本公约的任何规定不得影响发货人选择多式联运或分段运输的权利。

第四条 多式联运的管理

(1)本公约不得影响任何有关运输业务管理的国际公约或国家法律的适用,或与之相抵触。

(2)本公约不得影响各国在国家一级管理多式联运业务和多式联运经营人的权利,包括就下列事项采取措施的权利:多式联运经营人、托运人、托运人组织以及各国主管当局之间就运输条件进行协商,特别是在引用新技术开始新的运输业务之前进行协商;颁发多式联运经营人的许可证;参加运输;为了本国的经济和商业利益而采取一切其他措施。

(3)多式联运经营人应遵守其营业所在国所适用的法律和本公约的规定。

第二部分 单据

第五条 多式联运单据的签发

(1)多式联运经营人接管货物时,应签发一项多式联运单据,该单据应依发货人的选择,或为可转让单据或为不可转让单据。

(2)多式联运单据应由多式联运经营人或经他授权的人签字。

(3)多式联运单据上的签字,如不违背签发多式联运单据所在国的法律,可以是手签、手签笔迹的复印、打透花字、盖章、符号、或用任何其他机械或电子仪器打出。

(4)经发货人同意,可以用任何机械或其他保存第八条所规定的多式联运单据应列明的事项的方式,签发不可转让的多式联运单据。在这种情况下,多式联运经营人在接管货物后,应交给发货人一份可以阅读的单据,载有用此种方式记录的所有事项,就本公约而言,这份单据应视为多式联运单据。

第六条　可转让的多式联运单据

(1) 多式联运单据以可转让的方式签发时:

(一) 应列明按指示或向持票人交付;

(二) 如列明按指示交付,须经背书后转让;

(三) 如列明向持票人交付,无须背书即可转让;

(四) 如签发一套一份以上的正本,应注明正本份数;

(五) 如签发任何副本,每份副本均应注明"不可转让副本"字样。

(2) 只有交出可转让多式联运单据,并在必要时经正式背书,才能向多式联运经营人或其代表提取货物。

(3) 如签发一套一份以上的可转让多式联运单据正本,而多式联运经营人或其代表已正当地按照其中一份正本交货,该多式联运经营人便已履行其交货责任。

第七条　不可转让的多式联运单据

(1) 多式联运单据以不可转让的方式签发时,应指明记名的收货人。

(2) 多式联运经营人将货物交给此种不可转让的多式联运单据所指明的记名收货人或经收货人通常以书面正式指定的其他人后,该多式联运经营人即已履行其交货责任。

第八条　多式联运单据的内容

(1) 多式联运单据应当载明下列事项:

(一) 货物品类、识别货物所必需的主要标志、如属危险货物,其危险特性的明确声明、包数或件数、货物的毛重或其他方式表示的数量等,所有这些事项均由发货人提供;

(二) 货物外表状况;

(三) 多式联运经营人的名称和主要营业所;

(四) 发货人名称;

(五) 如经发货人指定收货人,收货人的名称;

(六) 多式联运经营人接管货物的地点和日期;

(七) 交货地点;

(八) 如经双方明确协议,在交付地点交货的日期或期间;

(九) 表示该多式联运单据为可转让或不可转让的声明;

(十) 多式联运单据的签发地点和日期;

(十一) 多式联运经营人或经其授权的人的签字;

(十二) 如经双方明确协议,每种运输方式的运费,或者应由收货人支付的运费,包括用以支付的货币;或者关于运费出收货人支付的其他说明;

(十三) 如在签发多式联运单据时已经确知,预期经过的路线、运输方式和转运地点;

(十四) 第二十八条第(3)款所指的声明;

(十五) 如不违背签发多式联运单据所在国的法律,双方同意列入多式联运单据的任何其他事项。

(2) 多式联运单据缺少本条第(1)款所指事项中的一项或数项，并不影响该单据作为多式联运单据的法律性质，但该单据必须符合第一条第(4)款所规定的要求。

第九条 多式联运单据中的保留

(1) 如果多式联运经营人或其代表知道、或有合理的根据怀疑多式联运单据所列货物的品类、主要标志、包数或件数、重量或数量等事项没有准确地表明实际接管货物的状况，或无适当方法进行核对，则该多式联运经营人或其代表应在多式联运单据上作出保留，注明不符之处、怀疑的根据、或无适当核对方法。

(2) 如果多式联运经营人或其代表未在多式联运单据上对货物的外表状况加以批注，则应视为他已在多式联运单据上注明货物的外表状况良好。

第十条 多式联运单据的证据效力

如果已对第九条准允保留的事项作出保留，则除其保留的部分之外：

（一）多式联运单据应是该单据所载明的货物由多式联运经营人接管的初步证据；

（二）如果多式联运单据以可转让方式签发，而且已转让给正当地信赖该单据所载明的货物状况的、包括收货人在内的第三方，则多式联运经营人提出的反证不予接受。

第十一条 有意谎报或漏报的赔偿责任

如果多式联运经营人意图诈骗，在多式联运单据上列入有关货物的不实资料，或漏列第八条第(1)款（一）项或（二）项或第九条规定应载明的任何资料，则该联运人不得享有本公约规定的赔偿责任限制，而须负责赔偿包括收货人在内的第三方因信赖该多式联运单据所载明的货物状况行事而遭受的任何损失、损坏或费用。

第十二条 发货人的保证

(1) 多式联运经营人接管货物时，发货人应视为已向多式联运经营人保证，他在多式联运单据中所提供的货物品类、标志、件数、重量和数量，如属危险货物，其危险性等事项，概属准确无误。

(2) 发货人必须赔偿多式联运经营人因本条第(1)款所指各事项的不准确或不当而造成的损失。即使发货人已将多式联运单据转让，仍须负赔偿责任。多式联运经营人取得这种赔偿的权利，并不限制他按照多式联运合同对发货人以外的其他任何人应负的赔偿责任。

第十三条 其他单据

多式联运单据的签发，并不排除于必要时按照适用的国际公约或国家法律签发同国际多式联运所涉及的运输或其他服务有关的其他单据。但签发此种其他单据不得影响多式联运单据的法律性质。

第三部分 多式联运经营人的赔偿责任

第十四条 责任期间

(1) 本公约所规定的多式联运经营人对于货物的责任期间，自其接管货物之时起到交付货物时为止。

(2) 就本条而言，

（一）自多式联运经营人从下列各方接管货物之时起：

（a）发货人或其代表；或者

(b) 如果收货人不向多式联运经营人提取货物,则按照多式联运合同或按照交货地点适用的法律或特定行业惯例,将货物置于收货人支配之下;或者

(c) 将货物交给根据交货地点适用的法律或规章必须向其交付的当局或其他第三方;在上述期间,货物视为在多式联运经营人掌管之下。

(3) 本条第(1)款和第(2)款所指的多式联运经营人,包括他的受雇人、代理人或为履行多式联运合同而使用其服务的任何其他人;所指的发货人和收货人;也包括他们的受雇人或代理人。

第十五条 多式联运经营人为他的受雇人、代理人和其他人所负的赔偿责任

除按第二十一条的规定外,多式联运经营人应对他的受雇人或代理人在其受雇范围内行事时的行为或不行为负赔偿责任,或对他为履行多式联运合同而使用其服务的任何其他人在履行合同的范围内行事时的行为或不行为负赔偿责任,一如他本人的行为或不行为。

第十六条 赔偿责任的基础

(1) 多式联运经营人对于货物的灭失、损坏和延迟交付所引起的损失,如果造成灭失、损坏或延迟交货的事故发生于第十四条所规定的货物由其掌管期间,应负赔偿责任,除非多式联运经营人证明其本人、受雇人或代理人或第十五条所指的任何其他人为避免事故的发生及其后果已采取一切所能合理要求的措施。

(2) 如果货物未在明确议定的时间内交付,或者如无此种协议,未在按照具体情况对一个勤奋的多式联运经营人所能合理要求的时间内交付,即为延迟交货。

(3) 如果货物未在按照本条第(2)款确定的交货日期届满后连续九十日内交付,索赔人即可认为这批货物业已灭失。

第十七条 同时发生的原因

如果货物的灭失、损坏或延迟交付是由于多式联运经营人、其受雇人或代理人或第十五条所指的任何其他人的过失或疏忽与另一原因结合而产生,多式联运经营人仅对灭失、损坏或延迟交货可以归之于此种过失或疏忽的限度内负赔偿责任,但多式联运经营人必须证明不属于此种过失或疏忽的灭失、损坏或延迟交货的部分。

第十八条 赔偿责任限制

(1) 如果多式联运经营人根据第十六条对货物的灭失或损坏造成的损失负赔偿责任,其赔偿责任按灭失或损坏的货物的每包或其他货运单位计不得超过920记账单位,或按毛重每公斤计不得超过2.75记账单位,以较高者为准。

(2) 根据本条第(1)款计算较高限额时,适用下列规则:

(一) 如果货物是用集装箱、货盘或类似的装运工具集装,经多式联运单据列明装在这种装运工具中的包数或货运单位数应视为计算限额的包数或货运单位数。否则,这种装运工具中的货物应视为一个货运单位。

(二) 如果装运工具本身灭失或损坏,而该装运工具并非为多式联运经营人所有或提供,则应视为一个单独的货运单位。

(3) 虽有本条第(1)款和第(2)款的规定,国际多式联运如果根据合同不包括海上或内河运输,则多式联运经营人的赔偿责任按灭失或损坏货物毛重每公斤不得超过8.33记账单位。

(4) 多式联运经营人根据第十六条的规定对延迟交货造成损失所负的赔偿责任限额,

相当于对延迟交付的货物应付运费的两倍半,但不得超过多式联运合同规定的应付运费的总额。

(5) 根据本条第(1)款和第(4)款或第(3)款和第(4)款的规定,多式联运经营人赔偿责任的总和不得超过本条第(1)款或第(3)款所确定的货物全部灭失的赔偿责任限额。

(6) 经多式联运经营人和发货人之间协议,多式联运单据中可规定超过本条第(1)款、第(3)款和第(4)款所定的赔偿限额。

(7) "记账单位"是指第三十一条所述的记账单位。

第十九条　确知货损发生阶段

如果货物的灭失或损坏发生于多式联运的某一特定阶段,而对这一段适用的一项国际公约或强制性国家法律规定的赔偿限额高于适用第十八条第(1)款至第(3)款所得出的赔偿限额,则多式联运经营人对这种灭失或损坏的赔偿限额,应按照该公约或强制性国家法律予以确定。

第二十条　非合同赔偿责任

(1) 本公约规定的辩护理由和赔偿责任限制,应适用于因货物灭失、损坏或延迟交付造成损失而对多式联运经营人提起的任何诉讼,不论这种诉讼是根据合同、侵权行为或其他。

(2) 如果由于货物灭失、损坏或延迟交付造成损失而对多式联运经营人的受雇人或代理人、或对联运人为履行多式联运合同而使用其服务的其他人提起诉讼,该受雇人或代理人如能证明他是在受雇范围内行事,则该受雇人、代理人或其他人应有权援用多式联运经营人按本公约有权援用的辩护理由和赔偿责任限制。

(3) 除按第二十一条的规定外,向多式联运经营人、受雇人、代理人或为履行多式联运合同而使用其服务的其他人取得的赔偿总额,不得超过本公约所规定的赔偿限额。

第二十一条　赔偿责任限制权利的丧失

(1) 如经证明,货物的灭失、损坏或延迟交付是由于多式联运经营人有意造成或明知可能造成而毫不在意的行为或不行为所引起,则多式联运经营人无权享受本公约所规定的赔偿责任限制的利益。

(2) 虽有第二十条第(2)款的规定,如经证明,货物的灭失、损坏或延迟交付是由于多式联运经营人的受雇人或代理人或为履行多式联运合同而使用其服务的其他人有意造成或明知可能造成而毫不在意的行为或不行为所引起,则该受雇人、代理人或其他人无权享受本公约所规定的赔偿责任限制的利益。

第四部分　发货人的赔偿责任

第二十二条　通则

如果多式联运经营人遭受的损失是由于发货人的过失或疏忽、或者他的受雇人或代理人在其受雇范围内行事时的过失或疏忽所造成,发货人对这种损失应负赔偿责任。

如果损失是由于发货人的受雇人或代理人本身的过失或疏忽所造成,该受雇人或代理人对这种损失应负赔偿责任。

第二十三条　危险货物的特殊规则

(1) 发货人应以合适的方式在危险货物上加明危险标志或标签。

(2) 发货人将危险货物交给多式联运经营人或其任何代表时,应告知货物的危险特性,

必要时并告知应采取的预防措施。如果未经发货人告知而多式联运经营人又无从得知货物的危险特性,则:

(一) 发货人对多式联运经营人由于载运这类货物而遭受的一切损失应负赔偿责任;

(二) 视情况需要,可随时将货物卸下,销毁或使其无害而无须给予赔偿。

(3) 任何人如果在多式联运期间接管货物时已得知货物的危险特性,则不得配用本条第(2)款的规定。

(4) 如果本条第(2)款(二)项的规定不适用或不得援用,而危险货物对生命或财产造成实际危险,可视情况需要将货物卸下、销毁或使其无害,除有分摊共同海损的义务、或根据第十六条的规定多式联运经营人应负赔偿责任之外,无须给予赔偿。

第五部分 索赔和诉讼

第二十四条 灭失、损坏或延迟交货的通知

(1) 除非收货人不迟于在货物交给他的次一工作日,将说明此种灭失或损坏的一般性质的灭失或损坏书面通知送交多式联运经营人,否则,此种货物的交付即为多式联运经营人交付多式联运单据所载明的货物的初步证据。

(2) 在灭失或损坏不明显时,如果在货物交付收货人之日后连续六日内未提出书面通知,则本条第(1)款的规定相应适用。

(3) 如果货物的状况在交付收货人时已经当事各方或其授权在交货地的代表联合调查或检验,则无须就调查或检验所证实的灭失或损坏送交书面通知。

(4) 遇有任何实际的或料想会发生的灭失或损坏时,多式联运经营人和收货人必须为检验和清点货物相互提供一切合理的便利。

(5) 除非在货物交付收货人之日后连续六十日内,或者在收货人得到通知,货物已按照第十四条第(2)款(二)(b)或(c)项的规定交付之日后连续六十日内,向多式联运经营人送交书面通知,否则对延迟交货所造成的损失无须给予赔偿。

(6) 除非多式联运经营人不迟于在灭失或损坏发生后连续九十日内,或在按照第十四条第(2)款(二)项的规定交付货物后连续九十日内,以其较迟者为准,将说明此种灭失或损坏的一般性质的灭失或损坏书面通知送交发货人,否则,未送交这种通知即为多式联运经营人未由于发货人、其受雇人或代理人的过失或疏忽而遭受任何灭失或损失的初步证据。

(7) 如果本条第(2)款、第(5)款和第(6)款中规定的通知期限最后一日在交货地点不是工作日,则该期限应延长至次一工作日为止。

(8) 就本条而言,向多式联运经营人的代表、包括他在交货地点使用其服务的人、或者向发货人的代表送交通知,应分别视为向多式联运经营人或发货人送交通知。

第二十五条 诉讼时效

(1) 根据本公约有关国际多式联运的任何诉讼,如果在两年期间内没有提起诉讼或交付仲裁,即失去时效。但是,如果在货物交付之日后六个月内,或于货物未交付时,在应当交付之日后六个月内,没有提出书面索赔通知,说明索赔的性质和主要事项,则诉讼在此期限届满后即失去时效。

(2) 时效期间自多式联运经营人交付货物或部分货物之日的次一日起算,如货物未交

付,则自货物应当交付的最后一日的次一日起算。

(3) 接到索赔要求的人可于时效期间内随时向索赔人提出书面声明,延长时效期间。此种期间可用另一次声明或多次声明,再度延长。

(4) 除非一项适用的国际公约另有相反规定,根据本公约负有赔偿责任的人即使在上述各款规定的时效期间届满后,仍可在起诉地国家法律所许可的限期内提起诉讼,要求追偿,而此项所许可的限期,自提起此项追偿诉讼的人已清偿索赔要求或接到对其本人的诉讼传票之日起算,不得少于九十日。

第二十六条 管辖

(1) 原告可在他选择的法院根据本公约提起有关国际多式联运的诉讼,如果该法院按其所在国法律规定有权管辖,而且下列地点之一是在其管辖范围之内:

(一) 被告主要营业所,或者,如无主要营业所,被告的经常居所;或者

(二) 订立多式联运合同的地点,而且合同是通过被告在该地的营业所、分支或代理机构订立;或者

(三) 接管国际多式联运货物的地点或交付货物的地点;或者

(四) 多式联运合同中为此目的所指定并在多式联运单据中载明的任何其他地点。

(2) 根据本公约有关国际多式联运的任何诉讼程序均不得在本条第1款所没有规定的地点进行。本条各款并不妨碍各缔约国采取临时性或保护性措施的管辖权。

(3) 虽有本条上述各项规定,如果当事双方在索赔发生之后达成协议,指定原告可以提起诉讼的地点,则该项协议有效。

(一) 如果已根据本条各项规定提起诉讼,或者对于该诉讼已作出判决,原当事人之间不得就同一理由提起新的诉讼,除非第一次诉讼的判决不能在提起新诉讼的国家中执行。

(二) 就本条而言,凡为使判决得以执行而采取措施,或者在同一国内将一项诉讼转移到另一法院,都不得视为提起新诉讼。

第二十七条 仲裁

(1) 除按本条各项规定外,当事各方可用书面载明的协议,规定将根据本公约发生的有关国际多式联运的任何争议交付仲裁。

(2) 仲裁应依索赔人的选择,在下列地点之一提起:

(一) 下列各地所在国中任一地点:

(a) 被告的主要营业所,或者,如无主要营业所,被告的经营居所;或者

(b) 订立多式联运合同的地点,而且合同是通过被告在该地的营业所、分支或代理机构订立;或者

(c) 接管国际多式联运货物的地点或交付货物的地点;或者

(二) 仲裁条款或协议中为此目的所指定的任何其他地点。

(3) 仲裁员或仲裁法庭应适用本公约的各项规定。

(4) 本条第(2)款和第(3)款的规定应视为每项仲裁条款或协议的一部分,仲裁条款或协议中与之相抵触的任何规定,概属无效。

(5) 当事双方在有关国际多式联运的索赔发生之后订立的仲裁协议,其效力不受本条规定的影响。

第六部分 补充规定

第二十八条 合同条款

（1）多式联运合同或多式联运单据内的任何条款，如果直接或间接背离本公约的规定，概属无效。此种条款的无效不影响以该条款构成其一部分的该合同或单据的其他规定的效力。将货物的保险利益让与多式联运经营人的条款或任何类似条款，概属无效。

（2）虽有本条第（1）款的规定，经发货人同意，多式联运经营人仍可增加其按照本公约所负的责任和义务。

（3）多式联运单据应载有一项声明，说明国际多式联运必须遵守本公约的规定，背离本公约而使发货人或收货人受到损害的任何规定，概属无效。

（4）如果有关货物索赔人由于根据本条而无效的条款，或由于漏载本条第（3）款所指的声明而遭受损失，多式联运经营人必须按照本公约的规定，就货物的灭失、损坏或延迟交付，给予索赔人以必要的赔偿。此外，多式联运经营人并须就索赔人为了行使其权利而引起的费用，给付赔偿，但援用下述规定所引起的诉讼费用，则应按照提起诉讼地国家的法律决定。

第二十九条 共同海损

（1）本公约不得妨碍多式联运合同或国家法律中有关共同海损理算规定的适用。

（2）除第二十五条外，本公约中有关多式联运经营人对货物的灭失或损坏应负赔偿责任的规定，也确定收货人是否可以拒绝共同海损的分摊，以及确定多式联运经营人对收货人已作的此种分摊或已支付的救助费用的赔偿责任。

第三十条 其他公约

（1）本公约不改变国际公约及其修正案或国家法律为限制海运船舶和内河船舶所有人的赔偿责任而规定的权利或义务，这些国际公约为：1924年8月25日《统一关于海运船舶所有人赔偿责任限制的某些规则的布鲁塞尔国际公约》；1957年10月10日《关于海运船舶所有人赔偿责任限制的布鲁塞尔国际公约》；1976年11月19日《伦敦海事索赔责任限制公约》；以及1973年3月1日《关于内河船舶所有人赔偿责任限制的日内瓦公约》。

（2）如果发生争议的当事双方，其主要营业所均在其他国际公约的缔约国境内，则本公约第二十六和第二十七条的规定不得妨碍适用各该其他国际公约有关这两条所述事项的强制性规定。但是，本款不影响本公约第二十七条第（3）款的适用。

（3）根据本公约的规定，对核事故引起的损害不负赔偿责任，如果根据下列公约或国家法律核装置经营人应对此种损害负责：

（一）经1964年1月28日补充议定书修正的1960年7月29日《关于核能领域第三者赔偿责任的巴黎公约》，或1963年5月21日《关于核损害民事赔偿责任的维也纳公约》，或这些公约的修正案，或

（二）国家法律中关于核损害赔偿责任的规定，如果这种法律在所有方面都和《巴黎公约》或《维也纳公约》同样有利于可能遭受核损害的人。

（4）货物运输，例如按照1956年5月19日《关于国际公路货物运输合同的日内瓦公约》第二条的规定进行，或按照1970年2月7日《伯尔尼国际铁路货物运输公约》第二条的规定进行，而上述公约的缔约国必须对这种货物运输适用这种公约，则就本公约第一条第（1）款的含义而言，对这种运输公约的缔约国不应视为国际多式联运。

第三十一条　记账单位或货币单位及折算

（1）本公约第十八条所述的记账单位是国际货币基金组织所规定的特别提款权。第十八条所述数额应按照一国货币在判决日或裁决日或当事方协议的日期的价值，折算成该国货币。凡属国际货币基金组织成员的缔约国，其以特别提款权表示的本国货币的价值，应按照国际货币基金组织在上述日期对其业务和交易采用的现行定值方法计算，非属国际货币基金组织成员的缔约国，其以特别提款权表示的本国货币的价值，应按该国确定的方法计算。

（2）但是，凡不是国际货币基金组织成员而其本国法律又不准适用本条第(1)款规定的国家，可在签字、批准、接受、认可或加入时，或在其后任何时间，声明本公约规定的赔偿限额在该国领土适用时，应订定如下：关于第十八条第(1)款所规定的限额，按货物的每包或其他货运单位计不超过 13,750 货币单位，或按毛重每公斤计不超过 41.25 货币单位；关于第十八条第(3)款所规定的限额，不超过 124 货币单位。

（3）本条第(2)款所述的货币单位相等于纯度为千分之九百的黄金 65.5 毫克。本条第(2)款所述数额应按照有关国家的法律折算成该国货币。

（4）按本条第(1)款最后一项的规定进行计算，和按本条第(3)款的规定进行折算，以一缔约国的本国货币表示第十八条所述数额时，其实际价值应尽可能与第十八条所述记账单位表示的实际价值相等。

（5）缔约国在签字时，或在交存其批准书、接受书、认可书或加入书时，或按本条第(2)款的规定作出选择时，以及在计算方法或折算结果有改变时，应将按本条第(1)款最后一句所确定的计算方法或按本条第(3)款所得的折算结果，相应地通知保管人。

第七部分　海关事项

第三十二条　海关过境

（1）各缔约国应核准使用国际多式联运的海关过境手续。

（2）除按国家法律规章和政府间协定的规定外，国际多式联运货物的海关过境应依照本公约附条的第一条至第六条所载的规则和原则。

（3）缔约国在制定有关多式联运货物的海关过境手续的法律或规章时，应考虑到本公约附件的第一条至第六条。

第八部分　最后条款

第三十三条　保管人

兹指定联合国秘书长为本公约保管人。

第三十四条　签字、批准、接受、认可、加入

（1）所有国家有权经下列手续成为本公约的缔约国：

（一）签字但无须批准、接受或认可；或者

（二）签字但须经批准、接受或认可，随后并予以批准、接受或认可；或者

（三）加入。

（2）本公约自 1980 年 9 月 1 日起至 1981 年 8 月 31 日止，在纽约联合国总部开放签字。

（3）1981 年 8 月 31 日以后，本公约对所有不是签字国的国家开放，以便加入。

（4）批准书、接受书、认可书和加入书应交存保管人。

(5) 区域经济一体化组织,凡系由贸发会议主权成员国组成,而且有权在本公约范围内的特定领域谈判、缔结和实施国际协定者,同样也有权按照本条第(1)款至第(4)款的规定,成为本公约的缔约方,在上述特定领域中,对本公约其他缔约方而言,享有本公约所赋予的权利,履行本公约所规定的义务。

第三十五条 保留

对本公约不得作出任何保留。

第三十六条 生效

(1) 本公约在三十个国家的政府签字但无须批准、接受或认可、或者向保管人交存批准书、接受书、认可书或加入书后十二个月生效。

(2) 对于在本条第(1)款规定的生效条件得到满足后批准、接受、认可或加入本公约的每个国家,本公约应在该国交存有关文件后十二个月生效。

第三十七条 适用日期

每一缔约国对于在本公约对该国生效之日或其后所订立的多式联运合同,应适用本公约的规定。

第三十八条 现行公约规定的权利和义务

凡两国之间的国际多式联运属于本公约范围内,其中只有一国为本公约缔约国,而这两国在本公约生效时同受某一其他国际公约所约束,如果在一缔约国中按第二十六条或第二十七条就这种国际多式联运提起诉讼或交付仲裁,则该国的法院或仲裁庭可依照这种其他国际公约规定的义务,适用这种国际公约的规定。

第三十九条 修订和修正

(1) 本公约生效后,经不少于三分之一的缔约国要求,联合国秘书长应召开缔约国会议,修订或修正本公约。联合国秘书长应在会议召开之日至少三个月前将任何修正提案的案文散发给所有缔约国。

(2) 修正会议的任何决定,包括修正案在内,应以出席并参加表决的国家三分之二多数作出。会议通过的修正案应由保管人送请所有缔约国接受,并送交本公约所有签字国参考。

(3) 除按本条第(4)款的规定外,会议通过的任何修正案在其获得三分之二缔约国接受之日起满一年后的第一个月第一日对接受该修正案的缔约国生效。对于在修正案已获得三分之二缔约国接受后才接受修正案的任何国家,修正案应在该国接受之日起满一年后的第一个月第一日生效。

(4) 会议通过的关于改变第十八条及第三十一条第(2)款所规定数额的修正案,或关于以其他单位代替第三十一条第(1)款和/或第(3)款所述单位的修正案,在其获得三分之二缔约国接受之日起满一年后的第一个月第一日生效。接受改变数额或替代单位的缔约国,应在它们同所有缔约国的关系中,适用这种数额或单位。

(5) 接受修正案的正式文件交存保管人,即为对修正案的接受。

(6) 在会议通过的修正案生效后交存的任何批准书、接受书、认可书或加入书,应视为适用于修正后的本公约。

第四十条 退约

(1) 任一缔约国得在本公约开始生效之日起满两年后的任何时间以书面通知保管人,退出本公约。

(2) 退约于保管人收到通知之日起满一年后的第一个月第一日生效。如果通知订明较长期间,则退约于保管人收到通知后较长期间届满时起生效。

附:有关国际货物多式联运的海关事项条款

第一条 本公约内

"海关过境手续"是指在海关管制下将货物从一处海关运到另一处海关的海关手续。

"目的地海关"是指结束海关过境作业的任何海关。

"进出口关税及所有其他税"是指关税及所有其他税项、费用或对货物的进出口或与其有关而征收的其他费用,但不包括金额大致相当于所提供服务的成本费用。

"海关过境单据"是指载有海关过境作业所需数据和资料记录的表格。

第二条

(1) 除按本国境内实施的法律规章和国际公约的规定外,缔约国应给予国际多式联运货物:

(一) 在途中一般不再受海关检查,除非海关认为有必要保证海关负责实施的规章条例得到遵守。因此,海关当局在进出口点上一般只应检验海关印记及其他安全措施;

(二) 在不影响有关公共或国家安全、公共道路或公共卫生的法律规章的实施的情况下,不必履行用于过境作业的海关过境制度以外的任何海关手续或规定。

第三条 为了便利货物过境,缔约国

(一) 如为启运地国家,应尽量采取一切可行的措施,保证其后过境作业所需资料的完整、准确;

(二) 如为目的地国家:

(a) 应采取一切必要措施,保证海关过境货物一般能在其目的地的海关结关;

(b) 除非其本国的法律规章另有规定,应设法在尽可能接近货物最后目的地的地点办理货物的结关手续。

第四条

(1) 如果海关当局认为海关过境手续的要求已达到,则国际多式联运货物无须向过境国家交付进出口关税和其他税或交付这种税项的保证金。

(2) 前款的规定不排除:

(一) 根据公共安全或公共卫生方面的要求,按本国规章收取的费用;

(二) 在平等条件下收取金额大致相当于所提供服务的成本的费用。

第五条

(1) 如果海关过境作业需要财务担保,此项财务担保之提供,必须使有关过境国家的海关当局感到满意,而且应符合其国家法律规章和国际公约的规定。

(2) 为了便利海关过境,海关担保制度应当简单、有效、收费适中、并包括应付的进出口关税和其他税,在担保制度包括罚款的国家中,则包括应付的罚款。

第六条

(1) 在不影响国际公约或国家法律规章所要求的任何其他单据的情况下,过境国家的海关当局应当接受多式联运单据作为海关过境单据的说明。

(2) 为了便利海关过境,海关过境单据应当尽可能与后附单据格式相一致。

发货人(名称、地址)		发货地办事处	日期 号数
收货人(名称、地址) 交货地址		申报人(名称、地址)	
^^ ^^		发货地国家	目的地国家
装货地点码头、仓库等		附交文件名	留供海关填制
途径地		运输方式	由海关
目的地办事处			
货运单位(种类、认别号数);货件标志和号数	件数和包装箱;货名	商品编号	毛重(公斤)
			申报人盖印
	件数合计	毛重合计(公斤)	
(国家行政规定)		(担保细节)	
^^		签署人声明申报单内易准确无误,愿意遵守有关当局规定,负责履行本次海关过境作业应有的义务。	
^^		申报人签署、地点、日期	

货物申报单(海关过境)

二 中华人民共和国国际货物运输代理业管理规定实施细则

中华人民共和国商务部二〇〇四年一月一日

第一章 总 则

第一条 为维护国际货运代理市场秩序,加强对国际货运代理业的监督管理,促进我国国际货运代理业的健康发展,经国务院批准、根据原外经贸部1995年6月29日发布的《中华人民共和国国际货物运输代理业管理规定》(以下简称《规定》)制定本细则。

第二条 国际货物运输代理企业(以下简称国际货运代理企业)可以作为进出口货物收货人、发货人的代理人,也可以作为独立经营人,从事国际货运代理业务。

国际货运代理企业作为代理人从事国际货运代理业务,是指国际货运代理企业接受进出口货物收货人、发货人或其代理人的委托,以委托人名义或者以自己的名义办理有关业务,收取代理费或佣金的行为。

国际货运代理企业作为独立经营人从事国际货运代理业务,是指国际货运代理企业接受进出口货物收货人、发货人或其代理人的委托,签发运输单证、履行运输合同并收取运费以及服务费的行为。

第三条 国际货运代理企业的名称、标志应当符合国家有关规定,与其业务相符合,并能表明行业特点,其名称应当含有"货运代理"、"运输服务"、"集运"或"物流"等相关字样。

第四条 《规定》第四条第二款中"授权的范围"是指省、自治区、直辖市、经济特区、计划单列市人民政府商务主管部门在商务部的授权下,负责对本行政区域内国际货运代理业实施监督管理(商务部和地方商务主管部门以下统称行业主管部门),该授权范围包括:对企业经营国际货运代理业务项目申请的初审、国际货运代理企业的年审和换证审查、业务统计、业务人员培训、指导地方行业协会开展工作以及会同地方有关行政管理部门规范货运代理企业经营行为、治理货运代理市场经营秩序等工作。

国务院部门直属企业和异地企业在计划单列市(不含经济特区)设立的国际货运代理子公司、分支机构及非营业性办事机构,根据前款的授权范围,接受省商务主管部门的监督管理。

任何其他单位,未经商务部授权,不得从事国际货运代理业的审批或管理工作。

第五条 商务部负责对国际货运代理企业人员的业务培训并对培训机构的资格进行审查。未经批准的单位不得从事国际货运代理企业人员的资格培训。培训机构的设立条件及培训内容、培训教材等由商务部另行规定。

从事国际货运代理业务的人员接受前款规定的培训,经考试合格后,取得国际货物运输代理资格证书。

第二章 设立条件

第六条 申请设立国际货代企业可由企业法人、自然人或其他经济组织组成。与进出口贸易或国际货物运输有关、并拥有稳定货源的企业法人应当为大股东,且应在国际货代企业中控股。企业法人以外的股东不得在国际货代企业中控股。

第七条 国际货运代理企业应当依据取得中华人民共和国企业法人资格。企业组织形式为有限责任公司或股份有限公司。禁止具有行政垄断职能的单位申请投资经营国际货运代理业务。承运人以及其他可能对国际货运代理行业构成不公平竞争的企业不得申请经营国际货运代理业务。

第八条 《规定》第七条规定的营业条件包括:

(一)具有至少5名从事国际货运代理业务3年以上的业务人员,其资格由业务人员原所在企业证明;或者取得外经贸部根据本细则第五条颁发的资格证书;

(二)有固定的营业场所,自有房屋、场地须提供产权证明;租赁房屋、场地,须提供租赁契约;

(三)有必要的营业设施,包括一定数量的电话、传真、计算机、短途运输工具、装卸设备、包装设备等;

(四)有稳定的进出口货源市场,是指在本地区进出口货物运量较大,货运代理行业具备进一步发展的条件和潜力,并且申报企业可以揽收到足够的货源。

第九条 企业申请的国际货运代理业务经营范围中如包括国际多式联运业务,除应当具备《规定》第七条及本细则第六条、第七条、第八条中的条件外,还应当具备下列条件:

(一) 从事本细则第三十二条中有关业务3年以上;

(二) 具有相应的国内、外代理网络;

(三) 拥有在商务部登记备案的国际货运代理提单。

第十条 国际货运代理企业每申请设立一个分支机构,应当相应增加注册资本50万元人民币。如果企业注册资本已超过《规定》中的最低限额(海运500万元,空运300万元,陆运、快递200万元),则超过部分,可作为设立分支机构的增加资本。

第十一条 《规定》及本细则中所称分支机构是指分公司。

第三章 审批登记程序

第十二条 经营国际货运代理业务,必须取得商务部颁发的《中华人民共和国国际货物运输代理企业批准证书》(以下简称批准证书)。

申请经营国际货运代理业务的单位应当报送下列文件:

(一) 申请书,包括投资者名称、申请资格说明、申请的业务项目;

(二) 可行性研究报告,包括基本情况、资格说明、现有条件、市场分析、业务预测、组建方案、经济预算及发展预算等;

(三) 投资者的企业法人营业执照(影印件);

(四) 董事会、股东会或股东大会决议;

(五) 企业章程(或草案);

(六) 主要业务人员情况(包括学历、所学专业、业务简历、资格证书);

(七) 资信证明(会计师事务所出具的各投资者的验资报告);

(八) 投资者出资协议;

(九) 法定代表人简历;

(十) 国际货运代理提单(运单)样式;

(十一) 企业名称预先核准函(影印件,工商行政管理部门出具);

(十二) 国际货运代理企业申请表1(附表1);

(十三) 交易条款。

以上文件除(三)、(十一)项外,均须提交正本,并加盖公章。

第十三条 行业主管部门应当对申请项目进行审核,该审核包括:

(一) 项目设立的必要性;

(二) 申请文件的真实性和完整性;

(三) 申请人资格;

(四) 申请人信誉;

(五) 业务人员资格。

第十四条 地方商务主管部门对申请项目进行审核后,应将初审意见(包括建议批准的经营范围、经营地域、投资者出资比例等)及全部申请文件按照《规定》第十一条第一款的时间要求,报商务部审批。

第十五条 有下列情形之一的,商务部驳回申请,并说明理由:

（一）文件不齐；
（二）申报程序不符合要求；
（三）商务部已经通知暂停受理经营国际货运代理业务的申请。

第十六条 有下列情形之一的，商务部经过调查核实后，给予不批准批复：
（一）申请人不具备从事国际货运代理业务的资格；
（二）申请人自申报之日前5年内非法从事代理经营活动，受到国家行政管理部门的处罚；
（三）申请人故意隐瞒、谎报申报情况；
（四）其他不符合《规定》第五条有关原则的情况。

第十七条 申请人收到商务部同意的批复的，应当于批复之日起60天内持修改后的企业章程（正本），凭地方商务主管部门介绍信到外经贸部领取批准证书。

第十八条 企业成立并经营国际货运代理业务1年后，可申请扩大经营范围或经营地域。地方商务主管部门经过审查后，按《规定》第十一条规定的程序向商务部报批。

企业成立并经营国际货运代理业务1年后，在形成一定经营规模的条件下，可申请设立子公司或分支机构，并由该企业持其所在地地方商务主管部门的意见（国务院部门在京直属企业持商务部的征求意见函），向拟设立子公司或分支机构的地方商务主管部门（不含计划单列市）进行申报，后者按照本细则第十四条的规定向商务部报批。子公司或分支机构的经营范围不得超出其母公司或总公司。

国际货运代理企业设立非营业性的办事机构，必须报该办机构所在地行业主管部门备案并接受管理。

第十九条 企业根据本细则第十八条第一款、第二款提出的申请，除报送本细则第十二条中有关文件外，还应当报送下列文件：
（一）原国际货运代理业务批复（影印件）；
（二）批准证书（影印件）；
（三）营业执照（影印件）；
（四）国际货运代理企业申请表2（附表2，设立子公司的为附表1）；
（五）经营情况报告（含网络建设情况）；
（六）子公司法定代表人或分支机构负责人简历；
（七）上一年度年审登记表。

第二十条 企业申请设立分支机构，申请人收到同意的批复后，应当于批复之日起90天内持总公司根据本细则第十条规定增资后具有法律效力的验资报告及修改后的企业章程（正本），凭分支机构所在地方对外贸易主管部门介绍信到商务部领取批准证书。

第二十一条 申请人逾期不办理领证手续或者自领取批准证书之日起超过180天无正当理由未开始营业的，除申请延期获准外，其国际货运代理业务经营资格自动丧失。

第二十二条 商务部可以根据国际货运代理业行业发展、布局等情况，决定在一定期限内停止受理经营国际货物运输代理业务的申请或者采取限制性措施。

商务部依照前款规定作出的决定，应当予以公告。

第二十三条 国际货运代理企业发生以下变更，必须报商务部审批，并换领批准证书：
（一）企业名称；

（二）企业类型；

（三）股权关系；

（四）注册资本减少；

（五）经营范围；

（六）经营地域。

发生以下变更，在报商务部备案后，直接换领批准证书：

（一）通讯地址或营业场所；

（二）法定代表人；

（三）注册资本增加；

（四）隶属部门。

第二十四条 国际货运代理企业应当持批准证书向工商、海关部门办理注册登记手续。

任何未取得批准证书的单位，不得在工商营业执照上使用"国际货运代理业务"或与其意思相同或相近的字样。

第四章　年审和换证

第二十五条 商务部对国际货运代理企业实行年审、换证制度。

第二十六条 商务部负责国务院部门在京直属企业的年审及全国国际货运代理企业的换证工作。地方商务主管部门负责本行政区域内国际货运代理企业（含国务院部门直属企业及异地企业设立的子公司、分支机构）的年审工作。

第二十七条 国际货运代理企业于每年3月底前向其所在地地方商务主管部门（国务院部门在京直属企业直接向商务部）报送年审登记表（附表3）、验资报告及营业执照（影印件），申请办理年审。

年审工作的重点是审查企业的经营及遵守执行《规定》和其他有关法律、法规、规章情况。企业年审合格后，由行业主管部门在其批准证书上加盖年审合格章。

第二十八条 批准证书的有效期为3年。

企业必须在批准证书有效期届满的60天前，向地方商务主管部门申请换证。企业申请换领批准证书应当报送下列文件：

（一）申请换证登记表（附表4）；

（二）批准证书（正本）；

（三）营业执照（影印件）。

第二十九条 企业连续三年年审合格，地方商务主管部门应当于批准证书有效期届满的30天前报送商务部，申请换领批准证书。

第三十条 行业主管部门在国际货运代理企业申请换证时应当对其经营资格及经营情况进行审核，有下列情形之一的，不予换发批准证书：

（一）不符合本细则第二十七条规定；

（二）不按时办理换证手续；

（三）私自进行股权转让；

（四）擅自变更企业名称、营业场所、注册资本等主要事项而不按有关规定办理报备手续。

第三十一条 企业因自身原因逾期未申请换领批准证书，其从事国际货运代理业务的资格自批准证书有效期届满时自动丧失。商务部将对上述情况予以公布。工商行政管理部门对上述企业予以注销或责令其办理经营范围变更手续。

丧失国际货运代理业务经营资格的企业如欲继续从事该项业务，应当依照有关规定程序重新申报。

第五章 业务管理

第三十二条 国际货运代理企业可以作为代理人或者独立经营人从事经营活动。其经营范围包括：

（一）揽货、订舱（含租船、包机、包舱）、托运、仓储、包装；

（二）货物的监装、监卸、集装箱装拆箱、分拨、中转及相关的短途运输服务；

（三）报关、报检、报验、保险；

（四）缮制签发有关单证、交付运费、结算及交付杂费；

（五）国际展品、私人物品及过境货物运输代理；

（六）国际多式联运、集运（含集装箱拼箱）；

（七）国际快递（不含私人信函）；

（八）咨询及其他国际货运代理业务。

第三十三条 国际货运代理企业应当按照批准证书和营业执照所列明的经营范围和经营地域从事经营活动。

第三十四条 商务部根据行业发展情况，可委托行业协会参照国际惯例制定国际货运代理标准交易条款，国际货运代理企业无须商务部同意即可引用。国际货运代理企业也可自己制定交易条款，但必须在商务部备案后方可使用。

第三十五条 国际货运代理企业应当向行业主管部门报送业务统计，并对统计数字的真实性负责。业务统计的编报办法由商务部另行规定。

第三十六条 国际货运代理企业作为代理人接受委托办理有关业务，应当与进出口收货人、发货人签订书面委托协议。双方发生业务纠纷，应当以所签书面协议作为解决争议的依据。

国际货运代理企业作为独立经营人，从事本细则第三十二条中有关业务，应当向货主签发运输单证。与货主发生业务纠纷，应当以所签运输单证作为解决争议的依据；与实际承运人发生业务纠纷，应当以其与实际承运人所签运输合同作为解决争议的依据。

第三十七条 国际货运代理企业使用的国际货运代理提单实行登记编号制度。凡在我国境内签发的国际货运代理提单必须由国际货运代理企业报商务部登记，并在单据上注明批准编号。

国际货运代理企业应当加强对国际货运代理提单的管理工作。禁止出借。如遇遗失、版本修改等情况应当及时向商务部报备。

国际货运代理提单的转让依照下列规定执行：

（一）记名提单：不得转让；

（二）指示提单：经过记名背书或者空白背书转让；

（三）不记名提单：无须背书，即可转让。

国际货运代理提单实行责任保险制度，须到经中国人民银行批准开业的保险公司投保责任保险。

第三十八条　国际货运代理企业作为独立经营人,负责履行或组织履行国际多式联运合同时,其责任期间自接收货物时起至交付货物时止。其承担责任的基础、责任限额、免责条件以及丧失责任限制的前提依照有关法律规定确定。

第三十九条　国际货运代理企业应当使用批准证书上的企业名称和企业编号从事国际货运代理业务,并在主要办公文具及单证上印制企业名称及企业编号。

第四十条　国际货运代理企业不得将规定范围内的注册资本挪作他用。

第四十一条　国际货运代理企业不得将国际货运代理经营权转让或变相转让;不得允许其他单位、个人以该国际货运代理企业或其营业部名义从事国际货运代理业务;不得与不具有国际货运代理业务经营权的单位订立任何协议而使之可以单独或与之共同经营国际货运代理业务,收取代理费、佣金或者获得其他利益。

第四十二条　国际货运代理企业作为代理人,可向货主收取代理费,并可从承运人处取得佣金。国际货运代理企业不得以任何形式与货主分享佣金。

国际货运代理企业作为独立经营人,从事本细则第三十二条中有关业务,应当依照有关运价本向货主收取费用。此种情况下,不得从实际承运人处接受佣金。

第四十三条　外国企业(包括香港、澳门、台湾地区企业,以下同)驻华代表机构只能从事非直接经营性活动,代表该企业进行其经营范围内的业务联络、产品介绍、市场调研、技术交流等业务活动。

第四十四条　国际货运代理企业应当凭批准证书向税务机关领购发票,并按照税务机关的规定使用发票。

第四十五条　国际货运代理企业不得以发布虚假广告、分享佣金、退返回扣或其他不正当竞争手段从事经营活动。

第六章　罚　则

第四十六条　国际货运代理企业违反《规定》第十九条、第二十一条、以及本细则第二十三条第二款、第三十四条、第三十五条规定的,商务部授权地方商务主管部门予以警告并责令限期改正;未在限期内改正的,地方商务主管部门可以建议商务部撤销其批准证书。

第四十七条　国际货运代理企业违反《规定》第十七条第二款、第二十条、第二十二条及本细则第十八条第三款、第二十三条第一款、第二十四条、第二十七条、第三十三条、第三十六条、第三十七条、第三十九条、第四十条、第四十一条、第四十二条、第四十三条、第四十四条、第四十五条规定的,地方商务主管部门经外经贸部授权,可视情节予以警告、责令停业整顿等处罚,情节严重者,可以建议商务部撤销其批准证书。

受到撤销经营批准证书处罚的企业应当到工商行政管理部门进行相应的变更或注销登记。该企业5年内不得再次提出经营国际货运代理业务的申请。

受到停业整顿处罚的企业恢复开展业务应当具备下列条件:

(一)进行整顿;

(二)主要责任人受到处理或处分;

(三)符合行业主管部门要求的其他条件。

行业主管部门在收到企业恢复开展业务的申请及相关书面材料后应当进行审查,决定是否同意其恢复开展业务。

第四十八条　对违反《规定》和本细则的规定擅自从事国际货运代理业务的单位,由行业主管部门取缔其非法经营活动,并由工商行政管理机关依照有关法律、行政法规的规定予以处罚,行业主管部门对此应予以公告。地方商务主管部门公告后应当报商务部备案。该单位5年之内不得独立或者参与申请经营国际货运代理业务。

第七章 附 则

第四十九条 国际货运代理企业可根据自愿原则,依法成立国际货运代理协会(以下简称行业协会)。

第五十条 行业协会是以服务会员为目的的非盈利性民间社团组织,在行业主管部门的监督和指导下根据协会章程开展活动。其宗旨是推动会员企业间加强横向联系、交流信息、增进相互间协作,鼓励和监督会员企业依法经营、规范竞争,依法代表本行业利益,维护会员的合法权益,协助政府有关部门加强行业管理,促进行业的健康有序发展。

第五十一条 行业协会根据本细则第三十四条的规定制定国际货运代理标准交易条款,报商务部批准后,供本行业企业使用。

第五十二条 外商投资国际货运代理企业适用《规定》及本细则,但外商投资企业有关法律、法规、规章另有规定的,从其规定。

第五十三条 本细则由商务部负责解释。

第五十四条 本细则自发布之日起施行。

三 国际物流实务英语常用词和词组

(英汉对照,缩写)

A

Account Of (A/O)	由……付账
Accreditor	开证人(委托开证人)
Actual Total Loss (A. T. L.)	实际海损
Actual Weight (A/W)	实际重量
Ad Valoren (A. V.)	从值(从价)
Additional Premium (A. P.)	额外保费
Advance/Advice (Adv.)	预付/通知
Advanced B/L	预借提单
Advanced Freight (A. F)	预付运费
Advising Bank	通知行
After Arrival (A. A)	到达以后
After Date (A. D.)	期后
Agency	代理
Air Way Bill (AWB)	空运提单
Air Transportation Risk	空运保险单

Amendment (Amdt.)	修改
Animal and Plant Quarantine	动植物检疫
Anti Dated B/L	到签提单
Apply To The Customs	报关
Arrival (Arr.)	到达
Arrival Notice	到达通知
Article Number (Art. No.)	货号
At (after) Sight (A.S)	见票后(……天付款)
At @	以(价格)
At the Request of Messrs…	应(某人)请求
Attached (Att.)	附
Attention (Atten.)	注意
Available By Drafts At Sight	凭即期汇票付款
Average Agreement	海损协议书

B

Bag (s), bale(s) (B/-b/s)	包,袋
Barge Carrier	载驳船,字母船
Basic Service Ports	主要停靠港
Beginning of Month (BOM)	月初
Beginning of Year	年初
Berth	泊位
Berth Terms (B.T.)	班轮条款
Beneficiary	受益人
Bill For Collection (B/C)	托收汇票
Bill Of Health (B/H)	健康证明书
Bill Of Lading (B/L)	提单,海运提单
Bill Of Lading Original	提单正本
Black List	黑名单
Bonded Goods (B/G)	保税货物
Bonded Warehouse	关栈
Bonded Warehouse	保税仓
Booking	订舱
Booking Container Summary	集装箱订舱总单
Booking List	订舱清单
Booking Note (B/N)	订舱单,托运单
Box Rates	包箱费率
Branch (br.)	分行,分支机构
Breakage	破碎
Broken	破损

Bulk Cargo	散装货
Bulk Container	散货集装箱
Bunker Adjustment Factor(BAF)	燃油附加费
Bushel (Bu.)	蒲式耳
Buyer	买方,付款人
By Airplane	飞机装运
By Parcel Post	邮包装运
By Sea Freight	海运
By Way Of (Via.)	经由

C

Cancelled, Cancellation (Canc.)	取消
Capacity	容积
Caption (Capt.)	船长
Cargo Board	托板
Cargo Delivery Notice	提货通知
Cargo Manifest	货物舱单,运货单
Cargo Receipt (C/R)	货物承运收据
Cargo Tracer	货物查询单
Cargo Under Customs Supervision	海关监管货物
Carrier	承运人
Carrier Haulage	承运人接运
Carrier Pack	承运人装箱
Carton (Ctn.)	纸箱
Cases (C/S)	箱
Cash Against Documents (C.A.D.)	凭单据付款
Cash Before Delivery (C.B.D.)	付现交货
Cash In Advance (C.I.A.)	预付现款
Cash On Delivery (C.O.D.)	货到付款
Catalogue	目录
Cell	箱格
Certificate (Cert.)	证明书
Certificate Of Age Of Vessel	船龄证明
Certificate Of Inspection (C/I)	检验证书
Certificate Of Insurance (C/I)	保险证明书
Certificate Of Origin (C/O)	产地证书
Certificate Of Quantity	数量证明
certificate Of registry	注册证明(船舶)
Charge (Chg.)	费用
Chassis	底盘车

Check Digit	核对数字
Checks (Tally Men)	理货员
Circuitous Routing	迂回航线
Claim	索赔
Class Rate	分级运费率
Clause Paramount	首要条款
Clean Bill Collection	光票托收
Clean Bill of Lading	清洁提单
Clean Shipping Document	清洁货运单证
Clear In/Out	办理海关进口手续/结关后离港
Clearance	清关
Clearance Of Goods	结关
Collapsible Container	折叠式集装箱
Combination Rate	联运费率
Combined Certificate Of Value And Origin(C. C. V. O.)	价值,产地联合证明书
Combined Invoice	联合发票
Combined Transport Bill Of Lading (C. T. B/L)	联运提单
Combined-Transport Operator (CTO)	联运经营人
Commercial Invoice	商业发票
Commission (Comm.)	佣金
Commodity Inspection	商品检验
Common Carrier	公共承运人
Common Law	习惯法,不成文法律
Concealed Damage	隐藏损坏
Confirmed Booking	确定订舱
Confirming Bank	保兑行
Congested	拥挤
Conlerence (Steamship)	航运公会
Consignee	收货人
Consular Invoice (C. I.)	领事发票
Container	集装箱,货柜
Container Cargo	集装箱货
Container Freight Station (CFS)	集装箱货运站
Container Load (CL)	集装箱装载
Container Load Plan (CLP)	集装箱装箱计划
Container Loading List	集装箱装箱清单
Container Number List	集装箱号码单
Container On Flatcar (COFC)	铁路运集装箱
Container Seal Number	集装箱铅封号

Container Service Charges (CSC)	集装箱服务费
Container Ship	集装箱船
Container Terminal	集装箱码头
Container Unit Train	集装箱专用列车
Container Unloading List	集装箱卸箱清单
Container Yard (CY)	集装箱堆场
Containerization	集装箱化
Contents Unknown	内容不知,内货不详
Continued (Contd.)	继续,未完
Conventional Vessel	常规船
Convertible Container Ship	集装箱杂货两用船
Copy Of B/L	提单副本
Crate	板条箱
Credit (Cr.)	贷方
Currency adjustment factor (CAF)	货币附加费
Current price	时价
Current Rate (CR)	现行费率
Custom House (C. H.)	海关
Customary Quick Dispatch (C. Q. D.)	习惯快速装卸
Customs Broker	报关行
Customs Declaration	报关
Customs Drawback	海关退税
Customs Duty	关税
Customs Invoice	海关发票
Customs Valuation	海关估价

D

Damage	破损
Dangerous Cargo List	危险货物清单
Dangerous Goods (D. G.)	危险货物
Dead Freight (D. F.)	空舱费
Dead Weight (D/W)	总载重量
Deadweight Tonnage (D. W. T.)	载重吨位
Declare	申报
Defective	(集装箱箱体)异常
Deferred Payment (D/P)	延期付款
Delivery Against Payment	付款交货
Delivery Order	交货单
Delivery Record	交货纪录
Demurrage	滞期费

Dented	凹损
Description of Goods	商品名称
Destination (DESTN.)	目的地
Devanning	拆箱
Devanning Report	拆箱报告单
Deviation Surcharge (D/S)	绕行附加费
Direct Additional (D.A.)	直航附加费
Direct Port	直达港
Direct Routing	最短航线
Discharge	卸货
Discount (Disc.)	折扣,贴现
Distribution Center	分配(运销)中心
Dock Apron	码头前沿
Dock Receipt	场站收据
Documentary L/C	跟单信用证
Documents Against Payment	付款交单
Documents Attached (D/A)	随附单据
Drawee	受票人,付款人
Drawer	出票人,收款人
Drawn on (upon)	以(某人)为付款人
Dry Cargo Container	干货集装箱

E

Early Termination Clause	提前终止条款
East Coast (E.C.)	东海岸(指美国)
Eastbound	东向运输
Empty Container	空箱
Enclosure(Encl.)	附件
End Of The Season (E.O.S.)	季底
End Of The Year (E.O.Y)	年底
Equipment Receipt In (Out)	设备交接(交出)单
Errors And Omissions Excepted (E.&.O.E.)	有错当查
Establishing Bank	开证行
Estimated Time Of Arrival (ETA)	预定到达时间
Estimated Time Of Sailing (ETS)	预定开航时间
Et Cetera = And others (Etc.)	等等
Ex	(合同,运输上)表示"出自""在……(交货)"

Exceptions	溢短残损,除外
Export Clearance	出关清关
Export Declaration	出口报关(申报)
Export Duties	出口税
Export License(E/L)	出口许可证

F

Face Clause	提单正面条款
Federal Maritime Commission(FMC)	美国联邦海运委员会
Feeder Port	集散港,支线港
Feeder Service	支线运输
Fiber Glass Reinforced Plastic Container	玻璃钢集装箱
Final Destination	最终目的地
Flat Bed Trailer	平板式拖车
Flat Car	平板车
Flat Rack Container	板架式集装箱
For You Information (F.Y.I.)	供你参考
Foreign-Trade Zone (FTZ)	对外贸易区
Forklift	叉车,铲车
Forwarder's Cargo Receipt (FCR)	运输行货物收据
Fragmental Transport	分段运输
Free Alongside Ship (FAS)	船边交货
Free Carrier (FRC)	货物交指定地点承运人
Free in & out(F.I.O.)	船方不负担装卸货费
Free In And Out And Stowed(F.I.O.S)	船方不负担装卸费和理舱费
Free In(F.I)	船方不负担装货费
Free Of Charge(F.O.C.)	免费
Free On Board (FOB)	船上交货,离岸价格
Free Out (F.O.)	船方不负担卸货费
Free Port	自由港
Free Time	免费存放期限
Free Trade Zone	自由贸易区
Freight Agent(F.A.)	货运代理行
Freight All Kinds (FAK)	均一费率,不分品种运价
Freight Forwarder	货运代理人,货运公司
Freight Liner	定期货运列车
Freight Prepaid	运费付讫
Freight Ton	计费吨
Front-Handling Mobile Crane	集装箱正面吊运起重机
Frontier Health and Quarantine	国境卫生检疫

Full Container Load (FCL)	集装箱整箱货
Full Container Ship	全集装箱船
Full Truck Load (FTL)	整车货

G

Gantry Container Crane	集装箱门式起重机
Gate	大门
General Agent (G. A. ,G/A)	总代理
General Terms And Conditions	一般贸易条款
Generalize System Of Preference (G. S. P.)	普遍优惠制
Gross For Net	以毛作净
Gross Weight (Gr. Wt.)	毛重
Group Carnage, Transportation In Groups	成组运输

H

Hague Rules	海牙规则
Hague Visby Rules	海牙-维斯比规则
Hamburg Rules	汉堡规则
Handing Charge	装卸费,搬运费
Handle With Care	小心轻放
Health Certificate	健康证书
High Cube Container	大型集装箱
Hook	吊钩
House Air Way Bill (HAWB)	空运代理提单/分提单

I

Immediate Transportation	即运
Import License	进口许可证
import/Export Tariff	进口/出口税率
Import-Export	进出口
In Bond (I. B.)	保税仓库
In Duplicagte	一式两分
In Favour Of(F/O)	以……为受益人
Incidental Liabilities And Expenses	附带责任和费用
Including Packing Charges.	包括包装费
Inland	内陆
Inland Depot	内陆货运站
Inland Transportion Agent	内陆运输代理商
inland Transportation Charge	内陆运输费
Inspection Certificate	检验证书

Inspection Certificate Of Fumigation	熏蒸证书
Inspection Certificate Of Origin	产地检验证书
Inspection Certificate Of Quality	品质检验证书
Inspection Certificate Of Weight	重量检验证书
Institute Cargo Clause (I.C.C)	伦敦学会货物保险条款
Insulated Container	保温集装箱
Insurance	保险
Interchange Point	联运交接点
Interior Post Type Container	内柱式集装箱
Interline Freight	内陆货运
Intermodal Operator	多式联运经营人
International Convention For Safe Container (CSC)	国际集装箱安全公约
International Maritime Organization (IMO)	国际海事组织
International Market Price	国际市场价格
International Multimodal Transport Convention	国际多式联运公约
Inward manifest	进口舱单

J

Joint Rate	联合运输费率

K

Keep Cool	放在凉处
Keep Dry	切勿受潮
Keep Flat	必须平放
Keep In Hold	装在舱内
Keep On Deck	甲板装运
Keep Upright	切勿倒置

L

Land Bridge	路桥,大陆桥
Lashing Operation	加固(捆扎)作业
LCL Service Charge	拼箱服务费
Leakage (Lkge.)	渗漏
Less Than Container Load (LCL)	拼装货(集装箱)
less Than Container Load Cargo (LCL)	拼箱货
Letter Of Credit (L/C)	信用证
Letter Of Guarantee (L/G)	银行担保书,保函
Lift On/Lift Off (LO/LO)	吊上吊下方式
Lighter-Aboard-Ship (Lash)	载驳船,子母船
Liner	班轮

Loading	装货,装载
Loading and Unloading Line	装卸线
Loading List	装货清单
Local Clause	地区条款
Local Devanning (LD)	当地拆箱
Local Repair (LR)	当地修理
Local Vanning (LV)	当地装箱
Longshoreman	码头搬运工人
Lower Hold (L. H.)	底舱

M

Maintenance Shop	维修车间
Manifest (Mfst.)	舱单
Marine Insurance Policy (M. I. P.)	海运保险单
Mates Receipt (M/R)	大副收据
Maximum (Max.)	最高
Measurement List	尺码单
Micro-Bridge	微型陆桥
Mini-Land Bridge Service (M. L. B.)	小陆桥运输
Mini-Land Bridge	小陆桥
Minimum (Min.)	最低,起码
Mixing Rate	混装费率
Mobile Crane	移动式起重机
Modes of Transportation	运输方式
More Or Less Clause	溢短条款
Multimodal Transport (M/T)	多式联运

N

Namely (Viz.)	即是
Negotiation Bank	议付行
No Acceptance (N. A., N/A)	拒绝承兑
No Commercial Value (N. C. V.)	无商业价值
No Mark (N/M)	无标记
No Turning Over	切勿倾倒
Non-negotiable, Not Negotiable (N/N)	不可转让,不可议付
Non-Vessel Operator	无船承运人
Not Applicable (N. A., N/A)	不适用
Not Otherwise Specified (N. O. S)	未列名
Nota Bene = Note Well (N. B.)	注意

O

Ocean Freight	海运运费
On Board B/L	装船提单
On Board B/L	已装船提单
On Deck B/L	甲板提单
On Deck/Liberty Clause	装载甲板自由条款
Open Policy (O.P.)	预约保单
Open Side Container	侧壁全开式集装箱
Opener	开证人
Open-Top (Hard Top) Container	开顶(硬顶)集装箱
Open-Top (Soft top) Container	开顶(软顶)集装箱
Optional	可选择的
Origin	原产地,起运点
Outer Packing	外包装
Outside Post Type Container	外柱式集装箱
Overland common point (O.C.P.)	陆上共同点
Overland Transit Empty	外地空箱回送
Overland Transit Full	外地装货回运
Overland Transportation Policy	陆运保险单

P

Paid On Delivery (P.O.D.)	交货时付讫
Pallet	托盘,货板
Palletize	货托盘化
Partial Shipment Allowed	允许分批装运
Payment On Arrival (P/A)	货到付款
Pen Container	牲畜集装箱
Per Annum (P.A.)	每年,按年
Percent (Pct.)	百分比
Pick Up Charge	提箱费
Picked Ports (P.P.)	选定港
Piggyback Trailer On Flat Car	背负式集装箱运输
Place Of Delivery	交货地点
Place Of Receipt	接货地点
Please Turn Over (P.T.O.)	请阅后页
Port Dues (P.D.)	港务费
Port Of Call (P.O.C.)	停靠港
Prompt Shipment	即装
Port Congestion Charge	港口拥挤费
Protection and Indemnity Associations Or Club (P&I)	保赔协会

Q

Quantity Discount	数量折扣
Quayside Container Crane	岸边集装箱起重机

R

Rail Division	铁路费用
Rail Wagon	铁路货车
Railway Bill	铁路运单
Ramp	跳板
Rates Freight All Kind Rates (FAK)	不分品种运价
Rebate	回佣
Received B/L	待装提单
Refrigerated Container	冷藏集装箱
Repair Shop	修理车间
Retail Price	零售价
Revocable (Rev.)	可撤销的
River Barging	内河驳运
Road Vehicle	公路车辆
Roll On/Roll Off (RO/RO)	滚装方式
Round The World Service	环球运输
Routing	运输路线
Rubber-Tired Transtainer	轮胎式集装箱龙门起重机

S

Sales Contract (S/C)	销货合同
Scheduled Service	定期班轮
Seal	铅封
Sea-Worthy Packing	适合海运包装
Seller's Option (S/O)	卖方选择
Semi-Container Ship	半集装箱船
Semi-Trailer Tractor	半挂车牵引车
Service Charge	服务费
Ship And Goods (S.G.)	船与货
Shipment (Shpt)	装
Shipped B/L	已装船提单
Shipper Load And Count	由托运人装箱并计数
shipper Pack	由托运人装箱
Shipper's Load And Count (S.L.&.C.)	托运人装载和点件
Shipping Charge	装船费
Shipping Company's Certificate	船公司证明
Shipping Note (S.N.)	装船通知书

Shipping Order (S/O)	装货单
Shipping Space	舱位
Short Delivery (S/D)	交货短缺
Shout Out (S/O)	退关
Side Door Container	侧开门集装箱
Sight Draft (S/D)	即期汇票
Sight L/C	即期信用证
Signed (Sgd.)	签字
Slot	箱位
Sort Fall Freight	亏舱运费
Space Charter	订船
Special Additional Risk	特别附加险
Special Cargo List	特种货物清单
Special Customs Invoice (SCI)	美国特别海关发票
Specification	规格
Spreader	集装箱吊具
Steamship (S.S)	轮船
Storage Charge	保管费,仓储费
Storage Plan	货物配载图
Stowage Factor (S/F)	积载因素
Straddle Carrier	跨运车
Stuffing	装箱
Supercargo	押运员
Surcharge (Or Additional)	附加费

T

Tally Sheet	理货单
Tank Container	罐式集装箱
Tare	皮重
Tariff	运费表,税则
Telegraphic address (T.A., T/A)	电报挂号
Terminal	码头,水陆交接点,终点站
Terminal Handling Charge	装卸费用
Terminal Port	终点港
This Side Up	此端向上
Through B/L	联运提单
Time Charter	定期租轮
Time Drafts	远期汇票
Time of Delivery	交货时间
Time of Payment	付款期限
Time of Shipment	装运日期

Total Amount	总金额
Total Value	总价
Tractor	牵引车
Transfer Crane	搬运起重机
Transit Zone	自由贸易区
Transloading	交接转运
Transship	转船,转运
Transshipment additional (T.A.,T/A)	转船附加费
Transshipment Allowed	允许转船
Transshipment B/L	转船提单
Transtainer	集装箱龙门起重机
Twenty-Foot Equivalent Unit (TEU)	20 英尺集装箱换算单位

U

Unitized	成组化
Unitized Cargo	成组货物
Unlimited Transshipment (U/T)	无限制转船
Unscheduled Service	不定期班轮
Usance L/C	远期信用证
Use No Hooks	切勿用钩
Usual Practice	习惯做法

V

Vanning	装箱
Ventilated Container	通风集装箱
Vide (V.)	参阅
Voyage (Voy.)	航程

W

Warehouse	仓库,栈房
Warehouse Warrant (W.W.)	栈单
Warranted (wtd.)	保证
Warranty (wty.)	保证条款
West Coast (W.C.)	西海岸
Wharfage	码头费
Wharfage Rate	码头收费率
With Reference (Re.)	关于
With Transshipment At (W/T)	在……转船
Wooden Case	木箱

参考文献

[1] 侯铁珊,逮宇铎. 国际贸易实务案例与练习[M]. 大连:大连理工大学出版社,2002.
[2] 牛鱼龙. 中国物流经典案例[M]. 深圳:海天出版社,2003.
[3] 吕军伟. 国际物流业务管理模板与岗位操作流程[M]. 北京:中国经济出版社,2005.
[4] 顾丽亚. 国际货运代理与报关实务[M]. 北京:电子工业出版社,2007.
[5] 戴宗群,钱之网. 国际物流实务[M]. 北京:中国时代经济出版社,2007.
[6] 江春雨,盖守岭. 现代物流管理概论[M]. 北京:中国社会科学出版社,2007.
[7] 江春雨. 物流设施与设备[M]. 北京:国防工业出版社,2008.
[8] 广银芳. 进出口单证实训教程[M]. 南京:东南大学出版社,2005.
[9] 李秀华. 国际贸易货代师[M]. 北京:中国劳动社会保障出版社,2011.
[10] 李凌,陈永芳. 国际货运代理实务[M]. 北京:对外经济贸易大学出版社,2007.
[11] 孙瑛,韩杨. 国际货物运输实务与案例[M]. 北京:清华大学出版社,2009.
[12] 张为群. 国际货运代理实务操作[M]. 成都:西南财经大学出版社,2011.
[13] 游艳雯. 物流客户服务操作实务[M]. 北京:化学工业出版社,2010.
[14] 李志勇. 国际物流实训任务书[M]. 北京:北京理工大学出版社,2011.
[15] 赵春辉. 客户服务管理实务[M]. 呼和浩特:内蒙古人民出版社,2010.
[16] 赵春辉. 物流公司管理实务[M]. 呼和浩特:内蒙古人民出版社,2010.
[17] 光昕. 物流服务营销[M]. 北京:中国物资出版社,2008.